O palácio & a caserna

CONSELHO EDITORIAL
Ana Paula Torres Megiani
Eunice Ostrensky
Haroldo Ceravolo Sereza
Joana Monteleone
Maria Luiza Ferreira de Oliveira
Ruy Braga

João Roberto Martins Filho

O palácio & a caserna

A dinâmica militar das crises políticas na Ditadura (1964-1969)

2ª Edição

Copyright © 2019 João Roberto Martins Filho

Grafia atualizada segundo o Acordo Ortográfico da Língua Portuguesa de 1990, que entrou em vigor no Brasil em 2009.

Edição: Haroldo Ceravolo Sereza e Joana Monteleone
Editora assistente: Danielly de Jesus Teles
Projeto gráfico, diagramação e capa: Danielly de Jesus Teles
Assistente acadêmica: Tamara Santos
Revisão: Alexandra Colontini
Digitalização da 1ª edição: Flávia Sanches de Carvalho
Imagem da capa: Tanques ocupam a Avenida Presidente Vargas, 1968-04-04. *Correio da Manhã*. Em: *Wikimedia Commons*.

CIP-BRASIL. CATALOGAÇÃO NA PUBLICAÇÃO
SINDICATO NACIONAL DOS EDITORES DE LIVROS, RJ
M343p
2. ed.

    Martins Filho, João Roberto
    O palácio e a caserna : a dinâmica militar das crises políticas na ditadura (1964-1969) / João Roberto Martins Filho. - 2. ed. - São Paulo : Alameda, 2019.
       276 p. ; 21 cm.

    Inclui bibliografia
    ISBN 978-85-7939-627-4

    1. Brasil - Política e governo - 1964-1967. 2. Brasil - Política e governo - 1967-1969. 3. Brasil - História - 1964 -1985. 3. Brasil - Forças armadas - Atividades políticas. I. Título.

19-59869   CDD: 320.981
                              CDU: 321.64(81)

ALAMEDA CASA EDITORIAL
Rua 13 de Maio, 353 – Bela Vista
CEP 01327-000 – São Paulo, SP
Tel. (11) 3012-2403
www.alamedaeditorial.com.br

A meus pais

Sumário

Nota à segunda edição   9

Prefácio   13

I. Ditadura militar e crise política   21

II. A dinâmica militar do regime   71

III. Sucessão castrense e oposição civil   103

IV. O novo panorama militar   139

V. O palácio e a caserna em 1968   177

VI. Pela força das armas   215

Epílogo   257

Bibliografia   261

Nota à segunda edição

Vinte e quatro anos após sua primeira aparição (EDUFScar, 1995), vem à luz a segunda edição de O *palácio e a caserna*, originalmente minha Tese de Doutorado, defendida no Programa de Pós-Graduação em Ciência Política do Instituto de Filosofia e Ciências Humanas da Unicamp (1993), sob a orientação de Décio Saes. Publicado apenas uma década depois do fim da ditadura, o livro colocava-se frontalmente contra as teses então dominantes, que definiam a dinâmica política ditatorial a partir do conflito entre uma corrente militar moderada ou liberal (os chamados "castelistas", em referência a Castelo Branco, primeiro general-presidente, 1964-1967) e uma "linha dura" (nacionalistas propensos a pressionar o governo pelo aprofundamento da "Revolução" de 1964). A novidade dessa abordagem parece ter dificultado, de início, sua aceitação entre os estudiosos do período.[1]

---

1 Ver minha entrevista a Angela Moreira Domingues da Silva, em 4 de janeiro de 2018, publicada em *Estudos Históricos*, 31 (63): 109-124, 2018.

Em sua primeira década de existência, com duas tiragens de apenas 300 exemplares, a lenta e gradual aceitação do livro deveu-se principalmente à generosidade de um grupo de pesquisadores do período militar, que o inseriram entre as leitura obrigatórias de suas disciplinas, referiram-se a ele em balanços historiográficos ou o analisaram em resenhas publicadas no calor da hora.[2] Mas a curva de citações no Google Scholar não deixa dúvidas: somente depois de 2005, ele passou a ser citado em dissertações, teses, artigos e livros da jovem geração dedicada ao estudo do regime militar, no Brasil e no exterior.

Enquanto isso, graças aos pesquisadores do CPDOC da Fundação Getúlio Vargas, apenas dois anos depois da publicação do livro, vinha à luz o depoimento do general Ernesto Geisel, o quarto presidente militar (1976-1979). Nele, esse oficial "castelista" lançava luz sobre os bastidores do regime, parecendo confirmar a tese de que a dicotomia acima não dava conta da complexidade do quadro militar na primeira década de ditadura, nem fora capaz de captar o caráter "duro" de certas ações castelistas.[3] O mesmo se pode dizer dos dois primeiros volumes da história da ditadura militar de autoria do jornalista Elio Gaspari, que vieram à luz em 2004.[4] Com acesso a documentação pessoal e inédita de Geisel e seus principais assessores, com destaque para o general Golberi do Couto e Silva, esse

---

2   Cf. Carlos Fico, "Versões e controvérsias sobre a ditadura militar", *Revista Brasileira de História*. 24 (47): 29-60, 2004 e Adriano Codato, "A natureza militar da ditadura brasileira", *Revista de Sociologia e Política*, 8: 165-169, 1997.

3   Maria Celina D'Araujo e Celso Castro, *Ernesto Geisel*. Rio de Janeiro: Fundação Getúlio Vargas, 1997.

4   *A ditadura envergonhada*. São Paulo: Companhia das Letras, 2002 e *A ditadura escancarada*. São Paulo: Companhia das Letras, 2002.

autor falava em "anarquia" militar para descrever os processos de conflito interno à ditadura.

Alguns anos mais tarde, num campo ideológico oposto, firmava-se uma nova tendência historiográfica, crítica de toda a literatura anterior sobre o período militar, que acusava de ignorar o decisivo papel dos "civis" durante a ditadura. A proposta de denominação do regime como "civil-militar" teve imediata e ampla aceitação. Nesse quadro, com sua ênfase no caráter militar da ditadura, as teses de O palácio e a caserna pareciam destinadas ao esquecimento, agora não mais por serem heterodoxas, mas pelo motivo contrário: sua ortodoxia. Embora reconhecendo a riqueza e potencialidade da nova abordagem, que abria ampla agenda de pesquisa sobre o regime de 1964-85, logo nos colocamos numa posição crítica a ela, com base justamente nas teses centrais do livro ora republicado.[5]

No momento em que vivemos, marcado por profunda crise política e pela eleição em fins de 2018 do candidato de extrema-direita à Presidência da República, notório defensor do regime militar e de suas práticas mais desumanas, o qual logo convocou dezenas de colegas de farda para ocupar cargos chave no novo governo, uma nova mudança na historiografia parece despontar. Sem perder os avanços conquistados pela ênfase no apoio civil ao regime do pós-64, volta-se a falar de ditadura militar

Em 2016, ao completar vinte e um anos, o livro atingiu sua maioridade formal, ainda com saúde, mas transformado em raridade, impossível de ser encontrado mesmo na era dos sebos virtuais. Três anos depois, esta nova edição vem à luz sem maiores modificações. Mudamos apenas aspectos formais, que ainda

---

5 "Adieu à la dictature militaire?", Brésil s), 5: 17-32, 2014, Dossier: Le coup d'Etat militaire 50 ans après, Traduction de Annick Grandemange.

lembravam a redação típica de teses acadêmicas, ou fizemos pequenos acréscimos, para explicar, entre parênteses, personagens e acontecimentos que, em 1995, ainda estavam frescos na memória do leitor e hoje estão meio apagados pela bruma do tempo. Para o autor, passado um quarto de século, republicar o livro funciona como um elixir da juventude, fazendo renascer a excitação e a insegurança de uma primeira edição. O Brasil mudou desde 1995, sem acertar suas contas com o passado ditatorial ou construir uma memória histórica sólida capaz de rejeitar qualquer nostalgia autoritária. A longa crise política do pós-2013, com seu desfecho conservador, recoloca na ordem do dia nossa obrigação de estudar e entender esse período triste de nossa história. Mais do que nunca, no país atual, o conhecimento crítico e objetivo sobre aquele trágico período de nossa história parece não só necessário, mas vital.

Prefácio

Maud Chirio[1]

A pesquisa que originou esta obra tem quase exatamente a idade da Nova República. Foi, com efeito, em 1989 que o jovem professor João Roberto Martins decidiu estudar, em seu Doutorado em Ciências Sociais iniciado na Unicamp, as entranhas do regime há pouco extinto: as divisões e tensões subjacentes à instituição militar nos cinco anos que se seguiram ao golpe de Estado. Sua abordagem – em busca do estudo do estado ditatorial a partir de seu interior – não era à época tão comum como poderíamos imaginar: depois da profusão de depoimentos e debates do final da década de 1970, sobre a experiência militante e a barbárie da violência estatal, na segunda metade dos anos 1980 o interesse dos intelectuais pelo regime e sua presença no debate público viveram um momento de reflu-

---

[1] Professora Adjunta na Universidade Paris-Est Marne-la-Vallée, autora de *A política nos quartéis: revoltas de mobilizações de oficiais na ditadura brasileira*. Rio de Janeiro, Zahar: 2012.

xo. Fez-se provisoriamente silêncio sobre as ruínas fumegantes do poder militar.

Até o fim dos 1990, com notáveis exceções, a opinião pública e os meios acadêmicos voltaram-se majoritariamente para outros horizontes, inspirados pela refundação constitucional, pelas mobilizações da sociedade civil e pela busca de estabilidade econômica e democrática da República. As associações de vítimas se viram bastante isoladas em suas reivindicações de verdade e justiça, às quais o poder fez por longo tempo ouvidos moucos. A Nova República funda-se então sem olhar muito para trás, aquiescendo paradoxalmente às injunções daqueles que derrotou, os militares desejosos de "virar a página" e de levar o Brasil "pra frente", como martelava o famoso lema dos anos de chumbo. A multiplicação de obras científicas e a retomada do interesse público (e dos estudantes) não ocorreriam até o começo dos anos 2000, consagrados pelo sucesso do quadragésimo aniversário do golpe de Estado, em 2004. Mas não desembaraçaram a jovem República de seu estigma de nascença: ter se esforçado por se construir sobre o esquecimento de um passado de autoritarismo e de violência de Estado.

Em 1989, como em 1995, data de publicação de *O palácio e a caserna*, João Roberto Martins é um pioneiro, que o engajamento pessoal e a liberdade de freios disciplinares impulsionam para caminhos historiográficos inéditos. É pioneiro, creio, porque sabe ao mesmo tempo ser depositário dos questionamentos precedentes. Esta obra não foi, assim, motivada por uma simples curiosidade historiográfica ou pela vontade de explorar um fundo novo de arquivos, mas pela exigência de responder a uma das questões fundamentais que atravessam as Ciências Sociais nas Américas dos anos 1970 e 1980: o que distingue as ditaduras nascidas desses decênios na América Latina no inventário dos autoritarismos produzidos pelo século XX? Em que a organização dos aparelhos de Estado, o equilíbrio das burocracias civis e militares em seu seio, os instrumentos de perpetuação de uma dominação de classes as distinguem do bonapartismo ou das diferentes variantes, mais ou menos tradicionalistas, dos fascismos europeus?

João Roberto Martins sugere respostas a esta vasta questão. Defende, de início, que a chave para a compreensão da ditadura brasileira não reside unicamente em seus elementos de permanência – estruturas, ideologias – mas também em sua *dinâmica* e suas rupturas, à medida em que, como já afirmara Nicos Poulantzas, a situação de crise política permanente é um dos principais motores do Estado de exceção. Essa abordagem resolutamente não estática obriga o autor a penetrar nos detalhes do jogo político intramilitar, prestando uma atenção sensível e meticulosa às hesitações e reviravoltas dos atores, presentes nas fontes escritas. Pois João Roberto Martins tem "o gosto pelo arquivo", como escreveu Arlette Farge, e desde seus primeiros trabalhos é difícil caracterizá-lo como politólogo, sociólogo ou historiador: ele parece olhar para cada uma dessas disciplinas com os métodos de suas primas, nutrindo de arquivos e de matéria social as construções teóricas das ciências políticas e forçando por sua vez a narrativa histórica a sistematizar suas conclusões quanto à singularidade da ditadura e seu lugar no cabedal dos regimes autoritários.

A outra e fundamental contribuição desta obra é que a singularidade do Estado ditatorial, o motor fundamental de sua evolução política, é a supremacia dos *militares* em seu seio. Por paradoxal que isso possa parecer, João Roberto Martins explica, com efeito, que a ditadura, então comumente designada como "militar", não tinha sido verdadeiramente tomada como tal pela comunidade científica. A instituição armada fora amiúde vista como uma entidade quase abstrata, coerente e indivisa, resumida por algumas de suas instâncias superiores, notadamente a Escola Superior de Guerra. Ora, a ditadura não é um grande mecanismo do qual as Forças Armadas seriam uma das engrenagens. Ela é perpassada, em suas estruturas e seu funcionamento mais íntimos, pelo processo de militarização. Para compreendê-la o autor abre a caixa preta das forças armadas, debruçando-se com minúcia sobre as crises e conflitos políticos intramilitares. E descobre aí um modo militar de fazer política. Os homens em armas, explica o autor, pensam a política, se organizam, se mobilizam segundo os códigos que lhes são próprios. As divisões que os atravessam portam as marcas dos escalões hierárquicos, as relações de liderança e as lealdades das armas. A consequência é que elas são mais complexas que a divisão binária moderados-radicais oferecida tanto pela historiografia como pela memória oficial, pois a adaptação aos contextos e às lógicas de agregação do mundo militar são, elas também, complexas. Daí os grupos mais numerosos, estruturados em torno dos líderes e de lugares de poder, cujas linhas políticas se adaptam às relações de força que a elas se opõem. Tais divisões, demonstra enfim o autor, são temperadas pela imensa distância simbólica que separa os *milicos* dos *paisanos*. A "unidade na desunião" das Forças Armadas é, desse modo, a chave do cofre do jogo político militarizado da ditadura. É essa dinâmica que explica, entre 1964 e 1968, sua perenização e as formas assumidas pela institucionalização autoritária.

Ao publicar O *palácio e a caserna*, em 1995, e ao se afirmar como membro da próxima geração dos estudos militares brasileiros, João Roberto Martins criou uma ponte geracional. Ele traz em suas análises a herança dos questionamentos sistêmicos dos anos 1970, como os de Poulantzas, O'Donnell ou mesmo Stepan. Alimenta-se igualmente dos precursores do estudo do faccionalismo militar, para muitos discípulos do politólogo francês Alain Rouquié. E, enfim, insere-se na nova geração de sociólogos, antropólogos e historiadores desejosos, nos anos 1990 e 2000, de descontruir clichês sobre a instituição armada sob a ditadura, ao se interessar por suas palavras, seu *ethos* e sua história. Esse meio de *milicólogos*, pequeno mas fértil, é aquele que transformou, desde o fins dos 1990 o adjetivo "militar" colado à ditadura, de uma categoria militante, mas pouco reflexiva, em um objeto de pesquisa enquanto tal. É esse solo que, no rastro da fundação, em 2005, da Associação Brasileira de Estudos de Defesa (ABED), da qual o autor foi o primeiro presidente, e dos trabalhos do GT "Forças Armadas, Estado e sociedade" da Associação Nacional de Pós-Graduações em Ciências Sociais (ANPOCS), possibilitou a emergência de uma nova geração de jovens pesquisadores, da qual faço parte, convencidos da necessidade de examinar o Estado militar, adquirindo familiaridade com os códigos e a história da instituição armada.

João Roberto Martins não cessou daí em diante de explorar as diversas facetas do Estado ditatorial, na medida em que este foi militar. Ele se debruçou, entre outros temas, sobre a complexidade das apropriações doutrinárias dos militares brasileiros no seio do mundo ocidental, eclipsada pela ideia da hegemonia de uma "Doutrina de Segurança Nacional", formulada pela ESG, sob influência americana; sobre as transferências internacionais de práticas repressivas, notadamente a tortura; sobre a memória militar dos anos de chumbo; sobre o domínio tardio da farda sobre tecnologias estratégicas, especialmente a nuclear. Por trás de sua diversidade aparente, esses estudos erigem um edifício do qual *O palácio e a caserna* foi a primeira pedra:

uma obra que explora como a instituição militar brasileira, munida de suas tradições, sua cultura política, sua relação com o Estado, sua inserção em certas redes internacionais, configurou um regime autoritário de traços bastante particulares. Não surpreende, assim, que o autor tenha proposto a argumentação mais sólida em defesa da designação "ditadura militar", depois que por um decênio a de "civil-militar" ganhava terreno.

Não é aqui o lugar para retomar esse debate, mas simplesmente de repensá-lo à luz das duas datas que dão o quadro maior dessa obra. O ano de 1989, já evocado, é a quase data de nascimento de uma Nova República brasileira, por longo tempo demasiado submissa à tutela de seus homens armados e rapidamente por demais esquecida ou tolerante com o poder que conservaram. A segunda é, evidentemente, 2019, ano da reedição de *O palácio e a caserna*, no alvorecer de uma presidência de extrema-direita ultramilitarizada e abertamente nostálgica do período ditatorial. Tal contexto dá às reflexões teóricas que alimentaram essa obra, e sua atenção minuciosa aos comportamentos e lógicas políticas dos militares, uma dolorosa atualidade. Essa atualidade estende-se de todo modo além das fronteiras do Brasil, pois 1989 é igualmente, é bom notar, o ano do "fim da história", tal como formulado por Francis Fukuyama em seu artigo epônimo. Fim das alternativas à democracia liberal, ao capitalismo triunfante, às ideologias como motores da história. São incontáveis os detratores dessa hipótese e, no entanto, é necessário constatar que ela forjou minha própria geração, que chegou à consciência política quando caía o Muro de Berlim e que se vê, em seguida, muito pouco preparada para pensar a saída ou a derivação da ordem democrática. Pois 2019 nos confronta tragicamente com a precariedade de nossas democracias ocidentais, e a nossas próprias ilusões sobre sua eternidade, intelectuais e cidadãos que somos desabituados a nos interrogar sobre os sistemas políticos nos quais vivemos, desabituados, na verdade, a refletir sobre nossas próprias democracias. É impossível não ler ou reler *O palácio e a caserna* à luz dessa segunda data, quando por toda parte no Ocidente as democracias liberais estão fragilizadas e no Brasil, sob uma forma muito militarizada, é ainda impossível afirmar que não se prepara uma mudança de regime.

I
Ditadura militar e crise política

Qual a dinâmica das crises políticas na ditadura do pós-1964? Qual o lugar dos processos intramilitares na configuração dessa dinâmica mais ampla? Como se dividiu o campo militar no regime ditatorial? Em poucas palavras, essas indagações guiaram o presente trabalho. Em termos temporais, seu foco recai nos dois primeiros governos militares (1964-69), vale dizer, na fase de consolidação da ditadura. Não se trata, pois, de estudar a crise política na origem do golpe de 64,[1] nem tampouco o longo processo de crise do regime, a partir de meados dos anos

---

1 Seria ocioso mencionar aqui todos os autores que cuidaram do tema. O estudo clássico é o de Florestan Fernandes, *A revolução burguesa no Brasil*, Rio de Janeiro, Zahar: 1976, 2a ed. 413 p. (cap.7: "O modelo autocrático-burguês de transformação capitalista"). Ver também Gláucio Ary Dillon Soares, "The Rise of the Brazilian Military Regime", *Studies in Comparative International Development*, XXI (2):34-62, Summer 1986.

70.[2] Nesses limites, o enfoque que proponho conduz à temática da dinâmica propriamente política do regime do pós-1964. A precoce correlação entre dinâmica política e forma de regime, ao mesmo tempo em que define o campo de preocupações do presente estudo, convida a iniciá-lo com uma revisão da literatura mais influente sobre os regimes do tipo do brasileiro. Com esse balanço, pretendo sugerir que as teses dominantes sobre os governos militares de novo tipo dos anos 60 configuram uma série de dificuldades para a compreensão da dinâmica especificamente política de suas crises, ao subestimar o papel que nela tiveram os processos militares.

As perspectivas da Ciência Política

Proponho começar por um dos modelos fundamentais da Política Comparada norte-americana e, mais precisamente, pela conhecida contraposição entre sociedades cívicas e pretorianas. Segundo o decano de tais explicações, ao contrário dos sistemas cívicos, com alta correlação entre institucionalização e participação, os sistemas pretorianos corresponderiam a sociedades com "baixos níveis de institucionalização e altos níveis de participação (...) onde as forças sociais, utilizando seus métodos próprios, atuam diretamente na esfera política".[3] No contexto

---

2   Para um dos trabalhos que inaugurou o debate acadêmico sobre a "abertura": Carlos Estevam Martins, *Capitalismo de Estado e modelo político no Brasil*, Rio de Janeiro, Graal: 1977, 428 p.

3   Samuel Huntington, *Political Order in Changing Societies*, New Haven and London: Yale University Press, 1968. 488 p., p.80. Para uma análise das teorias do desenvolvimento enquanto vertente da Ciência Política norte-americana, Ronald Chilcote, *Theories of Comparative Politics*: the search for a paradigm, Boulder: Westview, 1981, 480 p., cap. 7 (Há edição brasileira).

da polêmica que se travou, em meados dos anos 60, sobre as relações entre os processos de modernização econômica e modernização política nas sociedades em desenvolvimento, esses autores passaram a defender que nelas os processos de mudança econômica não conduziriam necessariamente ao aprimoramento das instituições políticas. Preocupados com o problema premente da ordem e da estabilidade nas sociedades "que sofrem uma mudança social e econômica rápida e destrutiva", eles propunham que a crescente mobilização das massas chocava-se com a insuficiente institucionalização política, abrindo um *political gap*, que tenderia a levar esses países à decadência política. As sociedades de massa ou sistemas políticos pretorianos, reminiscentes das "constituições perversas" e dos "estados degenerados" dos clássicos da teoria política, encontrariam no Brasil dos anos 60 um dos exemplos mais notáveis.

Essas teses influenciariam toda uma geração de latino--americanistas, com forte eco na corrente institucionalista da Ciência Política brasileira. Meu interesse aqui é procurar como aparecia naqueles escritos a questão das crises políticas nas sociedades pretorianas. Legítima herdeira da tradicional inquietação dos teóricos das elites face à participação popular, essa vertente propunha que as sociedades de massa, por sua incapacidade de conciliar alta mobilização com fortes instituições, caracterizavam-se por crises políticas endêmicas. "Numa sociedade pretoriana, as forças sociais confrontam-se de forma nua (...) cada grupo político emprega meios que refletem sua natureza e capacidade peculiares", o que resulta num "poder fragmentado", que "provém de muitas formas e em pequenas quantidades".[4] A fragilidade e a transitoriedade de todas as for-

---

4 Huntington, *op. cit*, p. 197.

mas de autoridade seriam sua marca registrada; o golpe militar, a expressão acabada das técnicas de ação direta, "apenas uma manifestação específica de um fenômeno mais amplo nas sociedades subdesenvolvidas: a politização geral das forças e das instituições sociais".[5]

Como perceberam alguns analistas, tal enfoque tinha fundas raízes na ênfase metodológica que essa escola fazia explicitamente recair no grau e não nas formas ou no caráter do poder.[6] No campo da Política Comparada, como já apontou um crítico dessas proposições, isso levaria à conclusão de que "a acumulação de poder é o alfa e o ômega do 'desenvolvimento político'", com forte tendência a legitimar toda forma de poder ao enfatizar "qualquer consolidação de poder político que pareça capaz de exercer controle efetivo".[7] Perspectiva que se explicita no próprio parágrafo de abertura de *Political order in changing societies*:

> A distinção política mais importante entre os vários países refere-se não à forma de governo, mas a seu grau de governo. As diferenças entre democracia e ditadura são menos importantes do que as diferenças entre países cuja política incorpora

---

5   *Idem, ibidem*, p.81 e 194.

6   Ao analisar essa corrente, Goran Therborn destaca que seu interesse central resume-se na indagação: *quanto poder?* e ressalta que ela "insiste no 'poder para', mais do que no 'poder sobre' e no intercâmbio e na acumulação de poder, mais do que em sua distribuição". Ver ¿*Como domina la classe dominante?*, Madrid: Siglo Veintiuno, 1979, 360 p., p.153.

7   Guillermo O'Donnell, "Corporatism and the Question of the State", in James Malloy, *Authoritarianism and Corporatism in Latin America*, Pittsburgh: University of Pittsburgh Press, 1977, 549 p., p.51-52.

consenso, comunidade, legitimidade, organização, eficiência, estabilidade e países cuja política é deficiente nessas qualidades.[8]

Ressalta aí uma tendência a analisar os processos políticos num diapasão de generalidade que não parece deixar espaço para o tema da relação entre as crises políticas e as diferentes formas de poder.[9] Nesse sentido, passando à outra vertente de análise com grande influência nos estudos sobre as ditaduras em questão, a "teoria do autoritarismo" poderia ser apresentada como um esforço para superar tais limites. Um de seus traços mais importantes era precisamente o empenho em aprimorar o dualismo tradicional da Ciência Política norte-americana, centrado na oposição entre sistemas democráticos e totalitários. Para os autores dessa corrente, a situação política de uma plêiade de sociedades contemporâneas exigiria a definição de um tipo intermediário de regime, com vida e características próprias, que abrangeria os sistemas "autoritários".[10]

---

8 Huntington, *op. cit.*, p.1.

9 Ao propor uma sociologia das crises políticas, Michel Dobry afirmaria que "a linha divisória entre sistemas políticos, pertinente desde o ponto de vista das hipóteses aqui desenvolvidas, não inclui a distinção entre sistemas democráticos e sistemas não democráticos". Ver *Sociologia de las crisis políticas*, Madrid, Centro de Investigaciones Sociologicas - Siglo Veintiuno Editores, 1988. 299 p., p.269.

10 Embora a definição seja conhecida, vale lembrá-la aqui: "Regimes autoritários são sistemas políticos com pluralismo político limitado, não responsável; sem ideologia elaborada e orientadora (mas com mentalidades distintas); sem mobilização política intensiva ou extensiva (a não ser em alguns pontos de seu desenvolvimento); e nos quais um líder (ou ocasionalmente um pequeno grupo) exerce o poder dentro de limites mal-definidos, mas efetivamente previsíveis". Juan

Um exame mais atento logo revela os limites desse esforço de análise das formas de dominação, quando se trata de compreender as crises políticas. Sua característica central parece ser justamente a recusa a qualquer forma de "determinismo" estrutural; sua pedra de toque, a precedência metodológica da ação política das elites na compreensão da dinâmica dos processos de crise. Esse o caso do esquema delineado por Juan Linz para decifrar as crises dos regimes democráticos e discutir a sua alegada inevitabilidade.[11]

No que tange à problemática das crises políticas nos regimes ditatoriais, é preciso reconhecer, no entanto, que, dentro dos limites da Ciência Política norte-americana, alguns autores exploraram direções que os distinguiriam das perspectivas acima. Nesse sentido, coube a uma variante das abordagens corporativistas, preocupada em criticar a tradição culturalista dessa escola, trazer ao debate sobre os regimes autoritários um tema pouco comum na produção americana: o da relevância dos fatores histórico-estruturais para a diferenciação das formas de dominação política. Esses teóricos dispuseram-se a construir uma elaborada tipologia dos arranjos modernos de representação de interesses, que não se esgotariam no paradigma clássico pluralista. Nesse esforço, a variante em questão mostra uma rara sensibilidade para com o tema das estruturas sociais e políticas.

Ao lado de outros arranjos modernos, como o pluralismo, o monismo e o sindicalismo, o corporativismo seria uma das

---

Linz, "An Authoritarian Regime: Spain", in E. Allardt e S. Rokkan (orgs.) *Mass Politics*, New York: Free Press, 1970, p.251-83.

11 Juan Linz, "Crisis, Breakdown and Reequilibration", parte da coletânea organizada por Linz e Stepan, *The Breakdown of Democratic Regimes*, Baltimore and London: Johns Hopkins University Press, 1978.

formas institucionais possíveis "para a vinculação dos interesses socialmente organizados da sociedade civil com as estruturas decisórias do Estado".[12] Compartilhando uma similaridade estrutural básica, o conjunto dos arranjos contemporâneos do sistema corporativista de representação de interesses abriga, no entanto, subtipos que constituem produto de processos políticos, sociais e econômicos muito diferentes. É precisamente ao procurar definir os contrastes entre os subtipos societal e estatal do corporativismo que autores como Philippe Schmitter retomam o tema dos fatores histórico-estruturais.[13] Em seus próprios termos, trata-se de considerar os "constrangimentos, oportunidades e contradições colocados sobre os atores políticos pela operação do sistema econômico", o que obriga a análi-

---

12 Phillipe Schmitter, "Still the Century of Corporatism?", *The Review of Politics*, 36(1):85-131, January 1974, p. 86. "O corporativismo pode ser definido como um sistema de representação de interesses no qual as unidades constitutivas estão organizadas num número limitado de categorias funcionalmente diferenciadas, ordenadas de forma singular, compulsória, não-competitiva e hierárquica, reconhecidas ou autorizadas (quando não criadas) pelo Estado, com a garantia de um monopólio deliberado de representação em suas respectivas categorias, em troca da observação de certos controles na seleção dos líderes e na articulação de demandas e apoios" (p. 93-94).

13 "O corporativismo estatal tende a estar associado com sistemas políticos nos quais as unidades subterritoriais estão estritamente subordinadas ao poder burocrático central; eleições não existem ou são plebiscitárias; os sistemas partidários são dominados ou monopolizados por um partido único e frágil; as autoridades executivas são ideologicamente exclusivas e são recrutadas mais restritamente, de tal modo que as subculturas políticas baseadas em classe, etnicidade, linguagem ou regionalismo são reprimidas". *Idem, ibidem*, p. 105.

se a examinar as instituições básicas do capitalismo e a estrutura classista de propriedade e poder por ele engendradas.[14]

As origens diversas das modalidades corporativistas estariam relacionadas a certas necessidades básicas da reprodução capitalista em diferentes estágios de seu contexto internacional. O subtipo societal seria um componente do capitalismo pós-liberal avançado e a variante estatal um elemento, "se não uma necessidade estrutural" do Estado do capitalismo tardio, antiliberal, autoritário e neomercantilista.[15]

Esse deslocamento no campo da análise apareceria com maior nitidez nos trabalhos do cientista político argentino Guillermo O'Donnell. Ao propor uma revisão das perspectivas corporativistas, ele apontou como principal limitação daqueles trabalhos a "quase exclusão dos fatores histórico-estruturais", bem como a incapacidade para entender o corporativismo "como um conjunto de estruturas que vinculam sociedade e Estado".[16]

A trajetória de O'Donnell pode ser vista como caso exemplar da tendência a conciliar os conceitos da Ciência Política norte-americana com a teoria marxista do Estado.[17] É possível localizar em sua obra um nítido corte entre uma análise focada na "explicação genética de certas características fundamentais

---

14 Idem, ibidem, p. 107.
15 Idem, ibidem, p. 105.
16 Guillermo O'Donnell, "Corporatism and the Question of the State", cit., p. 49 e 47.
17 Essa aproximação com as teses marxistas foi desconsiderada por comentadores de O'Donnell. Ao analisar sua obra, David Collier registraria como uma simples "mudança de termo" a substituição do conceito de sistema político pelo de Estado. Cf. p. 31, nota II, em "Resumo do modelo autoritário-burocrático", in O novo autoritarismo na América Latina, Rio de Janeiro: Paz e Terra, 1982, 407 p, p. 27-39.

dos sistemas políticos contemporâneos da América do Sul" e a posterior tentativa de definir o autoritarismo burocrático - noção à qual voltarei adiante - como "um tipo de Estado capitalista (que) deve (...) ser entendido, à luz dos atributos distintivos dos Estados capitalistas em geral".[18] Nesse ponto, aquele autor passa a propor em seus trabalhos uma abordagem histórico-estrutural, que significaria investigar "as relações no tempo entre um sistema de forças e relações sociais – o capitalismo – e seus padrões mutuamente consonantes de dominação política".[19]

Feito esse balanço das proposições que definiram o campo hegemônico do debate sobre as ditaduras militares do tipo da brasileira, podemos passar à questão dos obstáculos que suas categorias colocam à compreensão do tema que aqui interessa. Mais uma vez, o ponto de partida é Huntington. Suas teses sobre as crises políticas endêmicas e o militarismo endêmico nas sociedades em modernização parecem colocar dificuldades significativas para o entendimento da especificidade das estruturas de poder implantadas, a partir dos anos 1960, em vários países da América Latina. A obsessão dos autores dessa corrente com a viabilidade dos militares se constituírem em *institution-builders*, de modo a resolver o nó górdio da incapacidade

---

18 Ver *Modernization and Bureaucratic-Authoritarianism - Studies in South American Politics*, Berkeley, Institute of International Studies - University of California, 1973, 219 p., p. 53 e *Bureaucratic Authoritarianism - Argentina, 1966-1973, in Comparative Perspective*, Berkeley/ Los Angeles: University of California Press, 1988, 338 p., p. 2.

19 "Desenvolvimento político ou mudança política", conferência pronunciada em 1975 (in Paulo Sérgio Pinheiro, *O Estado autoritário e movimentos populares*, Rio de Janeiro: Paz e Terra, 1980, 373 p, p.23-95), texto que denota influência de autores como Perry Anderson, Barrington Moore e Fernando Henrique Cardoso.

de institucionalização, parece ter soterrado o tema das efetivas transformações no aparelho de Estado efetuadas após os golpes militares como o do Brasil em 1964.

Não por acaso, inúmeras análises dos chamados brasilianistas assumiam um caráter normativo, avaliando positivamente as conquistas em termos de desenvolvimento econômico, ordem e estabilidade, ao mesmo tempo em que ressalvavam como fator negativo a incapacidade para criar verdadeiras instituições políticas, nos moldes dos sistemas partidários das sociedades cívicas.[20] Em outros termos, ao concentrar suas atenções na planície das instituições políticas que não nasceram, esses estudiosos desviaram as vistas do edifício ditatorial que se erigia às suas costas.[21] Instáveis ou não, os regimes do tipo do brasilei-

---

20 Esse o caso de Ronald Schneider, *The Political System of Brazil*, New York and London, Columbia University Press, 1971. 431 p.; Riordan Roett, "Un ejercito pretoriano en politica: el cambio del rol de los militares brasileños", *Revista Paraguaya de Sociologia*, 26(26): 79-119, enero-abril de 1973; Amos Perlmutter, "The Praetorian State and the Praetorian Army", *Comparative Politics*, 1 (3): 382-404, April 1969; Edward Feit, "Pen, Sword and People: Military Regimes in the Formation of Political Institutions", *World Politics*, XXV(2): 251-73, January 1973; James W. Rowe, "The 'Revolution' and the 'System': Notes on Brazilian Politics", American Universities Field Staff: East Coast South America Series, XII, May-Aug. 66.

21 Alguns autores fizeram mesmo o elogio da ordem e da estabilidade alcançada no governo Médici. Cf. Thomas G. Sanders, "Institutionalizing Brazil's Conservative Revolution", American Universities Field Staff, East Coast South America Series, XIV(5), December 1970,17 p. Outros, propuseram-se a "fazer justiça" à missão "à paisana" da liderança militar no pós-1964, expressando "grande admiração por sua perseverança, integridade e dedicação à Nação". Ver Wilfred Bacchus, *Mission in Mufti: Brazil's Military Regimes, 1964-1985*, New York: Greenwood Press, 1990

ro criaram estruturas de poder efetivas. É justamente para elas que, a meu ver, é preciso voltar a atenção.

Também com relação às abordagens elitistas, o descaso pelas formas de poder colocava bloqueios específicos para a análise da dinâmica das crises. Não por acaso, os expoentes dessa perspectiva que se voltaram especificamente para o caso do Brasil no pós-1964 não conseguiram avançar na compreensão do conteúdo concreto dos conflitos que configuraram as crises políticas do regime militar. Ao enfatizar projetos, discurso e ideologia dos atores, no quadro de um vazio de determinações estruturais, viram-se na contingência de reconstruir constantemente suas previsões sobre o rumo da ação dos governantes, perdendo-se na precária visibilidade das análises realizadas no calor da hora.[22]

Em outra vertente, as tentativas de caracterizar o regime do pós-1964 a partir de pesquisas sobre os critérios de seleção, atitudes e valores das elites de poder pouco acrescentaram quanto à dinâmica específica dos conflitos políticos que marcaram as crises do período.[23] Por fim, ao analisar o caso brasileiro, as pers-

---

22 Cândido Mendes iria oscilar entre as expectativas de um governo de elite de poder, fundadas na análise da acuação da Escola Superior de Guerra (ESG) no governo Castelo Branco e as previsões de surgimento de um *nasserismo* militar (referência ao nacionalista egípcio Gamal Abdel Nasser, que presidiu seu país de 1954 a 1970), no governo "de estamento" de Costa e Silva. Cf. "Sistemas políticos e modelos de poder no Brasil", *Dados*, 1(1): 7-41, 1966 e "O governo Castelo Branco: paradigma e prognose", *Dados*, 1(2/3): 63-111, 1967. Para uma crítica desses textos, v. Fernando Henrique Cardoso, *O modelo político brasileiro*, São Paulo: Difel, 1979, 4a. ed, 211 p., p. 72 e segs.

23 Assim, por exemplo, a mera análise estatística da composição das elites governamentais pode levar à conclusão de uma alternância entre internacionalistas e nacionalistas, ou à constatação de uma

pectivas corporativistas acima examinadas parecem superar – sem fugir ao paradigma da representação de interesses – alguns dos limites mais visíveis do debate. A atenção que dedicam aos aspectos estruturais dos sistemas políticos permite ultrapassar o debate sobre a institucionalização incompleta e possibilita considerar as modificações efetivas nas estruturas de poder no pós-1964.[24] Ao colocar, por exemplo, a questão "o que fizeram os militares para alterar a variante getulista de dominação autoritária?", autores como Philippe Schmitter avançam no estudo dos novos arranjos de poder.

Nesse prisma, a institucionalização passa a ser vista também em termos de processos efetivos e não apenas como processo lacunar.[25] No entanto, ainda que não bloqueiem a análise das modificações estruturais que marcam os processos de crise política, as proposições de Schmitter sobre o corporativismo estatal brasileiro apresentam alguns limites ao aprofundamento da compreensão desses processos. Vale dizer, a constatação de que o corporativismo é compatível com vários tipos de regimes não conduz a aprofundar o tema do caráter específico dos arranjos de poder paulatinamente implantados no pós-1964.

---

continuidade de pessoas e valores. Ver Daniel Druckman e Elaine Vaurio, "Regimes and Selection of Political and Military Leaders: Brazilian Cabinet Ministers", *Journal of Political and Military Sociology*, 11:301-324, Fall 1983; Max Manwaring, "Career Patterns and Attitudes of Military Political Elites in Brazil, 1964-1975", *International Journal of Comparative Sociology*, XIX (3-4): 235-250.

24   Ver p. 184 em Phillipe Schmitter, "The Portugalization of Brazil?".

25   Nos termos do autor, ela se dá no sentido da purificação do sistema de poder e da racionalização da esfera estatal, alcançando os objetivos de autonomização do poder executivo e eliminação dos rivais plausíveis. *Idem, ibidem*, p.228.

Sintomaticamente, ao analisar os processos de centralização do poder e de controle da periferia do sistema político – com destaque para o papel do Serviço Nacional de Informações (SNI) – também Schmitter parece incapaz de resistir ao canto da sereia da temática da institucionalização.[26]

Crise política e formas de Estado

Talvez seja possível marcar a linha que separa o presente trabalho das proposições acima numa só afirmativa: o estudo concreto dos processos de crise não pode prescindir da análise das formas estruturais de poder político. Isso significa retomar a preocupação clássica com as variantes do poder burguês – as diferentes formas de governo –, expressa, por exemplo, nos escritos de Marx, Trotski e Gramsci sobre o bonapartismo, o fascismo e o cesarismo. Em outras ocasiões, o tema reapareceria na análise das formas típicas e atípicas, completas ou incompletas de domínio burguês.[27] Mais recentemente, os trabalhos de Nicos Poulantzas procuraram retomar, sistematizar e aprofundar a teoria marxista do Estado e da política, repropondo a questão das formas de Estado e de regime. É a partir de uma leitura

---

26 Evidenciada aqui na permanência do caráter errático e imprevisível do sistema de tomadas de decisões, que conduziria ao problema da ausência de *countervailing powers* como obstáculo à "portugalização" do Brasil do pós-1964. *Idem, ibidem,* pp. 220 e segs. A esse respeito, ver também as teses de Juan Linz em "The Future of an Authoritarian Situation or the Institutionalization of an Authoritarian Regime: the Case of Brazil", in Alfred Stepan, *Authoritarian Brazil*, New Haven: Yale University Press, 1973, 265 p. p.233-54.

27 Para uma reflexão específica sobre o tema, ver César Guimarães, "Domínio burguês incompleto: a teoria do autoritarismo em Marx", in Nancy V. de Carvalho (org.), *Trilogia do Terror, A implantação: 1964*, São Paulo: Vértice, 1988, 213 p., p. 35-94.

particular da obra de Poulantzas que tento apresentar uma proposta de análise dos processos críticos das ditaduras militares. Tentativa pioneira de conceituação do político como um nível regional do modo de produção capitalista e de análise do Estado burguês como um aparelho jurídico-político específico, seus trabalhos apresentam rupturas decisivas. Não será este, porém, o espaço para abordar essa trajetória. Aqui, interessa basicamente tomar as reflexões sobre as formas de Estado de exceção e as formas de regime de exceção.[28] Podemos começar com uma observação de especial interesse para o tema deste trabalho. A meu ver, a distinção entre as formas democráticas e autocráticas do Estado capitalista nada ganha com a atribuição a estas últimas de uma atipicidade ou excepcionalidade, o que implicaria em definir uma forma típica – democrática? – de Estado burguês.[29] Em vez disso, retomo o raciocínio do próprio Poulantzas, que se empenhou em demonstrar que as variantes da forma de Estado de exceção são resultado de crises políticas específicas. Em seus próprios termos, bonapartismo, fascismo e ditadura militar podem ser definidos como *formas de Estado de crise*.[30] O foco deste trabalho, no entanto, não recai sobre essas

---

28 *Poder político e classes sociais*, São Paulo, Martins Fontes, 1977, 354 p.; *Fascismo c ditadura*, São Paulo: Martins Fontes, 1978, 385 p.

29 Ver João Quartim, "La nature de classe de l'Etat brésilien", *Les Temps Modernes*, 304-305: 651-675 e 853-878, nov. e dec. 1971, p.653 e Décio Saes, "O conceito de Estado burguês: direito, burocratismo e representação popular", *Cadernos IFCH-Unicamp*, 1, dezembro de 1982, 35 p.

30 O estudo de Poulantzas sobre o fascismo procura responder a duas questões: "é possível apreender uma 'crise' na generalidade de seu conceito, e desta maneira, determinar certas particularidades de conjunto próprias da forma de Estado de exceção a que ela conduz?" e "é possível determinar (...) espécies diferentes e particulares de crise,

crises políticas que estão na origem da transição de uma forma de Estado para outra. Os processos de crise que estudaremos voltam nossa atenção para o conceito de formas de regime de exceção, vale dizer as *formas de regime de crise*. O breve exame que farei a seguir da questão das formas de Estado visa introduzir o tema das relações entre formas de regime e crise política.

De início, um aspecto essencial a reter: as formas de Estado de exceção correspondem a uma ruptura no aparelho de Estado – uma crucial reorganização do conjunto dos aparelhos de Estado.[31] O estudioso do processo político brasileiro no pós-1964 certamente reconhecerá a pertinência da caracterização de Poulantzas sobre os traços gerais dessas modificações. Para os fins deste trabalho, basta enumerar os seguintes: o controle tendencial do conjunto dos aparelhos, estatais ou não, por um único aparelho; a intervenção particular da sub-ideologia desse aparelho dominante como forma de legitimação da repressão e de submeter os outros aparelhos; o deslocamento da dominância no seio do Estado para um único aparelho e a dominância, dentro deste, de um aspecto antes secundário – o ideológico; importantes modificações do sistema jurídico: o direito público deixa de exercer seu papel regulador e de estabelecimento de limites; modificação do princípio do sufrágio, com a crise da representação partidária e a suspensão do princípio eleitoral; maior índice de burocratização; paralelismo de redes de correia

---

que conduzem, cada uma delas, a *formas de regime de exceção* (...) específicas?". *Fascismo e ditadura*, p.65

31 Contudo, essas rupturas no sistema institucional não podem ser confundidas com a problemática da "crise das instituições" de Huntington. Para Poulantzas, "não são as instituições que determinam os antagonismos sociais, é a luta de classes que comanda as modificações dos aparelhos de Estado". Cf. *Idem, ibidem*, p.69.

de poder, o que representa o fim das esferas estritas de competência, com o deslocamento das contradições para o próprio seio dos aparelhos de Estado.[32] Nessa síntese, o estudioso de Poulantzas com certeza percebeu uma leitura particular: falta aí o conceito de aparelhos ideológicos de Estado. Sem aprofundar este ponto, basta dizer que evito considerar o conjunto dos partidos políticos, a escola e a Igreja como aparelhos estatais e me centro em suas observações sobre as modificações nos aparelhos e ramos do Estado.[33] Essa leitura vale também quando passamos à problemática mais próxima das preocupações desta análise – a das formas de regime de exceção. Assim, embora em *Fascismo e Ditadura*, o critério para a distinção entre os regimes fascista, bonapartista ou ditatorial-militar concentre-se na relação entre aparelho repressivo e aparelhos ideológicos – "a dominância de um ou dos outros especifica *formas de regimes* do Estado de exceção"[34]

---

32 Ver "Proposições gerais sobre a forma de Estado de exceção" em *Idem, ibidem*, p 335-353.

33 A meu ver, *PPCS* dispensava essa dualidade entre aparelhos "repressivos" e "ideológicos" de Estado. A distinção, que aparece no debate Poulantzas x Miliband e em *F&D*, coloca alguns problemas que apenas apontarei aqui: se em *PPCS* a definição de Estado capitalista funda-se em sua dupla função específica de isolamento e representação da unidade, por que a escola, os partidos de esquerda e a igreja são aparelhos de Estado? Eles desempenham essa dupla função? De que forma eles o fazem? Cf. Nicos Poulantzas e Ralph Miliband, "O problema do Estado capitalista", in Nicos Poulantzas e Ralph Blackburn (org.) *Ideologia na Ciência Social*, Rio de Janeiro: Paz e Terra, 1982, 349 p., p. 219-41. Ver também Perry Anderson, "As antinomias de Antonio Gramsci", *Crítica Marxista*, 1:7-74, 1986, p.37 e Goran Therborn, "Como domina ...?", *op. cit.*, p.206.

34 *F&D*, p.341.

– procurarei reter somente a noção de que a dominância, respectivamente, do partido fascista, da administração civil ou do Exército, *enquanto ramos do Estado*, bem como o novo modo de funcionamento e de relacionamento entre esses ramos e de relação entre estes e os aparelhos não estatais é o que distingue as formas acima.

O aprofundamento do problema da especificidade das formas de regime exige, contudo, um retorno a algumas observações de *Poder político e classes sociais*, onde Poulantzas parecia sugerir uma perspectiva diversa. As "formas de Estado propunha – só podem ser estudadas concretamente na sua conjunção com as *formas de regime*, que dizem respeito à *cena política* e à periodização propriamente política".[35] Em minha perspectiva, abre-se aí um caminho mais fértil para o estudo das formas de regime – que podem se constituir em espaços de análise específicos e comportar periodizações particulares.

Ainda uma vez, porém, proponho retomar as ideias de Poulantzas a partir de uma leitura pessoal. Com efeito, especialmente no caso das formas de regime "de exceção" parece-me equivocado definir a cena política numa perspectiva basicamente tomada à análise institucional de Maurice Duverger, como faz Poulantzas em *PPCS*: "A cena política diz respeito às modalidades concretas da representação política partidária relativamente à ação aberta ou declarada das forças sociais. A combinação das formas de Estado e da configuração da cena política nos apresenta os regimes políticos".[36] Em vez disso, creio ser possível combinar a riqueza da análise estrutural

---

35 *PPCS, op. cit*, p.314.
36 *PPCS*, cit, p.314-15. Para um esforço poulantziano de evitar essa vinculação, cf. Décio Saes, *Democracia* (São Paulo, Atica, 1987, 93

com a incorporação do campo das práticas políticas sugerida em *PPCS*, se substituirmos a cena política pela *dinâmica política*, retificação que eliminaria qualquer vínculo necessário entre vida política e "representação política partidária". Mais especificamente, proponho ser possível avançar na caracterização da forma ditatorial militar de regime através da análise da dinâmica de suas *crises políticas*.[37] Essa perspectiva deve ficar mais clara no balanço que procurarei fazer, a seguir, das análises dominantes sobre o caráter dos regimes oriundos de golpes militares na América Latina dos anos 60 e 70.

Para enfrentar tal questão, cumpre brevemente retomar o debate que se travou nos anos 60 e 70 sobre a variante da forma autocrática de Estado que melhor caracterizaria os regimes originários dos golpes militares na América Latina. Para ficar apenas no caso do Brasil, durante algum tempo ganhou força a definição da ditadura militar como *fascista*.[38] A fim de refutar essa perspectiva, bastaria retomar as características distintivas do fascismo apontadas por Poulantzas, ou recorrer à literatura latino-americana que criticou esse viés.[39]

---

p.), onde se define regime político como "a relação entre o corpo de funcionários e os membros da classe exploradora no âmbito específico do processo de definição/execução da política de Estado" (p.21).

37 Falamos aqui do complexo problema das relações entre estrutura e conjuntura. Também aí, *PPCS* surpreende pela abrangência de suas reflexões. Para uma rica discussão do tema das limitações de Poulantzas na construção de uma temporalidade política, v. José Luís Fiori, "A análise política do tempo conjuntural", *Dados*, 34(3): 379-414, 1991.

38 A versão mais elaborada dessa tese parece ser: Hélio Jaguaribe, "Brasil: estabilidad social por el colonial-fascismo?", in Celso Furtado et alii, *Brasil Hoy*, México: Siglo Veintiuno, 1968, 215 p.., pp. 28-53.

39 Para ficar apenas em alguns exemplos, ver as anotações de João Quartim sobre o papel do Exército como partido político da burguesia nas

Mas o problema parece mais complicado quando se trata do bonapartismo. Ainda que pudéssemos lembrar a especificidade da crise política que conduz a essa forma de Estado, a análise marxista que procurou entender o regime do pós-1964 nos quadros mais amplos do bonapartismo toca num ponto crucial para nossa abordagem da dinâmica política da ditadura.[40] Refiro-me ao tema da burocratização do Estado e da autonomização da burocracia como traços fundamentais dos regimes do tipo do brasileiro no pós-1964.[41]

O mais ligeiro exame da literatura sobre o "autoritarismo militar" revela como uma das perspectivas hegemônicas aquela que salienta fundamentalmente os elementos *burocráticos* na caracterização desses regimes.

Crítica do autoritarismo burocrático

Com efeito, pelo menos na discussão acadêmica, os trabalhos do argentino Guillermo O'Donnell cedo se constituiriam

---

ditaduras militares em "La nature de classe...", cit. e a análise da ausência nestas últimas do partido mobilizador de massas, em Atilio Borón, "El fascismo como categoria histórica: en torno al problema de las dictaduras en America Latina", *Revista Mexicana de Sociologia*, XXXIX (2): 481-528, abril-junio de 1977 ou Fernando H. Cardoso, "Da caracterização dos regimes autoritários na América Latina", in David Collier (org.), *op. cit.*, p. 27-39.

40 Para um balanço das visões "bonapartistas", Ricardo Antunes, *A rebeldia do trabalho*, São Paulo: Unicamp-Ensaio, 1988, 219 p., p. 112-26

41 Ver, nesse sentido, a interessante análise de Carlos Estevam Martins sobre o bonapartismo "não realizado" do pacto compósito e associado de poder no pós-1964. Esse mesmo autor é um bom exemplo da tentativa de incorporar reflexões da teoria das elites ao esquema marxista, como forma de abordar a autonomia particular da burocracia. Ver *op. cit.*, p. 190 e segs.

num ponto de referência para os estudos sobre os regimes militares de novo tipo da América Latina. Em sua primeira versão, tratava-se nitidamente de construir uma explicação desses "sistemas políticos" nos termos da análise de David Apter sobre os processos de modernização e de Samuel Huntington sobre o *political gap* das sociedades pretorianas.[42] Depois, como já vimos, aquele autor deslocou suas perspectivas, primeiro para uma tentativa de incorporá-las numa variante marxista do corporativismo[43] e depois para uma visão histórico-estrutural do Estado capitalista.[44] Os debatedores de O'Donnell, conforme notamos, não registraram essa trajetória de cortes.[45] A maioria

---

42 Para os primeiros textos do autor, publicados originalmente em 1972, utilizo aqui as edições norte-americanas: *Modernization and Bureaucratic-Authoritarianism* cit. e "Modernization and Military Coups: Theory, Comparisons and the Argentine Case" ,in A. Lowenthal & S.Fitch (eds.) *Armies and Politics in Latin America*, New York, Holmes & Meies, 1986, revised edition. 489 p., p.96-133.

43 Ver o texto de 1974, "Corporatism and the Question of the State", cit., in James Malloy (org.), *op. cit.*

44 Tal ruptura já aparece nitidamente na conferência pronunciada em Campinas, em 1975, onde ele se propunha a investigar "as relações no tempo entre um sistema de forças e relações sociais o capitalismo e seus padrões mutuamente consonantes de dominação política" (Ver "Desenvolvimento político ou mudança política?", in Paulo Sérgio Pinheiro (org.), *O Estado autoritário e movimentos populares*, cit., p.23-95 e, para uma versão precedida de uma autocrítica, *Reflexões sobre os Estados burocrático-autoritários*, Rio de Janeiro: Vértice, 1987, 75 p. (para as citações, p. 18-19).

45 Para uma exceção, ver Karen Remmer e Gilbert Merkx, "Bureaucratic-Authoritarianism Revisited", *Latin American Research Review*, XVII (2):3-40, 1982. Contudo, esses autores não se propõem a explorar as contribuições que tal corte poderia trazer às abordagens do autor platino.

das atenções parece ter-se voltado então para a crítica do viés economicista da hipótese autoritária-burocrática e seu pressuposto dos vínculos necessários entre o "aprofundamento" da industrialização e os regimes autoritários.[46] Proporei um enfoque diverso. Antes de tudo, pretendo examinar a obra desse autor a partir de uma questão central: por que caracterizar os regimes castrenses argentino e brasileiro como burocráticos e não *militares?*; por que a ênfase nos processos de burocratização e não nos de *militarização?*

O exame dos escritos do cientista político argentino basta para revelar que os cortes em sua perspectiva geral convivem com fortes elementos de permanência. A linha mestra dessa continuidade analítica é, a meu ver, a ideia de burocratização. Não por acaso, a pedra de toque de seu primeiro estudo importante, onde ele se propunha a oferecer uma explicação genética dos sistemas políticos de países como Argentina e Brasil, era a hipótese da "penetração dos papéis tecnocráticos" nas sociedades de alta modernização. É nesse contexto que ele propõe o conceito de autoritarismo burocrático, a partir de um duplo empréstimo das noções de regime autoritário de Juan Linz e de sistema burocrático de David Apter. Em suas próprias palavras, "esse termo estranho (é usado) porque facilita o emprego do termo 'autoritário' como um genus que inclui outros tipos de sistemas políticos não-democráticos sul-americanos associados com níveis baixos de modernização. O termo 'burocrático' su-

---

46 Cf. José Serra, "As desventuras do economicismo: três teses equivocadas sobre a conexão entre o autoritarismo e desenvolvimento" (in Collier, *op. cit.*, p. 101-153). Para a resposta de O'Donnell, cf. *Reflexões sobre o Estado...*, *op. cit*, p.9-16. Vale ressaltar que o texto de Serra aproxima-se do que aqui nos interessa ao discutir a associação entre regimes militares e racionalidade das decisões (v. p. 139).

gere os traços específicos dos sistemas autoritários de alta modernização: o crescimento do poder organizacional de muitos setores sociais, as tentativas governamentais de controle pelo 'encapsulamento', os padrões de carreira e as bases de poder da maioria dos portadores de papéis tecnocráticos, e o papel-chave desempenhado pelas grandes burocracias (públicas e privadas)".[47] Em minha perspectiva, as mudanças que O'Donnell operou posteriormente em seus trabalhos não mudariam esse núcleo duro de sua análise.

Resumida, assim, a mais consistente tentativa de definir os regimes em questão como burocráticos, cabe perguntar: essa caracterização dá conta do caráter e da dinâmica das ditaduras do tipo da argentina e da brasileira nos anos 60? A resposta, que procurarei desenvolver a seguir, pode ser abreviada em uma frase: a abordagem burocrática perde o elemento chave para a compreensão desses arranjos de poder, vale dizer, seu caráter *ditatorial-militar*. Em outras palavras, o caráter militar dessas ditaduras corre o risco de desaparecer quando se as define por seus aspectos de racionalização burocrática. Dessa forma, bloqueia-se o entendimento não só de seu caráter como de sua dinâmica política.

O desenvolvimento dessa crítica exige retomar a análise de Poulantzas, em que aparece com nitidez a distinção entre "burocracia" e "burocratismo". A primeira diria respeito à categoria social encarregada da administração do Estado; o segundo, a "um sistema específico de organização e de funcionamento

---

[47] Idem, ibidem, p.95. Isso explica minha opção por não utilizar aqui o termo "Estado burocrático-autoritário" (BA), que preponderou nas versões portuguesa e espanhola da obra desse autor. Na própria expressão de O'Donnell, seu conceito esforçava-se por definir uma variante "burocrática" do tipo "autoritário" de sistemas políticos.

interno do aparelho de Estado".[48] Nesses termos, ao se referir à burocratização que caracteriza o aprofundamento da modernização em países como a Argentina e o Brasil, O'Donnell daria conta de um processo real, cuja intensificação é visível naquelas nações depois dos golpes militares: trata-se do "burocratismo" enquanto traço constitutivo do capitalismo (Weber) ou do aparelho de Estado capitalista (Marx). Em termos poulantzianos, o burocratismo faz parte da estrutura jurídico-política do Estado burguês.[49] Nesse sentido, entender os arranjos políticos em tela como "burocráticos" não contribui para a compreensão da forma específica de Estado que caracteriza as situações argentina e brasileira. A forma de Estado que aí se consolida não encontra sua especificidade no avanço da burocratização, característica geral das sociedades capitalistas, mas no avanço da *militarização* do Estado, vale dizer, no lugar especial que as Forças Armadas iriam ocupar nas novas estruturas de poder.

No entanto, a hipótese autoritária-burocrática não parece se esgotar nesse aspecto. Ela se funda também na ideia de que aqueles regimes se definem pelo papel da burocracia, enquanto categoria social, na forma de representação política. Aqui, a explicação burocrática comporta numerosas variantes, o que, de resto, atesta a extensão da hospitalidade de que gozou nos estudos sobre as ditaduras em tela. Para alguns desses autores, entre os quais destaca-se o próprio O'Donnell, a inegável preponderância dos militares no novo arranjo tecnocrático não impediria a definição dessas formas de poder como "burocráticas", na medida em que se tomam as Forças Armadas sobretudo como uma

---

48 *Poder político e classes sociais*, op. cit., p.328.
49 Décio Saes, "O conceito de Estado burguês: ...", *op. cit.*.

organização burocrática;[50] para outros, tributários da teoria das elites, os regimes do tipo do argentino e do brasileiro, poderiam ser definidos a partir de uma aliança entre a burocracia civil (tecnocracia) e a burocracia militar;[51] numa versão marxista, fundada no conceito de bonapartismo, a elite "governamental contra-revolucionária" que subiu ao poder com os golpes dos anos 60 se constituiria nas correntes militares e tecnoburocráticas;[52] por sua vez, em uma variante que procura aliar a análise marxista com a teoria das elites, na tradição aberta por Ralph Miliband, consideram-se tais regimes como "tecno-empresariais" e não militares;[53] enfim, uma corrente filiada à teoria dos sistemas, enfatiza o papel das agências burocráticas no aguçamento da preponderância do Estado face à sociedade civil.[54] Todas essas variações defendem um ponto comum: também no que tange à representação política, o caráter burocrático daqueles regimes subordinaria os seus aspectos militares.

Para aprofundar a crítica à essa visão, proponho examinar com mais detalhe a obra de um autor que, sem fugir à aborda-

---

50 Ver "Modernization and Military Coups: Theory, Comparisons and the Argentine Case", in A. Lowenthal and S. Ficht (eds.), *op. cit*, p.96-133.

51 O exemplo mais significativo aqui é a longa análise de Cândido Mendes sobre "Sistema político e modelos de poder..." (cit.) no Brasil. Aí, ele considera a escolha de Costa e Silva como sucessor de Castelo Branco como a homologação da "aliança tecnocrático-militar num 'establishment'" (v. p. 18-19).

52 Cf. Carlos Estevam Martins, *Capitalismo de Estado e..., op. cit.* p. 216-17.

53 René Dreifuss, *1964 -A conquista do Estado*, Petrópolis: Vozes, 1981, 3a ed., 814 p., especialmente cap. 9, p.417 e segs.

54 Ver nesse sentido Celso Lafer, *O sistema político brasileiro: estrutura e processo*, São Paulo: Perspectiva, 2a. ed., 1978, 134 p.

gem burocrática, considerou elementos que, a meu ver, abrem espaço para uma abordagem alternativa dos regimes que aqui nos interessam. Refiro-me a Fernando Henrique Cardoso e às suas proposições sobre o modelo político brasileiro. Aí, ele propunha a análise do regime do pós-1964 com ênfase em seu aspecto híbrido ou dualidade contraditória, referindo-se à autonomia especial que a política econômica mantinha em relação aos aspectos propriamente políticos. Segundo ele, na América Latina, independente da forma de Estado preponderante, países com nível parecido de industrialização apresentaram notável semelhança no conteúdo de suas políticas econômicas. Vale dizer, nos regimes burocráticos-autoritários, a dinâmica da economia guardava autonomia dos aspectos propriamente políticos.[55] "Sob este aspecto, a militarização do poder jogou um papel menor do que se imaginava", conclui Cardoso, enquanto reafirma: os militares "mandam, sim; controlam o Estado; mas não definem neste mandar e neste controlar as políticas centrais do governo".[56] Esse parece ser o fundamento da caracterização burocrática em Cardoso, seguindo de perto as análises de O'Donnell. E esse também o quadro em que ele introduz seu conhecido conceito dos "anéis burocráticos", que cortariam

---

55 "O Estado, enquanto síntese das relações de dominação, continuou respondendo às classes e não, estrito senso, ao estamento burocrático--militar". Ver "A democracia na América Latina", *Novos Estudos*, 10: 45-56, outubro de 1984, p.48.

56 *Idem, ibidem*, p. 48. No mesmo sentido vai sua definição daqueles arranjos em termos de uma dualidade contraditória, "pela criação de duas linhas decisórias, a político-administrativa-repressiva e a político-econômica", sob a arbitragem do presidente militar. Cf. "A questão do Estado no Brasil", in *Autoritarismo e democratização*, Rio de Janeiro: Paz e Terra, 1975, 240 p., p. 187-221., p. 209.

horizontalmente as duas estruturas presentes na cena política brasileira: a grande empresa privada e a burocracia pública.[57] Até aqui, o raciocínio de Cardoso cabe nas fronteiras do paradigma burocrático de análise dos regimes militares. Não obstante, em suas próprias abordagens é possível encontrar elementos que apontam para a centralidade do aspecto militar desses arranjos.[58] Assim, ao criticar o viés elitista de autores como Cândido Mendes, que tomariam demasiado a sério os projetos e a ideologia dos atores políticos, Cardoso propõe "recuperar o nervo da política, isto é o conflito", ou seja, atentar para "as oposições entre grupos dentro do sistema de poder e entre estes e os que estão fora dele".

A tarefa do analista seria a de "identificar as forças políticas existentes, delimitar o marco em que operam e avaliar o resultado de sua ação". Mais ainda, seria preciso reconhecer que os ziguezagues da política "dão margem à formação de estruturas de poder que, se não foram previstas nem desejadas pelos atores políticos, alguma relação devem guardar com as forças políticas existentes".[59]

Tais observações me parecem fundamentais para a análise dos regimes militares do tipo do brasileiro no pós-1964. Comecemos pela questão das estruturas de poder. A meu ver, o

---

57 "Estado e sociedade no Brasil", in *idem, ibidem*, p.165-186.

58 Não por acaso, aquele autor empregaria alternativamente as denominações "autoritarismo burocrático" e "autocracia militar-burocrática" para falar do "modelo político brasileiro". Ao mesmo tempo, num artigo de crítica a O›Donnell, ao defender a aplicação restrita do conceito de autoritarismo burocrático aos casos argentino e brasileiro, Cardoso salientaria "o fato decisivo da militarização do Estado". Ver "Da caracterização dos regimes autoritários na América Latina", op..cit., p.45.

59 Todas as citações em *O modelo político brasileiro, op. cit.*, p.72-74.

próprio Fernando Henrique não considerou adequadamente as características centrais da transformação dos arranjos políticos no Brasil do pós-golpe. No período posterior a 1964, o novo formato da representação política que resulta da crise de hegemonia burguesa nessa formação social, parecia apontar menos para um processo de burocratização do que para a *militarização* do aparelho de Estado. Vale dizer, o papel que passam a representar as Forças Armadas como "partido político da burguesia", com o afastamento dos representantes propriamente políticos, expressa-se institucionalmente no surgimento e consolidação de sedes de poder castrenses – a presidência e seus órgãos de assessoria militar, os ministérios das três forças, os comandos dos exércitos, os estados-maiores das Forças Armadas e, depois de 1967, o Alto Comando das Forças Armadas – que, no aspecto político, marcam-se por uma acentuada desigualdade estrutural em relação aos outros ramos e aparelhos do Estado.

Nesse sentido, a preponderância da burocracia militar no conjunto da burocracia obriga o analista a enfatizar sobretudo as características específicas desse setor enquanto ramo dominante do aparelho repressivo, nos quadros de uma forma de Estado ditatorial. O conceito mais pertinente para entender esses regimes seria o de *ditadura militar* e não o de autocracia burocrática.

De resto, o próprio Fernando Henrique Cardoso não parece apontar para outro processo, quando responde à pergunta "Que regime é este?" lançando mão das evidências deixadas pela eleição do general Médici. Em suas palavras, naquela ocasião, a "decisão fundamental (...) teve as seguintes características":

> a) foi tomada pelo estrato superior da burocracia militar (os generais de quatro estrelas);
>
> b) obedeceu a critérios burocráticos de hierarquia e representação corporativa;

c) impediu o risco maior para o Exército como burocracia dominante: sua desagregação pela proliferação de tendências e facções;

d) implicou, portanto, numa conciliação entre correntes de dentro do Exército.[60]

No entanto, a pesquisa que constitui o corpo deste trabalho não irá focar centralmente o aspecto das modificações na estrutura de poder no pós-golpe. Em vez disso, ela se propõe a avançar no sentido da compreensão do caráter dos regimes políticos do tipo do brasileiro examinando um ponto até hoje pouco considerado. Refiro-me ao tema das crises políticas do regime militar, vale dizer, à análise da dinâmica propriamente política que levou à configuração do regime castrense no pós-1964. Para tanto, devemos examinar como esse tema específico foi abordado por alguns estudiosos.

Elitismo burocrático e dinâmica política

O exame da dinâmica das crises políticas constitui recurso privilegiado para salientar certos traços até hoje pouco explorados da ditadura militar brasileira e dos regimes castrenses de novo tipo. Nesta Introdução, cumpre apenas considerar brevemente o problema teórico da dinâmica política dessas ditaduras, com o intuito de fazer avançar a hipótese de que a subestimação de seu caráter fundamentalmente militar configura bloqueios particulares à compreensão dos processos políticos no regime ditatorial. É esse o contexto em que retomarei a crítica ao paradigma elitista burocrático.

---

60 *O modelo político brasileiro*, op. cit., p.78.

Nos primeiros anos do regime do pós-1964, as teses hegemônicas no campo da intelectualidade nacionalista e de esquerda sequer colocavam o problema da dinâmica especificamente política da ditadura.[61] Até a derrota das organizações guerrilheiras, no início dos anos 70, a estratégia do confronto armado amparou-se fortemente no pressuposto da estagnação econômica e da fragilidade política do regime dos generais, mesmo depois da decretação do Ato Institucional 5. Apesar de suas divergências políticas, tanto as correntes tributárias do pensamento economicista da III Internacional (1919-1943, organização fundada por Lenin para reunir os partidos comunistas de diferentes países), como os grupos que elaboraram as teses heterodoxas da chamada "dialética da dependência" compartilhavam a adesão à teoria cepalina (de CEPAL, Comissão Econômica para a América Latina e o Caribe, criada em 1948 pelo Conselho Econômico e Social das Nações Unidas) sobre a estagnação estrutural das economias do tipo da brasileira.[62] Em torno dessa ideia, as mais diversas análises táticas confluíam para um ponto comum: economicamente predestinado à estagnação, o regime

---

61 Na vertente nacionalista, bastaria lembrar aqui as perspectivas iniciais de um dos expoentes do Instituto Superior de Estudos Brasileiros (ISEB) sobre o novo regime. Escrevendo poucos anos depois do golpe, o sociólogo Hélio Jaguaribe defendia que "a complexidade já alcançada pelo setor industrial-urbano brasileiro" não era "compatível com um regime militar colonial-fascista de longa duração". Cf. "Brasil: estabilidad social...?", *op. cit.*, p. 51.

62 Para um tratamento mais aprofundado deste ponto ver João Roberto Martins Filho, "Visões da crise: a esquerda brasileira e a crise do final dos 60", in ANPOCS, *Ciências Sociais Hoje*, 1990, São Paulo: Vértice, 1990, 310 p., p. 98-116.

carecia de dinâmica política.⁶³ De tal forma, parece inútil buscar nos documentos desses setores reflexões mais detidas sobre a dinâmica – econômica ou política – da ditadura.

Posição diferente iria caracterizar as análises dos intelectuais acadêmicos situados no campo liberal e que trabalhavam no quadro conceitual da Ciência Política americana. Nestas, a preocupação com as perspectivas de superação do pretorianismo e com as possibilidades da institucionalização da nova ordem cedo elevaria a previsão da dinâmica política dos regimes autoritários à condição de tema privilegiado. No entanto, a leitura atenta de suas proposições revela que o tratamento dessa questão se deu nos limites do paradigma que tenho denominado de elitista burocrático, com sua subestimação característica tanto da especificidade militar do regime como dos militares como uma categoria social específica.

Não parece ser outro o caso da análise desenvolvida por O'Donnell. Em seu primeiro livro, ele se propunha a abordar "a evolução dos regimes autoritários burocráticos centrando a atenção no jogo político" dos atores sociais internos, vale dizer nos valores e nas ações das elites tecnocráticas.⁶⁴ Sua análise

---

63 Assim, no dizer de Carlos Marighella, fundador da ALN, Aliança Libertadora Nacional, umas principais organizações da luta armada contra a ditadura: "A crise brasileira é uma crise de estrutura. Aqui nos referimos à estrutura econômica. O que quer dizer: a crise brasileira – em todos os sentidos, seja econômico, político ou social – é oriunda da inadaptabilidade da atual estrutura econômica brasileira". Cf. *A crise brasileira*, São Paulo: Livramento, 1979, p.5 5. Essa hipótese vale também para o Partido Comunista. Ver Daniel Aarão Reis Filho, *A revolução faltou ao encontro – os comunistas no Brasil*, São Paulo: Brasiliense, 1989, 200 p., p. 67.

64 Cf. *Modernization and Bureaucratic-Authoritarianism*, p. 106-109, onde, no quadro da teoria do jogos, ele se propõe a tomar "a ação

sobre a viabilidade da manutenção da coalizão golpista fundava-se, assim, nos critérios pelos quais os "encarregados de papéis tecnocráticos" avaliavam a *performance* governamental. Na hipótese daquele autor, o sucesso ou fracasso do governo em reprimir a resistência dos setores sociais prejudicados pela política econômica autoritária definiria duas evoluções políticas possíveis. Nos casos "bem-sucedidos", reforça-se o apoio das elites tecnocráticas, ao preço do isolamento face aos estratos sociais atingidos; as políticas governamentais avançam no sentido antes definido e as chances de dissidências são mínimas. Tal processo só arrefece quando mesmo os critérios dos tecnocratas registram impossibilidade de manutenção do crescimento. Nessa altura, porém, o sistema já está implantado e um novo tipo de "jogo político" se iniciou. Por sua vez, nos sistemas "mal-sucedidos" (incapazes de aplicar com eficácia a coerção), seguem-se consequências muito diversas. A busca das metas tecnocráticas desperta resistências sociais efetivas, mas ao governo não resta alternativa senão reforçar as políticas tecnocráticas. Novas medidas desse teor aumentam a resistência e a repressão e torna-se inevitável que o pretorianismo de massa e a instabilidade política reapareçam no seio do autoritarismo. Tal processo tende a cindir a coalizão dominante em uma subcoalizão continuísta e uma outra que se abre a alianças externas.

---

política como ação em uma situação (formada por temas de política públicas, tipo de sistema político e regras de competição, conjunto de jogadores), que precisa ser levada em conta pelos jogadores dispostos a atingir suas metas". Em um texto bastante posterior, O'Donnell manteria tal abordagem como indispensável para "uma análise adequada da dinâmica, evolução e impactos" daqueles arranjos. Ver "Reply to Remmer and Merkx", *Latin American Research Review*, XVII(2): 41-50, 1982, p. 41.

Se vitoriosa a alternativa continuísta, o processo é retomado nos mesmos termos até levar a novo impasse. Caso contrário, a possível volta ao sistema democrático significa o retorno às conhecidas condições do pretorianismo de massa. O esquema acima remete explicitamente ao caso "bem-sucedido" da ditadura brasileira e ao "fracasso" do regime militar argentino de 66. Não é aqui o lugar, no entanto, para explorar mais detidamente essa hipótese de política comparada.

O ponto a destacar é que aí as ditaduras militares argentina e brasileira parecem carecer de qualquer dinâmica especificamente castrense. Tal efeito da abordagem elitista burocrática apareceria com nitidez em outras análises. Basta citar, à guisa de exemplo, o trabalho de Cândido Mendes sobre a dinâmica do sistema político brasileiro do pós-1964, cuja pedra de toque é a ação da tecnocracia como "subespécie clássica" das elites de poder.[65] Esse efeito da abordagem elitista burocrática deve ficar mais evidente, porém, no exame que farei a seguir dos trabalhos que se dedicaram especificamente ao papel dos militares no período anterior e posterior aos golpes.

Não chega a surpreender que autores que conceituam os regimes militares de novo tipo como autoritário-burocráticos ou os definem como sistemas de elites de poder não enfatizem os processos militares na análise geral da dinâmica desses regimes". Menos evidente é a força do paradigma elitista burocrático em alguns dos principais estudos sobre o papel político das Forças Armadas no Brasil e na Argentina dos anos 1960. O caso

---

65 As características desses grupos seriam a neutralidade social relativa, a homogeneidade ideológica e as ideologias "salvacionistas" e "racionalistas". Cf. "Sistema político e modelos de poder no Brasil", *op. cit.*, p.7-8.

mais significativo parece ser o de Alfred Stepan, cujas perspectivas sobre a mudança de papéis dos militares em países de alta modernização foram amplamente incorporadas por Guillermo O'Donnell.[66] Elogiada pela originalidade das proposições e pela riqueza do levantamento empírico, a obra de Stepan constituiu, tanto como os livros de O'Donnell, um marco para os estudos sobre os golpes militares dos anos 60 na América Latina. Ao contrário do autor argentino, porém, o cientista político americano parece ter sido poupado de críticas.[67]

Com efeito, desde sua publicação em 1971, *The military in politics – changing patterns in Brazil*[68] foi saudado como uma inegável superação das teses dominantes na Ciência Política americana sobre os militares dos países em modernização. Contrapondo-se a ideias até aí amplamente aceitas sobre as características de unidade e autoisolamento da corporação militar, Stepan propôs voltar a investigação não para as características institucionais das Forças Armadas mas para a *interação* entre o "subsistema militar" e o sistema político mais amplo.[69]

---

66 O'DONNELL, Guillermo. (1986a). "Modernization and Military Coups: Theory, Comparisons and the Argentine Case". In: A.LOWENTHAL e S. FITCH (orgs.), *Armies and Politics in Latin America*. Revised ed. New York, Holmes & Meies.

67 Poucos trabalhos examinaram especificamente as teses de Stepan. Entre eles, João Quartim de Moraes, "Alfred Stepan e o mito do poder moderador", *Filosofia política*, 2: 163-199, inverno de 1985 e John Markoff e Silvio Baretta, "Professional Ideology and Military Activism in Brazil", *Comparative Politics*, 17(2):175-191, January 1985. Para trabalhos mais gerais que incluem críticas a Stepan ver as notas seguintes.

68 Princeton, Princeton University Press, 1974, 313 p.

69 Um dos alvos centrais de Stepan era a abordagem neo-realista, que recusava a crítica liberal do militarismo e exaltava a eficácia dos mi-

Foi esse o quadro de sua discussão sobre a mudança do papel político dos militares em países como o Brasil.

Parece natural, assim, que tanto os críticos como os adeptos das ideias de Stepan tenham se centrado em sua tese sobre o "padrão moderador" de relações entre civis e militares. Ao salientar esse aspecto, no entanto, deixaram para um segundo plano o tema que aqui nos interessa mais de perto: as consequências da proposta metodológica de Stepan para a análise do regime militar do pós-1964 brasileiro.

Para avançar nesse sentido, partimos de uma primeira ideia que pode parecer provocativa: a hipótese do padrão moderador não é o aspecto mais original da obra de Stepan.[70] Tal afirmação não nos impede de reconhecer a pertinência da crítica metodológica do modelo moderador, para uma revisão da obra de Stepan. Refiro-me, por um lado, às proposições que destacaram a falácia da construção de modelos, vale dizer, de padrões fixos de interação social entre civis e militares, em que o campo político das elites é definido sem que se reconheça a concretude dos sujeitos e a determinação histórica dos processos de trans-

---

litares como agentes do desenvolvimento. Para a obra principal dessa corrente, ver John Johnson, *The Military and Society in Latin America*, Stanford University Press, 1964, 308 p. Dois capítulos do livro tratavam especificamente dos militares no Brasil (p. 177-243).

70 O próprio Stepan reconhece no prefácio de seu livro a dívida que contraiu para com dois analistas brasileiros: Fernando Pedreira e Cândido Mendes. Com efeito, já em meados dos anos 60, estes empregavam amplamente a ideia do padrão moderador. Basta lembrar aqui o texto do último desses autores publicado em 1966 em *Dados*, onde a candidatura Costa e Silva era vista como a maior evidência da "mudança de papel das Forças Armadas, de uma função moderadora e arbitral, para a assunção de uma responsabilidade ostensiva na decisão política nacional". "Sistema político", *op. cit.*, p. 16.

formação política.[71] Por outro, à refutação histórico-empírica do padrão moderador presente no trabalho de pesquisadores como Nelson Werneck Sodré e José Murilo de Carvalho: aí aparecem não apenas a persistente predisposição militar em intervir na política desde os primórdios da República como o conteúdo concreto dessas intervenções, o que desafia um dos pontos chaves da hipótese moderadora, vale dizer, a cooptação unilateral dos militares pelos civis.[72]

Mas o objeto desta pesquisa parece conduzir menos ao modelo moderador que aos processos que estiveram na origem de sua ruptura e da implantação de um novo padrão ou modelo de relações entre civis e militares. Mais precisamente, estaria aí – na hipótese do surgimento de uma ideologia militar marcada pelo "novo profissionalismo" – não só a contribuição mais original de Stepan, como a chave para a compreensão dos limites de sua abordagem dos processos castrenses no Brasil pós-1964. Para avançar nesse sentido, proponho efetuar uma leitura das proposições do autor que centre a atenção não apenas em suas teses explícitas, mas no que elas ocultam.

Em *The military in politics*, Stepan dizia que o elemento central para a compreensão do papel dos militares estava

---

71 Ver João Quartim de Moraes, *op. cit.*, p. 166.
72 Cf. respectivamente, *A história militar do Brasil*, Rio de Janeiro: Civilização Brasileira, 3a. ed., 1979, 439 p. e "As Forças Armadas na Primeira República: o poder desestabilizador" (2), 3a. ed. 1985, in Boris Fausto (org.), *História Gera da Civilização Brasileira*", III (2), 3ª ed. 1985, 431 p., p. 183-234, bem como "Forças da Armadas política, 1930-1945" in *A revolução de 30: seminário internacional*, Brasília: Editora da UNB, 1983, 792 p., p. 107-187. E também Antônio Carlos Peixoto, "Exército e política no Brasil, uma crítica dos modelos de interpretação", in Alain Rouquié (org.), *Os partidos militares no Brasil*, cit. p. 27-42, p. 38 e John Markoff e Sílvio Baretta, *op. cit.*, p. 179 e segs.

no exame de sua interação com as elites civis; ou, para usar seus próprios termos, na relação entre o subsistema militar e o sistema político global.[73] Nesse sentido, as Forças Armadas constituiriam "mais uma variável dependente do que independente".[74] Ao construir o modelo moderador, Stepan procurava atribuir às elites civis um papel fundamental na configuração do comportamento militar, através de sua hipótese do papel da legitimidade civil no sucesso das intervenções das Forças Armadas.[75] Nesse quadro geral, parece coerente com seu esquema de análise a ideia de que, embora não sejam politicamente irrelevantes, as características institucionais dos militares subordinam-se à interação com o mundo civil na definição do comportamento político das Forças Armadas.[76] De tal modo, numa primeira leitura, a análise de Stepan não pode ser vista como organizacional. Não por acaso, ao examinar a literatura sobre os militares brasileiros, com base na classificação de abordagens instrumentais e organizacionais, alguns analistas associaram o modelo moderador ao primeiro campo: por sugerir "que o arbitramento dos conflitos entre as classes e grupos é desempenhado em consonância com o sentido das correntes predominantes da opinião pública".[77]

O enfoque deste trabalho contesta essa visão. Em minha hipótese, apesar de Stepan ter procurado distinguir seus estudos pela ênfase na interação civil-militar, na própria forma

---

73 *Military in politics*, p. 54-55.
74 *Idem, ibidem*, p.80.
75 *Idem, ibidem*, p.66.
76 *Idem, ibidem*, p.54-55.
77 Edmundo Campos Coelho, *Em busca da identidade: o Exército e a política na sociedade brasileira*, Forense-Universitária, 1976, 207 p., p. 19.

como ele concebe os dois padrões subsequentes de relações entre as elites paisanas e fardadas é possível entrever a centralidade de uma noção particular da instituição castrense. Para explicar esse aspecto, é preciso voltar à questão da mudança de padrão do comportamento militar. Como se sabe, o ponto de partida de Stepan foi a tese de Samuel Huntington sobre o modelo profissional de relações civis-militares.[78] O raciocínio de Stepan busca se apresentar como um esforço de romper com aquele modelo, basicamente em dois pontos. De início, a crítica ao modelo de Samuel Huntington (1927-2008, decano do estudo das relações civis-militares), do controle dos militares pelos civis através da profissionalização é parte importante da construção do modelo moderador e fundamenta a ideia de que nas sociedades pretorianas os militares são politizados e os civis concedem legitimidade parcial à participação militar na política.[79] Num momento seguinte, esse modelo passa a ser referência para a construção do conceito de novo profissionalismo castrense. Vale dizer, a mudança na ideologia militar que estaria na raiz da erosão do padrão moderador e do surgimento de uma nova atitude militar face à política.[80]

A ênfase que Stepan coloca nessas divergências pode nos desviar do exame do substrato comum aos vários modelos analisados. Com efeito, o aspecto subjacente na definição dos pa-

---

78 Para Huntington as exigências da guerra moderna tenderiam a criar exércitos profissionais, especializados e ideologicamente neutros. Ver o texto de Alfred Stepan, "The New Professionalism of Internal Warfare and Military Role Expansion", na coletânea de sua responsabilidade *Authoritarian Brazil: Origins, Policies and Future*, cit. p.47-65, p.48 e segs..
79 *Military in Politics*, p.49 e segs.
80 "The new professionalism", p.50 e segs.

drões profissional, moderador e dirigente (ou de novo profissionalismo) é a concepção das Forças Armadas como uma elite burocrática, nos termos de uma análise sistêmica do aparelho militar. O modelo de Huntington parece dispensar maiores explicações a esse respeito.[81]

Quanto ao padrão moderador, não escapou a vários analistas que um de seus pontos mais frágeis era a atribuição aos militares de um papel secundário no sistema de relações com as elites civis, às quais sempre se atribui a iniciativa das ações.[82] A meu ver, no entanto, faltou a esses críticos perceber que na origem do papel passivo atribuído às Forças Armadas está a concepção burocrática da instituição militar. Este ponto se evidenciaria com mais nitidez na questão da mudança de padrões no comportamento militar.

A análise de Stepan sobre a alteração da ideologia castrense e o surgimento do novo profissionalismo militar parece fundar-se numa hipervalorização dos efeitos da crise brasileira de 1961-64 sobre o comportamento dos militares. Aquela conjuntura crítica teria atuado em dois sentidos: por um lado, dissolveu o quadro "liberal" em que as elites situavam o papel moderador das Forças Armadas; por outro, aguçou a sensação de insegurança institucional dos militares diante das ameaças à unida-

---

81 Refiro-me à ênfase nas características de exclusividade dos papéis, especialização militar, neutralidade ideológica e homogeneização pela profissionalização presentes no padrão profissionalista.

82 Por exemplo, Antônio Carlos Peixoto: "A cooptação supõe uma atitude de passividade por parte das Forças Armadas que jamais existiu no caso brasileiro. (...) Com efeito, as Forças Armadas, enquanto agente cooptado, deixam de ter uma visão própria e uma capacidade autônoma para influir nos outros agentes e no jogo político", Exército e política no Brasil...", *op. cit.*, p.38-39.

de.[83] O resultado desses processos foi a mudança de atitude dos militares face à política. Tal esquema de análise parece reforçar o argumento central de minha crítica a Stepan. Ressalta aí uma subestimação evidente do quadro ideológico anterior das Forças Armadas brasileiras.[84] Tudo se passa como se só então a corporação militar brasileira descobrisse as ideologias políticas.[85] Apesar de suas ressalvas ao modelo profissional de Huntington, a concepção de Stepan sobre as atitudes militares no padrão moderador parece se fundar, no essencial, numa visão desses setores como uma elite "profissional" ou "burocrática".

Esse traço ressalta claramente no segundo efeito da crise de 1961-64 sobre as atitudes militares: a reação institucional à incerteza social e política. Aqui todo o argumento é organizacional. Ao se referir à percepção castrense da insegurança reinante no pré-golpe, num texto onde reproduz os argumentos de Stepan, Guillermo O'Donnell afirmaria: "As organizações tentam reduzir a incerteza que percebem como ameaça ao seu estado interno e ou viabilidade enquanto organização (...) os dirigentes das organizações operam através de conceitos e estratégias que refletem seu viés na percepção e avaliação, bem como os padrões de tomada de decisões que resultam da especialização organizacional em certos tipos de atividade".[86]

---

83 Ver, respectivamente, os capítulos VI e VII em *The Military in Politics*.
84 Cf as anotações de João Quartim sobre a substituição da "política no Exército" pela "política do Exército" (expressões criadas pelo general Góes Monteiro, 1889-1956, personalidade chave do governo Vargas), bem como o lugar do antivarguismo na ideologia militar desde 1945. Cf. "Alfred Stepan e o mito...", p.177 e segs.
85 *The Military in Politics*, p. 153-55.
86 Os textos citados por O'Donnell em reforço de suas ideias falam por si: *Organizations in Action*, de J. Thompson e *A Behavioral Theory of*

Com essas anotações, creio ter exposto os elementos centrais de minha crítica. Tanto em Stepan como em O'Donnell, o que permanece é a definição basicamente elitista burocrática da categoria militar; o que se altera é a ideologia militar, com a ascensão da Doutrina de Segurança Nacional. A ênfase que recai na variante oculta a crucialidade da constante. Estabelecido esse ponto, podemos passar aos efeitos desse paradigma na análise da dinâmica militar do pós-golpe.

Não passou despercebida a tendência do paradigma explicitamente organizacional a superestimar a homogeneidade militar e a deixar para um segundo plano as cisões no campo castrense, antes ou depois da tomada do poder. Antônio Carlos Peixoto critica essa abordagem porque não dá conta das relações entre os militares e a sociedade e "deixa quase sempre escapar as tensões e cisões internas do aparelho militar, bem como a influência que possam ter (...) na formação da opinião militar e no *output* final das Forças Armadas".[87] Assim, apesar de ver avanços no esquema de Stepan,[88] ele lhe atribui um limite fundamental: a sua incapacidade para admitir a ideia das correntes militares, tanto como meio de contato com os civis quanto como meio de pressão no âmbito das Forças Armadas. Para Peixoto, no trabalho daquele autor norte-americano, "a heterogeneidade política dos militares parece não exercer in-

---

the Firm, de J. Cyert e J.March. Ver *Idem, ibidem*, p.131-32.
87 "Exército e política no Brasil", *op. cit.*, p.33.
88 Ele considera o modelo de Stepan como "melhor do que todos os outros analistas do fenômeno militar brasileiro" por reconhecer "ainda que insuficientemente, as noções de interação e convergência" e por dar-se conta dos "dois elementos-chave na problemática militar: a heterogeneidade política dos militares e o cuidado de manter ou preservar um certo nível de unidade institucional". *Idem, ibidem*, p. 37 e 39.

fluência sobre os processos militares e sobre a determinação do comportamento político das Forças Armadas".[89] Também aqui, a crítica parece pertinente, mas indeterminada. Em minha hipótese, a ênfase na homogeneidade militar é um dos efeitos mais visíveis do paradigma elitista burocrático. A demonstração de meu argumento exigiria um exame mais aprofundado desse efeito tanto no período moderador quanto no pós-golpe. No primeiro caso, remeto às observações sobre a concepção dos militares como um grupo profissional e sobre a centralidade de tal noção na ideia de Alfred Stepan da cooptação unilateral dos militares pelos civis. Parece mais relevante concentrar a atenção nos efeitos do paradigma elitista-burocrático na análise da dinâmica militar do pós-golpe. O aspecto a salientar é a necessidade em que se vê esse modelo de encontrar uma elite paradigmática que corresponda ao tipo ideal que lhe é subjacente e atenda aos pressupostos de homogeneidade, racionalidade e previsibilidade associadas à elite burocrática militar. Estaria aí, a meu ver, o fundamento das análises que tomam o grupo da Escola Superior de Guerra (ESG), fundada em 1949, em plena guerra fria, como sujeito do movimento golpista, para, a seguir, eleger a corrente castelista, em referência ao primeiro presidente militar, como elite paradigmática e agente central dos processos do pós-golpe.

De resto, a ênfase colocada por Stepan na reconstrução dos padrões de carreira da elite da ESG remonta, como já notamos, pelo menos na formulação das hipóteses centrais, a trabalhos de cientistas políticos brasileiros, que já tinham proposto a análise do sistema político pós-1964 na perspectiva elitista. Refiro-me basicamente a Cândido Mendes e seu estudo da tecnocracia

---

89 Idem, ibidem, p.39.

como subespécie clássica das elites de poder, onde o grupo da Escola Superior de Guerra aparece como elite de poder paradigmática.[90] Na visão de Mendes, "não se encontrará outro governo, à base de elite de poder, em que a homogeneidade de formação tenha chegado tão longe".[91]

Anteriores à análise de Stepan, essas ideias reapareceriam com destaque em seus principais trabalhos. Sua contribuição estaria menos na atenção dada à elite paradigmática em tela, do que no estudo empírico-concreto da formação profissional dos militares brasileiros.[92] Tal esforço, por sua vez, fundamentou a conhecida hipótese de que, no contexto da crise de 1961-64, estaria no aparelho educacional hegemônico da burocracia militar o elemento crucial para entender as raízes da mudança de comportamento das Forças Armadas. Para Stepan, sem a militância da ESG não seria possível superar a antiga ideologia castrense da ilegitimidade do governo militar e da inferioridade face aos civis.[93]

O ponto relevante é que a busca de uma elite paradigmática conduziu esses autores a superestimar um conjunto de aspectos onde se incluíam o projeto, o discurso e a ideologia castrenses, em detrimento de uma série de outros processos vin-

---

90 As elites de poder são assim definidas "na medida em que o ator do processo não encontra identificação na infraestrutura e se configura a partir de sua situação de domínio ou controle do plano institucional da vida coletiva". As características desses grupos seriam a neutralidade social relativa, a homogeneidade ideológica e as ideologias salvacionistas e racionalistas. Cf. "Sistema político e modelos de poder no Brasil", *op. cit.*, p.7-8.
91 *Idem, ibidem*, p. 12.
92 A esse respeito, ver Markoff e Baretta, *op. cit.*, p. 178
93 *The Military in Politics*, p.172 e segs.

culados às práticas, aos conflitos e às relações de força efetivas no seio das Forças Armadas. Estaria aí o fundamento da correlata supervalorização do papel dos setores militares eleitos como paradigmáticos: no caso do Brasil, o grupo da Escola Superior de Guerra.[94] Nesse movimento, tais estudos tenderam a perder a complexa configuração do panorama das Forças Armadas durante o período militar e a especificidade das práticas das várias correntes castrenses. Ao mesmo tempo, desprezaram o quadro de determinações estruturais configuradas na forma estatal ditatorial-militar. É precisamente a necessidade de recuperar esses aspectos ignorados pelos paradigmas dominantes que justifica a busca de uma análise diferente da dinâmica político-militar do regime brasileiro do pós-1964. Em seguida, procurarei delinear seus aspectos centrais.

Uma hipótese alternativa

Em termos bastante simples, a perspectiva aqui defendida enfatiza o aspecto *militar* das burocracias militares. Em contraposição às teses elitistas burocráticas – cuja ênfase recai na homogeneidade – procuro trazer à luz as características de heterogeneidade, divisão e fluidez especificamente militares que caracterizam as práticas políticas castrenses. Nesses termos gerais, este ponto de vista não é novo no campo das análises sobre o papel das Forças Armadas em países como o Brasil. Parece ser esse, por exemplo, o sentido das preocupações dos autores que propuseram a hipótese dos *partidos militares* para a abordagem

---

94 Ver a visão de O'Donnell sobre o governo de Ongania como um governo militar desmilitarizado e sua ênfase no papel da corrente paternalista como paradigma argentino da profissionalização militar. *Bureaucratic Authoritarianism -Argentina, 1966 1973...*, *op. cit.*, p. 53 e segs.

da especificidade do comportamento político da instituição militar. Como disse o sociólogo francês Alain Rouquié: "as Forças Armadas podem ser forças políticas que desempenham, *por outros meios*, as mesmas funções elementares que os partidos, e sobretudo conhecem em seu seio – tanto quanto os partidos, mas segundo outra lógica – processos de deliberação, de tomadas de decisão e até mesmo de união e articulação sociais".[95] Ao propor tal ideia, esses analistas visavam justamente questionar "o lugar-comum (propiciado pelos próprios militares) das Forças Armadas como um ator unido, senão monolítico – noção inspirada pela esquematização simplista dos traços organizacionais que caracterizam as instituições militares (disciplina, hierarquia, verticalidade)".[96]

A hipótese da heterogeneidade só ganha sentido se complementada pela análise da particularidade dos traços propriamente castrenses que definem a atuação política dos militares. Segundo o mesmo Rouquié, as Forças Armadas, "instituição burocrática hierarquizada", não reagem como um partido, mas sua intervenção na vida política não se constitui nem na ação "impessoal mecânica e unânime de uma organização estrutural monolítica, nem no instrumento dócil dos líderes hierárquicos formais". As clivagens políticas militares "obedecem a mecanismos propriamente Institucionais: daí seus contornos fluidos e a

---

95 Ver "Os processos políticos nos partidos militares do Brasil - estratégia de pesquisa e dinâmica institucional", in Rouquié, *Os partidos militares no Brasil, op. cit.*, p. 9-26, p. 12 e, do mesmo autor, *O Estado militar na América Latina*, São Paulo: Alfa-Omega, 1984, 476 p. (cap 9: "A exceção e a regra: repúblicas pretorianas e partidos militares", p. 320-363).
96 *Idem, ibidem*, p.13.

fluidez das tendências".[97] Os processos que Rouquié localizou no caso argentino parecem úteis para os estudiosos dos militares brasileiros. Entre outros aspectos, a análise subsequente dos primeiros governos militares no Brasil mostra a relevância de características como: os princípios de cooptação e de verticalidade que presidem as promoções e as nomeações castrenses e a sua relação com a criação das redes de lealdade e formação de verdadeiras clientelas na caserna; a reformulação política das hipóteses bélicas elaboradas pelo Estado-Maior como fundamento do caráter contraditório e essencialmente negativo da opinião militar; a visão militar do inimigo estratégico como base da fluidez das divisões militares; a influência da concepção marcial do universo social sobre a ideologia militar e a preocupação castrense com a unanimidade e a unidade.[98] Na mesma linha, vários estudos empíricos demonstram a impossibilidade de compreender as práticas militares a partir simplesmente de seus traços burocráticos.[99]

No entanto, a incorporação dessas teses sobre o caráter específico das práticas políticas castrenses depende do reexame da problemática da relação entre os processos de crise política e as formas estruturais de poder estatal. Em outros termos, afirmar a especificidade e autonomia castrenses não é suficiente: é necessário compreender que a atuação dos partidos militares

---

97 Ver *Pouvoir militaire et société politique en Republique Argentine*, Paris: Fondation Nationale des Sciences Politiques, 1978, 735 p., p. 661.
98 *Idem, ibidem*, p.662 e segs. e 670 e segs.
99 Cf. Antônio Carlos Peixoto, "O Clube Militar e os confrontos seio das Forças e Armadas (1945-1964)", in Alain Rouquié (org.) *Os partidos militares no Brasil*, cit.,pp.71-113 e Varas, "Fuerzas Armadas y gobierno militar: corporativización y politización castrense" in *Revista de Sociología*, XLIV (2):397-411, abril-junio 1982.

assume significados diversos nas diferentes formas de Estado e de regime. Para esclarecer esse ponto crucial, faz-se preciso voltar à questão da especificidade das formas de Estado de crise ou de exceção, no modo como aparece na obra de Poulantzas. Encontram-se aí algumas distinções básicas, que, embora em alto nível de abstração, apontam para processos fundamentais na análise das crises políticas das ditaduras.

Examinemos de início a distinção poulantziana entre a forma fascista e as formas bonapartista e ditatoriais-militares do Estado de exceção. Para Poulantzas, a dominância do partido fascista, enquanto aparelho ideológico de Estado, possibilita ao Estado fascista dispor de um elemento estabilizador específico; as ditaduras bonapartistas e as militares, onde a dominância se desloca para um ramo do aparelho repressivo (respectivamente, a administração civil e as Forças Armadas) não dispõem desse elemento de estabilidade.[100]

Em seguida, consideremos a contraposição proposta por Poulantzas entre o conjunto das formas de Estado de exceção e a forma democrática do Estado capitalista. Nessa hipótese, o que distingue as democracias parlamentares é sua capacidade de permitir a representação orgânica ou circulação orgânica de hegemonia. Ou, de usar "um esqueleto organizacional que permita o funcionamento e a circulação orgânica da hegemonia entre as frações do bloco no poder através de seus representan-

---

100 Na análise poulantziana das formas de exceção parece fundamental a ideia de deslocamento da dominância. No caso do fascismo, trata-se do deslocamento do papel dominante no seio do Estado de seu núcleo central para um aparelho ideológico; no caso do bonapartismo e do militarismo, da modificação do aspecto principal de um ramo ou de um aparelho ou do recrudescimento do seu aspecto ideológico, antes secundário. *Fascismo e ditadura*, p.340-42.

tes políticos, e até mesmo certa ventilação regulamentada do poder no seio das classes e frações dominantes". Nas formas de crise, "tal situação se revela totalmente impossível".[101]

Essas duas distinções estruturais permitem avançar nossa hipótese central, apenas esboçada na primeira parte desta introdução: as crises políticas nas ditaduras militares detêm uma especificidade característica. Voltando a Poulantzas: "as crises políticas que marcam os estados de exceção são muito mais temidas por eles do que pelos regimes democrático-parlamentares, por disporem estes últimos, em geral, de meios institucionais para administrá-las".[102] Mas a instabilidade política característica das formas ditatoriais adquire especial significado no caso dos regimes militares. Nesse caso, a incapacidade de articulação da hegemonia, comum às formas de crise, alia-se à ausência do partido fascista como elemento estabilizador e é acentuada pelo lugar das Forças Armadas, enquanto aparelho dominante nesses arranjos.[103] Esse novo papel do Exército distingue as ditaduras desse tipo das ditaduras fascistas. Nos termos de Poulantzas: "as contradições internas desses regimes se manifestaram por excelência dentro do aparelho militar (que, precisamente, *detém, além do mais, o poder das armas*) e não no partido e na burocracia, aparelhos dominantes dos regimes fascistas, o que contribui para

---

101 Ver *A crise das ditaduras - Portugal, Grécia, Espanha*, Rio de Janeiro: Paz e Terra, 1978. 2a ed. 103 p., p.72.

102 *Idem, ibidem*, p.72.

103 "Porque, em definitivo (as Forças Armadas) controla(m) diretamente, por procuração ou pelos estreitos limites que impõe ao próprio funcionamento, os postos de comando essenciais e os centros de poder real". *Idem, ibidem*, p.82.

tornar as contradições internas muito mais temíveis neles do que as contradições nos regimes fascistas".[104]

Neste ponto, porém, é preciso marcar uma distinção importante, que aponta justamente para a peculiaridade das ditaduras do tipo da brasileira. Ao analisar os casos recentes da Europa, Poulantzas afirma que a solução da crise de hegemonia que deu origem às ditaduras militares correspondeu a deslocamentos importantes nas relações de forças sociais, processo que se realizou, no seio do Estado, pela via de uma profunda modificação de seus aparelhos.[105] Assim, "é essencialmente para o Exército, ou mais precisamente para sua cúpula, que se desloca o papel dos partidos políticos da burguesia, *tomando-se esta cúpula o partido político de toda a burguesia sob a direção da fração hegemônica*".[106]

Na análise das ditaduras de novo tipo da América Latina, essas anotações só podem ser consideradas com algumas ressalvas fundamentais. Nesses países, os militares não deixaram de constituir o partido político da burguesia, se pensamos em seu papel na manutenção da ordem burguesa e no fenômeno que alguns teóricos marxistas analisaram em termos do substituísmo. No entanto, o estudo do caso brasileiro questiona frontalmente

---

104 Idem, ibidem, p.82.
105 Poulantzas refere-se, assim a processos como a "supressão dos representantes políticos tradicionais (partidos políticos) das próprias frações do bloco no poder, eliminação do sufrágio, deslocamento do papel dominante, entre os aparelhos de Estado, para o aparelho repressivo (Forças Armadas em primeiro plano), reforço acentuado do centralismo 'burocrático' do Estado, hierarquização e recuperação dos centros de poder real do Estado e das correntes de transmissão". Idem, ibidem, p.72-73.
106 Idem, ibidem, p.82.

a possibilidade de interpretar as cisões intramilitares como expressão das divisões intraburguesas. Não parece viável analisar os partidos militares do Brasil pós-1964 enquanto expressão no mundo castrense das divisões sociais mais amplas, como o tentaram Poulantzas para o caso da Grécia, Espanha e Portugal, ou O'Donnell para o caso argentino. Nesse sentido, é impossível falar das correntes militares como partidos políticos da burguesia. A explicação desse ponto permite avançar a hipótese central do presente texto. Com efeito, uma das características que ressalta do exame dos conflitos políticos na fase de consolidação do regime militar brasileiro é precisamente a crucial unidade das Forças Armadas, uma vez expurgadas das correntes nacionalistas e populares. Essa unidade se constrói a partir de uma oposição unânime, tanto na oficialidade como na hierarquia, à devolução do poder aos civis. Tal característica remete a um traço peculiar das sociedades do tipo da brasileira. Aí, graças às características do processo de incorporação das massas populares à política, designado sob o termo genérico de populismo, foi possível o surgimento de uma ideologia militar fortemente calcada na repulsa à política civil, que passou a ser vista como equivalente à demagogia populista e associada à instabilidade social e aos riscos de ruptura da ordem.

Essa equação entre política e populismo iria se expressar, após a tomada do poder pelos militares brasileiros, numa particular impermeabilidade às cisões advindas do mundo civil. Em outros termos, a estratégia preventiva de recusa a qualquer possibilidade de volta ao passado populista possibilitou um quadro de unidade militar que definiria, em seus termos mais amplos, a dinâmica política do regime pós-1964. Tal dinâmica se configuraria em dois processos. Num primeiro plano, o processo unitário se expressaria no aprofundamento da militarização a cada momento em que o regime militar se vê ameaçado. Num segundo plano, nos processos de cisão no seio das Forças Armadas, vale dizer, nas sucessivas crises político-militares. A crucial união constituída na oposição ao mundo político convive, assim, com a constante discórdia. Trata-se, sinteticamente, de um processo de *unidade na desunião*. Em termos mais específicos, a pesquisa permitiu localizar a desunião expressa de forma diversa na hierarquia (desunião em torno da sucessão presidencial) e na oficialidade (*cizânia* nos quartéis, relacionada à expectativa de influenciar diretamente o governo).

Retificadas as observações de Poulantzas e esclarecidas as minhas hipóteses, o conjunto destas anotações parece suficiente para Introduzir o ponto que me parece essencial: as ditaduras militares de novo tipo, a despeito do mito de sua estabilidade, constituem não apenas formas estatais *de crise* porque oriundas de crises específicas, mas também formas estatais *críticas*, marcadas por uma instabilidade específica. O entendimento dessa instabilidade remete ao estudo de sua dinâmica intramilitar. Enfim, é no exame dessa dinâmica que os capítulos seguintes procuram criticar o modelo hegemônico na análise dos conflitos intramilitares do Brasil pós-1964.

Aí, o mundo castrense é compreendido a partir de uma hipótese dicotômica e dualista que o define na oposição entre dois campos fundamentais: um setor considerado "liberal", "moderado" ou "legalista", portador de orientações econômicas internacionalistas e uma ampla área onde estariam a *linha dura*, os "radicais" ou "ultras", porta-vozes do nacionalismo militar. O choque entre esses campos definiria a dinâmica intramilitar do regime. A crítica a essa perspectiva, no entanto, requer o abandono da presente introdução, a fim de ingressar no corpo do texto.

II

A dinâmica militar do regime

Que tensões, conflitos e contradições configuraram o processo político na fase de implantação do regime militar brasileiro? Qual a relação de forças no seio da frente golpista, à medida em que a nova situação ia definindo uma política específica de ordem e desenvolvimento e ultrapassava a fase de unidade no combate ao governo populista de Goulart? Que peso tiveram as forças políticas e as forças militares na construção dos rumos do regime? Essas são algumas das questões que julguei necessário enfrentar já neste primeiro capítulo de análise histórica. Nas páginas seguintes, procuro acompanhar a dinâmica política do regime militar no período que vai do golpe de abril de 1964 até a decretação do segundo Ato Institucional, em outubro de 1965. Para tanto, busquei localizar quais foram efetivamente as forças em conflito e os objetivos em choque nos momentos-chave do período de implantação da ditadura militar. Tentei preencher, desta maneira, uma das lacunas mais visíveis nos estudos sobre o tema.¹ Neste capítulo como nos seguintes, a análise do processo histórico de conflitos e definições políticas tem precedência metodológica sobre o exame dos projetos ou da retórica das forças políticas. A ênfase recairá sobre as práticas políticas concretas, procurando encontrar aí os momentos de definição, redefinição, derrota ou sucesso dos vários projetos em choque naquele primeiro período do regime do pós-1964. É preciso salientar, enfim, que não se pretende fazer nos próximos capítulos uma história política minuciosa dos anos 1964-69. Recorrerei à narrativa histórica apenas quando se mostra indispensável à compreensão da dinâmica política do regime militar.²

A docilidade civil

> "Pra que dizer isso? Com esses soldados todos aí, com fuzil, metralhadora, bomba, eu tenho um medo danado" (Benedito Valadares - PSD, ao ouvir o senador Kubitschek dizer da tribuna que fora privado do sentimento do medo, junho de 64)

À primeira vista, dois aspectos ressaltam nas relações entre os militares e os políticos no seio do bloco vitorioso em 1964. De

---

1 Ver Fernando H. Cardoso, *O modelo político, op. cit.*, p.72; Sebastião Velasco e Cruz e Carlos E. Martins, "De Castelo a Figueiredo: uma incursão na pré-história da 'abertura'", in Bernardo Sorj & M.H. Tavares de Almeida, *Sociedade e política no Brasil pós-1964*, São Paulo: Brasiliense, 1984. 261 p., p. 13-61.

2 Para análises comparadas, Augusto Varas, *op. cit.* e Manuel A. Garretón, "Proyecto, trayectoria y fracaso en las dictaduras del Cono Sur, un balance", in Isidoro Cheresky e Jacques Chonchol (orgs.), *Crisis y transformación de los regímenes autoritarios*, Buenos Aires: Eudeba, 1985, 205 p., p.189-204.

um lado, as tensões precoces entre o mundo político e a área castrense; de outro, a série de iniciativas governamentais que iriam configurando um constante avanço militar sobre os mecanismos de representação política. Entretanto, embora esses avanços tenham criado dificuldades no relacionamento entre o governo militar e o Congresso, não minaram a base de apoio do regime no Parlamento. Até outubro de 1965, as duas câmaras, depois do expurgo dos parlamentares da frente popular nacionalista, aprovaram todas as iniciativas do governo Castelo Branco.

Tão logo as forças golpistas puderam perceber que a vitória sobre a frente popular-nacionalista custara menos que o previsto, vieram à luz as primeiras tensões entre os militares e os políticos. As avaliações, os acordos, as decisões e as discordâncias que marcaram os primeiros dias após o golpe deixaram nas hostes civis do bloco golpista uma constatação evidente: não seriam fáceis as relações com os militares na nova situação. Desde o alvorecer do regime, a hipótese de uma intervenção cirúrgica das Forças Armadas – que preparasse o retorno dos líderes civis – passou a se apresentar como improvável. Nos episódios mais importantes do imediato pós-golpe, a vanguarda civil do movimento de março parece ter pautado suas decisões e seu cálculo tático pela constatação de que, no calor da hora, aos políticos caberia apenas marcar sua presença na arena das decisões; o palco decisório real eram os generais vitoriosos.[3]

---

3 O relato do general Jayme Portella sobre os acontecimentos dos primeiros dias de abril de 1964 parece não deixar dúvidas sobre o caráter basicamente militar da movimentação no imediato pós-golpe. Ver *A Revolução e o governo Costa e Silva*, Rio de Janeiro: Guavira, 1979, 1032 p., p. 145 e segs. Alguns autores, porém, parecem colocar políticos e militares como atores em pé de igualdade no processo decisório daqueles momentos. Cf. John Foster Dulles, *President Castello*

No "inquieto período assinalado pela presença nas ruas das armas que decretaram a vitória",[4] restou aos políticos da frente golpista mover-se rapidamente para conquistar um espaço no tabuleiro de forças. Dois processos inaugurais evidenciam tais características: a escolha do substituto de Goulart e a edição do Ato Institucional. No primeiro, os políticos foram atores coadjuvantes; no segundo, ficaram totalmente afastados das decisões. Nos dias que se seguiram ao movimento armado, aguçou-se de forma inédita a antiga prevenção castrense contra os políticos civis, atitude que não alcançou apenas os aqueles identificados com o populismo.[5] Desde cedo, o bloco golpista cindiu-se em dois mundos.

No início de abril de 1964, em sucessivas reuniões dos governadores pró-golpe, com o objetivo de encontrar uma solução para o problema sucessório, não apenas o tom como o tempo das decisões foram marcados pela urgência em escolher um candidato capaz de unir as Forças Armadas. Logo, ficou evidente que a alternativa civil não tinha qualquer amparo real. Mais do que isso, no período entre o golpe e a eleição de Castelo Branco, o comando da Revolução entrou em cho-

---

Branco - Brazilian Reformer, College Station, Texas: A&M University Press, 1980, 557 p., p.3 e segs.

4   Carlos Castello Branco, Os militares no poder, Rio de Janeiro: Nova Fronteira, 1977, p. 15.

5   Para o tratamento dado a ministros e governadores, ver Seixas Dória, Eu, réu sem crime, Rio de Janeiro: Editora Equador, s/d, 99 p. e Abelardo Jurema, Sexta-feira, 13, Rio de Janeiro, Edições O Cruzeiro, 1964., 241 p. Cf. também o relato do general Olympio Mourão Filho sobre os confrontos que teve com os políticos mineiros pró-golpe na véspera do movimento em Memórias: a verdade de um revolucionário, Porto Alegre: L&PM, 1978, p.367 e segs.

que direto com os próceres civis do movimento de março.[6] O desentendimento entre o general que assumira o comando do golpe e o mais sonoro político golpista, Carlos Lacerda, levou este governador a entregar simbolicamente seu cargo ao novo ministro da Guerra.[7] Ainda no capítulo das tensões precoces vale mencionar o primeiro Ato Institucional. Como é sabido, nesse documento a "Revolução" se auto-legitimava, retirando do Congresso a prerrogativa formal de se apresentar como fonte legitimadora da nova situação. Foram infrutíferas as articulações dos parlamentares no sentido de apresentar um "projeto de resolução do Congresso pelo qual este concederia plenos poderes ao comando revolucionário, a fim de que o mesmo procedesse às medidas impostas pelas circunstâncias".[8] Em vez de um Ato Constitucional, o Comando Supremo da Revolução

---

6   Os encontros entre Costa e Silva – que assumiu o comando do movimento enquanto oficial mais antigo presente no Rio de Janeiro no momento do golpe – e os governadores que apoiaram a derrubada de Goulart foram marcados pela tensão. V. Carlos Lacerda, *Depoimento*, Rio de Janeiro: Nova Fronteira, 1978, 469 p., p.292; Mauro Borges, *O golpe em Goiás. História de uma grande traição*, Rio de Janeiro: Civilização Brasileira, 1965, 321 p., p. 109 e segs; Jayme Portella de Mello, *op. cit.*, p.187 e segs.

7   Juraci Magalhães, *Minhas memórias provisórias*, Rio de Janeiro, Civilização Brasileira, 1982, p. 172 e 303; Alberto Dines et alii. *Os idos de março e a queda em abril*, Rio de Janeiro: José Álvaro, 1964, p. 189. Em depoimento posterior, Lacerda descreveu o tom das conversações dos líderes civis com o chefe militar como "áspero, duro, profundamente desagradável" e resumiu o desconforto dos políticos na nova situação: "Entre alguns governadores havia um grande temor, uma grande insegurança". Cf. Carlos Lacerda, *op. cit.*, p.297.

8   Afonso Arinos, *Planalto (memórias)*, Rio de Janeiro: José Olympio, 1968, 294 p.

decretou unilateralmente o Ato Institucional. Os políticos não tiveram acesso à sua elaboração.[9]

As tensões iniciais e os indícios de profunda alteração das regras do jogo político foram seguidos por um conjunto de ações do governo militar que poriam à prova a unidade civil-militar no seio do bloco golpista. Entre elas, na medida em que poderia afastar o apoio do PSD ao governo do presidente Castelo Branco,[10] a cassação de Juscelino Kubitschek foi um ato-chave.[11] Nos primeiros meses de governo, ficam nítidos os esforços do marechal Castelo (a patente honorífica de mare-

---

9   A redação do diploma "revolucionário" foi entregue a um grupo social ao qual estaria destinado um papel importante nos acontecimentos futuros: o dos juristas autoritários, aqui representados por Francisco Campos e Carlos Medeiros Silva. Ver Peter Flynn, *Brazil: a political analysis*, London/Boulder: Ernest Benn/Westview, 1978, 564, p.326. O general Portella relata que Costa na e Silva questã mandou chamar o jurista Luiz Antonio da Gama e Silva para assessorá-lo na questão. Ver *op. cit.*, p. 161.

10 Desde as eleições de 1962, o PSD contava com 122 representantes no Congresso; o PTB com 109; a UDN tinha 94 e o PSP, 22. Nas cassações da primeira lista, o PTB perdeu 18 representantes, o PSP quatro e o PSD três. Cf. Maria Helena Moreira Alves, *Estado e oposição no Brasil, 1964-1984*, Petrópolis: Vozes, 1984, 337 p., p.62. Até 1965, entre 59 cassados havia 25 do PTB, 8 do PSD, e 2 da UDN. Maria D'Alva Gil Kinzo, *Oposição e autoritarismo: gênese e trajetória do MDB, 1966-1979*, São Paulo: Vértice, 190, 269 p., p.233.

11 Para Fernando Henrique Cardoso, "o embrião do que veio a ser a ordem constitucional ora vigente começou a perfilar-se" nesse episódio, quando o governo militar teria afastado a possibilidade de um apoio das lideranças conservadoras, passando a depender apenas da "tendência liberal-juridiscista da UDN" e da tendência "propriamente militarista". Mas a análise seguinte mostra que, por parte dos políticos, as portas para um tal acordo permaneceram abertas ainda por longo tempo. V. *Autoritarismo e democratização, op. cit.*, p. 198.

chal, concedida aos generais de Exército quando passavam para a reserva, foi extinta ainda no governo do próprio Castelo Branco) no sentido de construir uma base parlamentar governista, intenção evidente na própria escolha de José Maria Alkmin, do PSD, para seu vice-presidente.[12] Contudo, o relacionamento de Castelo com o Congresso, nos meses posteriores à ação contra Kubitschek, parece indicar que o sacrifício do ex-presidente não afastou de forma irreversível o PSD do bloco golpista.[13] Evidência disso foi a própria prorrogação do mandato de Castelo Branco, subsequente à cassação de Juscelino, que possibilitaria a coincidência da eleição do futuro presidente com as eleições para a renovação do Congresso.[14] Para os propósitos desta análise interessa reter que o governo militar continuava a contar com sólida base parlamentar.[15]

Logo em seguida, outro episódio passível de retirar apoios ao governo no seio do bloco golpista – a intervenção em Goiás

12 Conforme várias versões, Castelo Branco participou de uma reunião com o ex-presidente Juscelino em abril de 1964. Aspásia Camargo et alii. *Artes da política: diálogo com Amaral Peixoto*, Rio de Janeiro, Nova Fronteira, 1986, 588 p., p.471 segs.

13 Para o abalo provocado no Congresso pela cassação de Juscelino, ver Luís Viana Filho, *O governo Castelo Branco*, Rio de Janeiro, Livraria José Olympio Editora, 1975, 572 p, 2 vols., p. 102 e segs.; no PSD, a ameaça de afastamento do bloco governista não se realizou. Cf. John Foster Dulles, *op. cit.* p.39; Carlos Castello Branco, *Op. cit.* pp.61-72 e Aspásia Camargo, p.477.

14 Ver, por exemplo, Luís Viana Filho, *op. cit.*, p. 102 e segs.

15 No Senado, a prorrogação foi aprovada por ampla maioria; na Câmara, em primeira votação, passou por 205 votos a 94. Uma semana depois, foi ratificada em segunda votação por 294 votos a 34. Cf. John Foster Dulles, *op. cit.*, p.57. Para maiores detalhes sobre o apoio do PSD a Castelo, Aspásia Camargo, *op. cit.*, p.478.

que afastou, no final de novembro, o governador Mauro Borges – acabou por confirmar que Castelo contava com a maioria no Parlamento. Face a esse segundo golpe frontal contra o PSD em menos de seis meses, a reação do Congresso foi marcada por idas e vindas, protestos e negociações nas hostes do PTB e do PSD.[16] Ao final, porém, preponderaram as razões de Estado, e a intervenção foi aprovada, embora por margem não muito larga.[17] Mas a perda de votos pró-governo, se comparada aos resultados anteriores, no episódio da prorrogação, não parece representar sinal de rebeldia mais séria no campo político.

Meses depois, o governo colheria outra vitória no Congresso. Trata-se agora da nítida interferência na escolha do presidente da Câmara dos Deputados, em que a reeleição de Ranieri Mazzilli passou a ser vista como indesejável pelo Palácio do Planalto. Desta vez, as resistências do PSD se configuraram na escolha de Mazzilli como candidato do partido, contrariando Castelo.[18] Os partidários do governo, porém, reagiram com a formação do Bloco Parlamentar Revolucionário, "integrado pela UDN e partidos menores e por importantes frações do PSD do PTB", que apre-

---

16 Cf. Carlos Castello Branco, op. cit. pp. 151-170.

17 No Senado, a vitória de Castelo foi arrasadora: 42 votos a 8, com 9 senadores do PTB ficando com o governo; na Câmara dos Deputados, votaram pela intervenção 190 parlamentares, contra 140 votos de oposição. A UDN apoiou quase unanimemente (86 a 4); o PSD votou majoritariamente contra (59 a 37); no PTB só 21 votaram a favor e 63 contra. O PSP ficou com o governo (18 a 1). John Foster Dulles, op. cit., p. 106. 18.

18 Segundo Luís Viana Filho, "não eram poucos os que, no PSD, se inclinavam para a composição". Mazzilli, no entanto, ao insistir em sua candidatura, levou o PSD a medir forças com o governo, cf. op. cit., p.286. Amaral Peixoto, chefe do PSD, afirmaria depois que "a covardia já tinha tomado conta" de áreas de seu partido (Aspásia Camargo, p. 479).

sentou a candidatura do udenista Bilac Pinto, sonoro pregoeiro do golpe no pré-64.[19] Segundo a declaração que o inaugurou, compunham o bloco "as forças políticas que na Câmara dos Deputados, no interesse da ordem democrática e sob a inspiração dos ideais revolucionários, apoiam o Presidente Castelo Branco".[20] Embora as dificuldades governistas, nesse caso, tenham revivido a tese da necessidade de extinguir os partidos, defendida por Magalhães Pinto e pela própria assessoria de Castelo, ainda uma vez o governo militar venceu votação decisiva na Câmara.[21] O Bloco somou 200 Votos, contra 167 dos opositores à candidatura governista de Bilac Pinto. O comando da Câmara passava, após longo jejum, à UDN.[22]

Com estas anotações creio ter conseguido mostrar que, até o final do primeiro semestre de 1965, o governo não enfrentou desafios maiores com suas bases parlamentares. Vários autores notaram essa característica do processo político do imediato pós-1964 e à própria crônica política não escapou esse traço: "Os precedentes, nos dez meses de Império da Revolução, in-

---

19 Carlos Castello Branco, op. cit. p. 199; Luís Viana Filho, p.287-89; Carlos Castelo Branco, Introdução à Revolução de 1964, tomo II, Rio de Janeiro, Artenova, 1975, pp. 167 e segs e 251-52.
20 Citada em Luís Viana Filho, op. cit., p.288.
21 "Politicamente, era o primeiro grande lance de Castelo: a vitória fora esmagadora" diria depois Luís Viana Filho. V. op. cit., p.289 e, para um documento de Golbery, propondo ao presidente a formação de um "partido da Revolução", p.290. Cf. também John Foster Dulles, op. cit. p.125.
22 No calor da hora, Carlos Castello Branco anotava: "O fortalecimento do Marechal Castelo Branco na área civil, com sua líquida vitória de ontem, terá consequências definidas na consolidação da liderança do seu governo sobre o conjunto do dispositivo revolucionário, incluindo os grupos militares". Ver Os militares no poder, op. cit., p.203.

dicam que o governo não conhece derrota no Congresso em matéria política de importância. A decisão tem sido sempre a do governo revolucionário", dizia Carlos Castello Branco, ao comentar a eleição de Bilac Pinto.[23] Em minha análise, interessa ressaltar que não é do lado civil do bloco golpista que provinham os fatores de crise.[24] Mas a docilidade paisana não seria suficiente para suplantar a prevenção dos militares contra o mundo político.

A cizânia castrense

> Costa e Silva ficou irritadíssimo com a candidatura Castelo (General Olympio Mourão Filho)
>
> Que devo fazer? Consultar a oficialidade? (Carta de Castelo Branco ao Coronel Ibiapina, 10-9-64)

Se no campo "político" o primeiro ano do período militar presenciava os esforços da área civil para se adaptar aos novos tempos, na área militar essa fase iria testemunhar inusitado ativismo. Seja na precoce e sonora oposição dos líderes militares que se julgaram marginalizados no novo arranjo de poder, seja

---

23 Cf. Carlos Castello Branco, *op. cit.* p. 191; John Foster Dulles, *op. cit.*, p. 119; Georges-André Fiechter, *Brazil Since 1964: Modernization Under Military Regime*. New York/ Toronto: John Wiley & sons, 1975, 310 p., p.68.

24 O respaldo que o Congresso concedeu ao governo no *affair* do envio de tropas à República Dominicana, no mês de maio de 65, apenas confirma minha tese. Na Câmara dos Deputados, Castelo Branco viu sua proposição aprovada por 190 votos a 99. No Senado, como sempre ocorria, a aprovação foi tranquila. V. John Foster Dulles, *op. cit.*, p.136-143 e Carlos Castello Branco, *op. cit.*, p.236-237.

nas constantes pressões dos oficiais insatisfeitos com o ritmo e o alcance da "depuração" do sistema político, logo ficou evidente que as relações do governo militar com os quartéis marcar-se-iam por agudas tensões. Para agravamento da situação, as feridas causadas pela escolha de Castelo Branco na área de influência do então Ministro da Guerra, o general Costa e Silva, não deixariam de estar presentes, como pano de fundo das crises militares.[25] Mais que isso, logo ficaria claro que as movimentações na caserna tinham um impacto desproporcional sobre a vida política. Se o receio e a insegurança marcaram desde os primórdios a ação dos políticos no pós-1964, a atuação dos militares descontentes evidenciaria desenvoltura e audácia.

Nesse sentido, a breve análise da situação militar que farei neste capítulo tem como propósito salientar o surgimento prematuro de tensões castrenses na raiz da instabilidade política da ditadura brasileira. Encontram-se aí as origens de dois processos que se constituiriam em fatores permanentes de crise no regime militar. No nível da oficialidade, após os expurgos dos militares nacionalistas, trata-se da forma peculiar assumida pela inquietação na caserna num regime castrense. No plano do comando, das precoces contradições despertadas na hierarquia pela disputa sucessória.

Nesse segundo campo, a solução Castelo Branco, embora contrariando outros aspirantes à presidência no seio das Forças Armadas, conduziu à superação do clima de disputa pelo poder predominante nos dias que se seguiram ao golpe. A partir daí,

---

25 Para a descrição jornalística da situação militar nos primeiros dias do pós-golpe, cf. Carlos Castello Branco, p. 5-15 e Alberto Dines et alii, *Os idos de março e a queda em abril, op. cit.*, especialmente o artigo do próprio Dines, p.353 e segs. Ver também Juraci Magalhães, p. 172 e Mourão Filho, *op. cit.*, p.405.

foi possível avançar o passo decisivo da "depuração" das Forças Armadas. Varridas da área militar as tendências "antirrevolucionárias", as tensões militares se dariam apenas nos limites das forças leais ao golpe. Dentro dessas fronteiras se desenrolariam os processos castrenses que considero relevantes.[26] Nesse sentido, vale examinar, de início, a atitude de um grupo de generais que configurou na área da caserna uma formação semelhante à dos chamados "herdeiros civis" do golpe de 1964. Tal como aqueles, também esses chefes militares veriam sucessivamente anuladas suas perspectivas políticas. É, porém, mais importante assinalar que não foi em torno dessas figuras que se deram as tensões centrais entre o governo Castelo Branco e os militares. A sonoridade que muitas vezes assumiram as declarações dos dissidentes não encontrou equivalente em qualquer capacidade para organizar polos de oposição efetiva ao marechal Castelo no seio das Forças Armadas.[27]

Nesta quadra inicial, estariam em outro lugar os processos que iriam marcar de forma decisiva a dinâmica do governo Castelo Branco. Refiro-me ao surgimento de um conjunto de pressões provenientes da jovem oficialidade, as quais, no complexo

---

26 Nas três forças, o total de oficiais punidos chegou a 1220, em 1964. Outras formas corporativas de pressão atingiram uma área ainda mais ampla das Forças Armadas (Alfred Stepan, *op. cit.*, pp.221 e segs., Ronald Schneider, *op. cit.*, p. 129 e segs. e Maria Helena Moreira Alves, *Op. cit.* p.64-65). Para um minucioso relato de como se resolveram as tensões entre "revolucionários", "legalistas" e "indecisos" nas Forças Armadas, no imediato pós-golpe, ver Jayme Portella de Mello, pp. 145 e segs.

27 Incluir-se-iam aqui os generais Mourão Filho, Luiz Guedes, Amaury Kruel, Justino Alves Bastos, Peri Bevilacqua e Poppe de Figueiredo. Para a biografia de alguns desses dissidentes, ver Ronald Schneider, *op. cit.*, p.370 e Alfred Stepan, p.226-228. Ver também James Rowe, *The Revolution and the 'System'*..., cit., p.2.

jogo de forças dessa fase, encontraram eco não apenas entre alguns dos "herdeiros civis" do regime, como também em setores da hierarquia militar. A esses grupos, desde o início heterogêneos, de composição variável e ideologia difusa, atribuiu-se, logo no alvorecer do novo regime, a denominação de "linha dura".[28] No período que venho analisando, a "linha dura" parece ter encontrado seu denominador comum em duas características: em primeiro lugar, nas reivindicações de maior rigor na "depuração" do sistema político; em segundo, nas expectativas de influenciar diretamente o processo de tomada de decisões do governo militar. Tanto em um como em outro aspecto, suas ações provocariam problemas para o governo Castelo Branco. Logo, o regime militar teve que se deparar com a questão da forma como se daria a participação política do conjunto da categoria militar no regime militar. As tensões daí originárias seriam responsáveis pelo surgimento de uma cizânia de novo tipo.

Com efeito, pouco tardou para que o marechal-presidente enfrentasse pressões provenientes dos "quartéis". Já no final de maio e início de junho de 1964, oficiais encarregados das investigações sobre as atividades políticas no regime anterior faziam ouvir suas exigências de ampliação das cassações e suspensões dos direitos políticos. Para o então chefe de gabinete do ministro Costa e Silva, "a área militar não se conformava com a lentidão na execução das cassações, achava que o Presidente Castello Branco estava sendo muito tolerante, quando devia ser mais duro, pois estava vendo o prazo do ato se esgotando e havia muita gente para ser punida".[29] O surgimento da cizânia militar logo encontraria respaldo no gabinete do Minis-

---

28 O termo já é usado por Rowe em junho de 64. *Op. cit.*, p. 15.
29 Jayme Portella de Mello, p.224. Cf. também p. 228 e 229.

tério da Guerra. No episódio da cassação do ex-presidente Juscelino, originou-se aí o dossiê sobre o passado de Kubitschek, argumento final para a decisão. Ao mesmo tempo, o chefe da Comissão Geral de Inquérito (CGD), general Taurino de Resende, fazia chegar ao palácio a aspiração militar de dilatação o prazo definido pelo Ato Institucional para aplicação das punições "revolucionárias".[30] A solução encontrada pelo governo parece ter Inaugurado um padrão que Castelo iria manter nos posteriores episódios de crise militar: incorporou-se a pressão pela cassação do senador pessedista e evitou-se a prorrogação dos prazos definidos no Ato.[31]
Os antecedentes da intervenção em Goiás confirmam essa hipótese.[32] Em ambos os casos, parece difícil considerar as medidas adotadas pelo governo Castelo Branco meramente como uma "vitória da linha dura". Para ficar apenas na interferência em Goiás, os relatos disponíveis mostram que os partidários da

---

30 John Foster Dulles, p.32 e segs..

31 Pouco depois, a prorrogação do mandato de Castelo Branco, em julho de 1964, parece ter marcado um ponto de concordância entre "castelistas" e o conjunto da oficialidade. De acordo com as evidências disponíveis, é impossível defender que essa decisão se deveu à pressão dos "duros". Luís Viana Filho, *op. cit.*, p. 102. Para a concordância de Costa e Silva com a prorrogação, Jayme Portella de Mello, *op. cit.*, p.225.

32 A crise de Goiás teve vários componentes explosivos: pressão dos encarregados dos IPMs, interesse da UDN em alijar a longa preponderância do PSD no estado, um roubo de armas nos momentos agudos da crise, etc. Para relatos históricos, ver as fontes citadas a seguir. Uma série de documentos que comprovam torturas nos inquéritos destinados a incriminar o governador Mauro Borges, estão em David Nasser, *A revolução que se perdeu a si mesma*. Rio de Janeiro, Edições O cruzeiro, 1965, 424, p.407 e segs. Por fim, Mauro Borges, *A Revolução em Goiás*, *op. cit.*

intervenção incluíam não apenas as áreas militares consideradas duras, mas também o Ministério da Guerra, amplos setores da UDN e, mesmo, por meio da atuação de seus chefes, Ernesto Geisel e Golbery do Couto e Silva, o Gabinete Militar e o Serviço Nacional de Informações.[33] De todo modo, a rebelião dos oficiais de uma guarnição de Goiânia mostrou que setores militares eram capazes de criar situações de fato que obrigavam o governo a redirecionar o tempo e o sentido de suas decisões.[34]

Nesta altura, adquire significado mais preciso a proposta metodológica de enfatizar as práticas e não os projetos políticos. Como parecem demonstrar os episódios descritos acima, desde os primeiros tempos da ditadura militar, o processo real não correspondeu aos planos iniciais de nenhum grupo castrense em particular. Resultado de um compromisso entre as forças em conflito, o desenlace dos sucessivos momentos críticos não pode ser, assim, deduzido do programa da Escola Superior de Guerra ou das diretrizes presentes nos manifestos da "linha dura". Mais ainda, a atuação do Ministério da Guerra questiona a própria possibilidade de analisar o quadro castrense em termos de um nítido dualismo que oporia a ESG aos "duros".

Consideremos mais detidamente esses dois pontos. Antes mesmo de abordar com mais atenção as características da corrente militar que constituiu o grupo dirigente no primeiro go-

---

33 Cf. John Foster Dulles, *op. cit.*, p. 101-107 e Luís Viana Filho, *op. cit.*, p. 189-193.

34 V. Jayme Portella de Mello, pp.246 e segs. Aqui, porém, é preciso destacar que o presidente, pragmaticamente, avaliou a situação militar e adiantou-se às pressões dos "duros". Em incisiva nota contrária à atitude do Supremo Tribunal Federal que concedera habeas corpus a Mauro Borges, Castelo pôs-se à frente do conjunto das forças militares. V. Luís Viana Filho, *op. cit.*, p. 189.

verno do pós-1964, é possível propor que o mais breve exame das práticas "castelistas" revela um traço de acentuado pragmatismo, evidenciado no redirecionamento de seus objetivos iniciais, a cada vez que uma avaliação da situação militar o exigia. Por sua vez, as evidências que se iam acumulando quanto à influência especial da caserna nas avaliações do palácio logo passariam a fazer parte do cálculo tático dos golpistas, civis ou militares, insatisfeitos com o governo Castelo. Não por acaso, no novo quadro, Magalhães Pinto e Carlos Lacerda retomariam a tradição udenista de influir no humor dos quartéis. Agora, no entanto, processo semelhante passava a ocorrer no Ministério da Guerra. Tanto no caso da cassação de Juscelino como na intervenção em Goiás, o ministro Costa e Silva empenhou-se em evidenciar que sua posição coincidia com as reivindicações da "linha dura". Desnecessário dizer que o contexto mais amplo desses movimentos era a luta sucessória. Tomadas em seu conjunto, as tensões militares pareciam apontar, já no primeiro ano do governo de Castelo Branco, para uma significativa redução de sua base de apoio castrense.

As dificuldades do primeiro governo militar na área militar também constituíram o elemento crucial no processo político que levou à crise de outubro de 1965. As eleições diretas para governador em alguns estados-chave da federação foram antecedidas e seguidas por intensa insatisfação nos quartéis. Ao mesmo tempo, nos pleitos de Minas e da Guanabara jogava-se a sorte dos dois principais herdeiros civis do golpe de 1964 Magalhães Pinto e Carlos Lacerda. O desfecho da crise e a edição do AI-2 praticamente anularam as possibilidades de sucessão civil de Castelo Branco. Aqui, mais uma vez, proponho concentrar a atenção na discórdia militar. Desde abril de 1965, as pressões que enfrentava o governo do marechal em certas áreas da oficialidade começaram a se definir, mais nitidamente, em torno dos chamados "coronéis dos IPMs".[35] Entretanto, a mais significativa fonte de inquietação militar nesta fase seria o processo mais longo que se desenvolveu em torno das eleições para governador de outubro de 1965. Num campo de opções confusas – realização ou prorrogação do pleito?; eleições diretas ou indiretas? – a decisão do palácio pela escolha direta agravou sobremaneira a tensão na caserna. Nessa altura, o mote militar passou a ser o risco de uma "volta ao passado".[36] A questão das eleições para governador serviu como catalizador do conjunto de tensões e contradições do regime militar, que até aqui vimos analisando. Tanto para os políticos como para os militares, estavam em jogo algumas definições cruciais. Para os primeiros, o pleito para os governos estaduais em outubro de 1965 era sobretudo importante para a consolidação de posições com vistas às eleições para presidente ainda marcadas para 1966. No que tange aos militares, a chamada "crise dos coronéis" parece expressar com rara nitidez uma contradição específica surgida com a ascensão dos gene-

---

35 A primeira crise dos coronéis veio com a reação do encarregado do "IPM do PCB", coronel Ferdinando de Carvalho, à decisão do Supremo Tribunal Federal concedendo habeas corpus ao ex-governador de Pernambuco, Miguel Arraes. Em meados de maio, a crônica política registrava: "O notório descontentamento dos coronéis que chefiam IPMs com a atitude legalista do Governo Castelo Branco (...) vem provocando murmúrios que se infiltram nos meios políticos e estimulam as previsões catastróficas".Ver Carlos Castello Branco, *op. cit.*, pp.243 e 244. Cf. também John Foster Dulles, *op. cit.*, p.132 e segs.

36 Diria depois o então chefe da Casa Civil de Castelo Branco: "Como decorrência das eleições, as primeiras e graves tormentas formaram-se ao anúncio das candidaturas, que o mundo revolucionário não ousava conceber". Cf. Luís Viana Filho, p.313.

rais ao poder em 1964: qual deveria ser o papel da oficialidade na definição dos rumos do regime militar? Em junho de 1965, o choque entre o governo Castelo e alguns dos expoentes da "linha dura" contribuiu para definir as posições em jogo. O pressuposto que fundamentou então as acusações dirigidas ao governo Castelo Branco pelos coronéis Martinelli e Pina – voltadas basicamente contra a tibieza do presidente no trato com os corruptos e subversivos – apareceria com nitidez num documento da Liga Democrática Radical (LIDER): aí se definia o marechal-presidente como "nada mais que um delegado do Supremo Comando da Revolução".[37]

A recusa em aceitar tal concepção sobre o papel da caserna no regime militar iria configurar um dos aspectos centrais do "castelismo" no poder. Assim, na carta que Castelo Branco escreveu ao ministro Costa e Silva, em princípios de junho daquele ano, o tema central era a "atuação de determinados grupos militares que se julgam uma 'força autônoma'". Aludindo especificamente aos oficiais encarregados dos IPMs, o presidente instava seu ministro da Guerra a cobrar o exercício da autoridade dos comandantes sobre os jovens oficiais "inconformados". Para ele, as medidas tomadas na área dos IPMs "desgastavam" o governo, rebaixavam seu "nível intelectual" e eram desnecessárias. Concluía defendendo que as "forças autônomas" precisavam ser

---

37 John Foster Dulles, *op. cit.*, p.157. Publicado na imprensa em 21-6-65, o documento parece ser o mesmo citado por Viana Filho, que alertava "o presidente da República e os demais componentes do Governo para a responsabilidade que terão perante o mundo e a História, na eventualidade de uma guerra civil previsível, se efetivada a volta ao poder de elementos vinculados ao sistema desposto". Ver *op. cit.*, p. 311.

"esclarecidas, contidas e, se necessário, reprimidas".[38] Não por acaso, o chefe da Casa Civil de Castelo Branco considerava a LIDER e o MAC (Movimento Anti-Comunista) como "organizações de caráter ou inspiração nazifascista"[39] e um dos expoentes do grupo de Costa e Silva afirmava que "o presidente Castelo tinha verdadeiro horror a essas organizações, pois não admitia linhas paralelas dentro da revolução".[40]

A meu ver, o que se expressa aí é a percepção castelista da cizânia militar como um dos elementos-chave da instabilidade dos regimes castrenses ou, para usar seus próprios termos, como um obstáculo à "institucionalização da Revolução". Essa consciência dos riscos castrenses do poder militar era anterior a 1964; em sucessivas ocasiões, o grupo da ESG defendera que a ação dos militares brasileiros devia se distinguir das quarteladas sul-americanas.[41] Uma vez no poder, os castelistas mantiveram

---

38 Luís Viana Filho, *op. cit.*, p.312. Em discurso de fins de maio de 1965, o presidente já se referira àqueles "que, em vez de buscarem colaborar e sugerir, pretendem, na realidade, transformar-se numa fonte autônoma, que será perniciosa e inadmissível para alcançarmos os objetivos da Revolução". Ver *Discursos, 1965*, Brasília: Secretaria de Imprensa. 330 p., p.180-181.

39 Luís Viana Filho, *op. cit.*, p.311.

40 Jayme Portella de Mello, *op. cit.*, p.273. Este general caracterizava a LIDER como "organização integrada por um grupo de oficiais e civis revolucionários, que se tornaram mais radicais porque viam em certos atos do governo certa tolerância" (cf. p.271). Para ele, a linha dura era "um pequeno grupo (...) muito atuante, que precisava ser tratado com cuidado (...) constituído de Oficiais Revolucionários autênticos e que recebiam inspiração do governador Carlos Lacerda" (cf. p.273).

41 Parece ser esse o sentido da seguinte declaração de Castelo Branco, em palestra proferida em 1955: "No Exército não há vocação para ditador; no caso de ditadura, além da divisão de seus oficiais, as instituições militares seriam profissionalmente desmobilizadas (...) As Forças Ar-

tal visão. Esse ponto de vista aparece com clareza num documento do próprio presidente – a carta ao Coronel Ibiapina, de setembro de 1964. Na missiva, o marechal Castelo indagava: "Vejamos um caso: o Supremo dá um habeas-corpus ao Seixas ou ao Arrais (sic). Que devo fazer? Se não soltá-lo será muito pior, mas muito pior do que soltá-lo. Consultar a oficialidade?" E mais adiante: "Os comandos (parece!) precisam se antecipar aos acontecimentos. Se permanecem na atitude de discutirem ordens e de só cumprirem o que acharem não contrariar a oficialidade, já estão numa fase de pré-rebelião".[42]

Entretanto, a compreensão da especificidade que iriam assumir as tensões entre governo militar e oficialidade no período Castelo Branco exige examinar, ainda que brevemente, alguns aspectos históricos da formação do chamado "grupo da Sorbonne". O núcleo dirigente no primeiro governo "revolucionário" constituiu-se em uma equipe restrita e seleta de altos oficiais originários da Escola Superior de Guerra, assessorados por uma "elite" de parlamentares e de tecnocratas, em sua maioria udenistas.[43] A análise de Alfred Stepan sobre a elite castelista mos-

---

madas não podem, como seguimento de sua tradição, fazer do país mais uma republiqueta sul-americana, levar a República para a camisa-de-força de um totalitarismo ditatorial. Se adotarmos esse regime, o que entrar pela força, só se manterá pela força e dela só sairá pela força". Citado em Eliezer Rizzo de Oliveira, *op. cit.*, p.76-77.

42 Para a íntegra, Luís Viana Filho, *op. cit.* pp.322-23.

43 Lacerda identifica seu núcleo inicial no "grupo de oficiais de informação que se organizou para levar Castelo à presidência" (*op. cit.*, p.301). Para Foster Dulles o "quarteto" que constituiria o núcleo do governo Castelo se compunha, além do presidente, dos generais Golbery do Couto e Silva (chefe do SNI), Ernesto Geisel (chefe do Gabinete Militar) e do marechal Ademar de Queirós. Cf. *op. cit.*, p.21. A esse grupo veio juntar-se o marechal Cordeiro de Farias, que

trou como o padrão de carreira desses oficiais configurava uma trajetória profissional atípica.[44] Coerente com a abordagem elitista burocrática, Stepan fundou tal atipicidade nas características acadêmicas e profissionais do chamado "grupo da Sorbonne", com ênfase na participação na ESG, no mérito escolar, na experiência em missões no exterior e na capacidade técnica. Nessa perspectiva, ele deixou de lado as facetas "típicas" do castelismo, reveladas na sua filiação à corrente antinacionalista e antipopular das Forças Armadas brasileiras, no período 1945-64.[45] No entanto, a análise de Stepan sobre o padrão de carreira revela-se útil para explicar os obstáculos específicos que os castelistas encontrariam após o golpe para ampliar suas bases nas Forças Armadas. A particular forma de elitismo "intelectual" e "iluminista" dessa corrente constituiu-se, no pós-1964, num agravante específico da cizânia militar, fator permanente de crise do regime castrense. E nesse campo, como veremos, que irá progredir a candidatura do ministro da Guerra. Também será esse o contexto da tímida atuação da "classe política" nas vésperas da crise de outubro de 1965.

---

atribui sua nomeação para o equivalente da época ao ministério do Interior aos três assessores de Castelo mencionados acima. V. Aspásia Camargo, *Meio século...*, *op. cit.*, p.586.

44 *The Military in Politics*, *op. cit.*, p.238.

45 Ver as biografias de Ademar de Queirós, Jurandir de Bizarria Mamede e Golbery do Couto e Silva em Israel Beloch e Alzira Alves de Abreu, *Dicionário Histórico-Biográfico Brasileiro, 1930-1983*, Rio de Janeiro, Forense/Finep/Cpdoc, 1984, pp.2053-58, 285657, 3157-62 e Antônio Carlos Peixoto, "O Clube militar...", *op. cit.*

A angústia paisana

Frequentemente, o mundo político revela hipersensibilidade diante do perigo, que pressente à distância (Luís Viana Filho, chefe da Casa Civil de Castelo Branco)

O agravamento da situação militar dá os limites dos processos civis dessa conjuntura. Mais uma vez, revela-se aí a dependência dos civis face a seus aliados pretorianos. Esse o caso da sonora campanha que passaram a mover contra o governo Castelo os dois principais herdeiros civis do golpe: os governadores Magalhães Pinto e Carlos Lacerda. Definido o pleito direto, Magalhães e Lacerda se uniram nos ataques. O mote da campanha foi a tese de que o presidente devia fidelidade à "Revolução" e não à Constituição. Em termos semelhantes aos empregados pela "linha dura", os governadores consideravam o marechal como um "delegado" do movimento de março. "Ou a Revolução se une ou teremos de retomá-la, como fazíamos antes de o marechal Castelo ser revolucionário", diria, em fins de abril de 1965, o governador da Guanabara. Tanto ele como Magalhães Pinto intensificaram a retórica dirigida aos quartéis.[46] Dessa forma, a ofensiva dos governadores golpistas veio juntar-se às tensões provenientes da área militar.

---

46 Para a citação cf. *idem, ibidem*, p.296. Aqui, bastaria mencionar o apoio de ambos ao coronel Martinelli, cuja prisão foi decretada por Castelo em junho de 1965 (John Foster Dulles, *op. cit.* p.157). Um pouco antes, em meados de maio, Carlos Castello Branco dizia: "o reaparecimento da linha dura é levado a sério pelas diversas lideranças políticas". E atribuía a Carlos Lacerda o papel de *"medium* dessa

Por fim, o panorama militar permite compreender a atuação do Congresso no período imediatamente anterior às eleições de outubro de 1965. Tendo como pano de fundo as desavenças e pressões cada vez mais evidentes na área dos quartéis, os parlamentares foram chamados a votar um conjunto de propostas de Castelo Branco, cujo objetivo central era vetar as candidaturas que prefigurariam uma "volta ao passado". As iniciativas presidenciais passaram sem maiores obstáculos pelo Congresso.[47] Mais uma vez, é possível afirmar que não era do campo político que provinham as pedras no caminho do primeiro governo militar. De resto, reinava entre os civis pesado clima de incerteza. Comentando essa fase, Luís Viana Filho anotaria: "Frequentemente, o mundo político revela hipersensibilidade diante do perigo, que pressente à distância. É uma espécie de instinto de conservação. Agora, eram evidentes os sinais de sentir-se inseguro, inquieto e em busca de solução tranquilizadora".[48] O realismo político parece ter indicado aos parlamentares que, sem a aprovação das emendas, as eleições não se realizariam.[49]

---

encarnação(...) devidamente acolitado pelo Sr. Magalhães Pinto". Ver *op. cit.*, p.245.

47 Para a tramitação da Emenda das Incompatibilidades, votada em princípio de junho de 1965 e da Lei das Inelegibilidades, aprovada pelo Congresso um mês depois, ver as obras citadas de Luís Viana Filho, p.304-14; Carlos Castello Branco, p.236-78 e John Foster Dulles, p.163 e segs.

48 Cf. *op. cit.*, p.305.

49 Assim, às vésperas da votação de julho, Carlos Castelo Branco registrava reunião de Filinto Muller com quatorze senadores do PSD, quando se confirmou a convicção geral "de que para as Forças Armadas, é questão fechada a adoção das inelegibilidades". Cf. *op. cit.*, p.275.

Mas o aval à legislação restritiva não fez amainarem as tensões no campo militar, nem serenou a ansiedade na área política. Um breve exame do processo eleitoral em Minas Gerais e na Guanabara ajuda a entender essa conjuntura. Por um lado, a vitória dos candidatos udenistas, apoiados por Magalhães Pinto ou por Carlos Lacerda, não parecia configurar o cenário ideal para os castelistas, na medida em que favoreceria dois críticos agudos de Castelo e aspirantes à presidência nas eleições de 1966. Por outro, as candidaturas de Sebastião Paes de Almeida, aprovada pelo PSD mineiro e do marechal Lott, defendida pelo PTB carioca, provocaram amplo mal-estar nas Forças Armadas. Com a proibição dos nomes de Paes de Almeida e Lott, houve um curto período de trégua. Mas a cada vez mais improvável vitória dos candidatos da UDN naqueles estados-chave reacenderia a tensão nos quartéis. Mais do que isso, iam se tornando evidentes para as principais forças políticas do bloco golpista os riscos que a consulta às urnas colocava para a continuidade do regime militar.[50]

Em tal contexto, o debate que se travou então sobre a "reforma do regime", centrado inicialmente na perspectiva de instalação do parlamentarismo, parece ter representado um breve momento de indefinição, logo superado pelos acontecimentos. Antes mesmo da crise de outubro, era generalizada a convicção de que as eleições de 1966 não seriam diretas, ainda que estivessem abertas várias alternativas - prorrogação do mandato

---

50 "Minas e Guanabara estão aí para consagrar a impossibilidade da convivência entre a eleição livre e o regime de tutela militar" registrava, nesse sentido, o cronista Carlos Castello Branco. Cf. *op. cit.* p.301. E, mais adiante: "Está claro que nenhum candidato desse Governo, com as forças de que dispõe atualmente e que lhe dão certa nitidez política, vencerá uma eleição popular em 1966, a menos que imprevisíveis alterações na situação geral do país ocorram até lá" (p.328).

de Castelo ou eleição de um sucessor?; sucessor civil tutelado pelas Forças Armadas ou novo militar? Em síntese, no processo em torno do pleito de outubro de 1965, o campo político viu o chão fugir rapidamente a seus pés. A força dos quartéis parecia incontestável. Além disso, os previsíveis resultados das urnas, que apontavam para a vitória de Negrão de Lima (PTB), na Guanabara e Israel Pinheiro (PSD) em Minas Gerais, enterravam as perspectivas de Magalhães Pinto e Carlos Lacerda de se apresentarem como os candidatos da "Revolução" à presidência da República, em 1966. Tais constatações pareciam estar no cálculo tático dos políticos, na crise militar subsequente. Em outubro de 1965, os governadores Magalhães Pinto e Carlos Lacerda, conscientes dos danos que a derrota dos candidatos da UDN ao governo de seus estados causaria a seu futuro político, passavam a apresentar visíveis sinais de desesperança e, mesmo, de desespero. De tal modo, realizadas as eleições, aos herdeiros civis do golpe restaria buscar um caminho já trilhado outras vezes: a romaria aos quartéis, último recurso de sua campanha contra o governo.

A desunião na hierarquia

> Agora é sua hora militar. (Memorando de Paulo Sarasate a Castelo Branco, 7-10-65)

Mas a própria dinâmica política do pós-1964 faria com que a grave tensão na caserna abrisse espaço para a ascensão de uma outra força, cuja posição no aparelho militar a tornava capaz de se apresentar, junto aos setores castrenses mais ativos, como a alternativa "dura" ao governo Castelo. Refiro-me à articulação em torno do ministro da Guerra e ex-componente do Comando Supremo da Revolução nos idos de abril de 1964, o general

Costa e Silva. Na perspectiva deste trabalho, expressa-se aí o outro fator permanente de crise do regime: a desunião na hierarquia em virtude da disputa sucessória.[51] Tal fator de instabilidade política não tardou a vir à tona no pós-golpe: existem evidências de que desacordos entre castelistas e costistas foram algo bastante prematuro.[52] Por outro lado, como já se viu, todos os sinais reforçam a ideia de que Costa e Silva considerou-se candidato à presidência já no alvorecer do novo regime. Escolhido Castelo Branco, não demoraram a vir à tona fortes indícios de que, no Ministério da Guerra, preparava-se o terreno para apresentar Costa e Silva como candidato.[53] Assim, não admira que, as vésperas da crise de outubro de 1965, o ministro da Guerra fosse a figura polarizadora no campo militar. Enfim, nessa altura, a situação militar parecia se configurar cada vez mais como uma oposição entre dois polos: os partidá-

---

51 Um perito na situação dos quartéis assim avaliou as razões da eficácia da ação do ministro: "ele estava cercado por elementos que manobravam sua candidatura e o apresentavam como um homem enérgico, em oposição ao Castelo, descrito como homem apaziguador. Essa foi a técnica que eles utilizaram junto aos oficiais do Exército "(Ver o depoimento de Cordeiro de Farias, *op. cit.*, p.610).

52 As memórias de expoentes de ambos os campos parecem não deixar dúvidas a esse respeito. No lado castelista, as acusações de Cordeiro de Farias contra Costa e Silva remontam à alvorada da nova situação. Ver *op. cit.* p.581 e segs. Por sua vez, o general Jayme Portella cita desentendimentos com os irmãos Geisel logo nos primeiros dias do pós-golpe. Cf. *op. cit.*, p. 156-57 e 208-209.

53 Para um relato sobre as atividades dos assessores de Costa e Silva, bem como os cuidados do ministro com as promoções militares, as visitas aos quartéis e o "timing" dos pronunciamentos nos momentos de tensão militar, ver o livro de Portella, p.236 e segs. e 269 e segs.

rios do presidente Castelo Branco e os que iam acumulando insatisfações face a seu governo.

Diante desse quadro geral aguçaram-se as preocupações dos castelistas com a chamada "institucionalização da Revolução". Portanto, torna-se necessário examinar a avaliação dessa corrente quanto à conjuntura político-militar, às vésperas da crise de outubro de 1965. A meu ver, dois aspectos devem ser aqui destacados: em primeiro lugar, na concepção castelista, o tempo necessário para consolidar as políticas do governo - no seio das quais sobressaía a política econômico-financeira dos ministros Campos e Bulhões - não parecia coincidir com o tempo histórico do primeiro mandato militar.[54] Essa visão só ganha sentido se a considerarmos no contexto do temor desses oficiais diante da possibilidade do futuro político depender exclusivamente do estado de espírito dos quartéis.[55] Em seu conjunto, esses dois aspectos apontavam para um único problema: a sucessão presidencial no regime militar.[56]

---

54 Desde a discussão sobre a prorrogação do mandato, em julho de 1964, há numerosas evidências de preocupação dos assessores de Castelo nesse sentido. Para um exemplo, ver os argumentos de Roberto Campos, na conjuntura da crise de outubro, citados em John Foster Dulles, *op. cit.*, p. 190.

55 Na linguagem castelista, tratava-se de evitar o "caudilhismo". Ver o depoimento de Aliomar Baleeiro sobre os cuidados de Castelo "com a ideia de o derrubarem para por o general X, que seria derrubado pelo general Y, mais tarde abatido pelo general Z".Citado em Luís Viana Filho, *op. cit.*, p.341.

56 Em minha hipótese, é nesse quadro que devemos considerar a discussão sobre o parlamentarismo, nos meses anteriores a outubro e a propalada "missão" que o presidente conferiu a Juracy Magalhães, com o objetivo de preparar o terreno político para uma série de alterações institucionais que os castelistas consideravam indispensáveis. Cf. Luís

Nesse sentido, é ocioso salientar que nem o ministro Costa e Silva, nem o governador Carlos Lacerda pareciam oferecer alívio às preocupações do castelismo quanto à continuidade das políticas do governo.

No panorama acima, parece inegável que em outubro de 1965 a discórdia nos quartéis alterou o tempo do projeto do governo, obrigando-o a tomar decisões no calor da crise. Em que medida, no entanto, o grupo dirigente foi levado pelos acontecimentos, a ponto de mudar o conteúdo do projeto de "institucionalização" que vinha esboçando? A análise subsequente propõe-se a enfrentar com mais atenção a ideia bastante difundida segundo a qual o Ato Institucional 2 constituiu inequívoca derrota do projeto "liberal" de Castelo Branco frente às pressões da "linha dura". Para tanto, apresenta algumas questões que considero relevantes para o entendimento do quadro castrense naquela conjuntura. Quais foram as fontes da pressão sobre o governo Castelo na crise de outubro de 1965? Que reivindicações moviam esses setores a se opor às políticas do marechal-presidente?

Segundo as evidências disponíveis, superada a ameaça de rebelião ocorrida no Rio de Janeiro,[57] no momento mesmo da apuração do pleito, a chamada "pressão dos quartéis" pode ser entendida como a insatisfação generalizada nas áreas mais ativas da oficialidade face aos resultados das urnas em Minas e na Guanabara. Em tal contexto, suas principais reivindicações, sintetizadas no lema da "retomada da Revolução", passariam a ser: 1)

Viana Filho Op. cit. p.305-307. Ver também John Foster Dulles, op. cit., p. 169 e segs..

57 Refiro-me aqui aos acontecimentos de 4 a 6 de outubro, cujo fato mais grave parece ter sido a ameaça de movimentação de um regimento de tanques sediado na Vila Militar. Para esses episódios, ver Jayme Portella de Mello, op. cit., p.277 e John Foster Dulles, op. cit., cap. V.

impedimento da posse de Negrão de Lima e Israel Pinheiro; 2) punição dos políticos cassados que insistissem em se manifestar publicamente; 3) retomada das cassações de parlamentares; 4) jurisdição militar para os indiciados em IPMs; 5) medidas restritivas da autonomia do Judiciário e 6) eleições indiretas em 1966.[58] Foi diante desse pano de fundo que o governador Carlos Lacerda procurou, por todos os meios, apresentar-se como alternativa "dura" ao presidente Castelo. No entanto, os movimentos táticos do governador não mostraram eficácia; a caserna parecia definitivamente fechada às Intromissões do mundo político.[59] O mesmo não ocorreu com o candidato dos quartéis. Tirando proveito da momentânea posição defensiva do grupo castelista nos instantes mais graves da crise, o ministro conseguiu apresentar-se, junto às áreas mais ativas da oficialidade, como testemunha e fiador

---

58 O próprio caráter difuso desses setores impede uma síntese precisa de seus objetivos. Foster Dulles reproduz um manifesto intitulado "A Revolução é irreversível", onde se pode ler: "Negrão de Lima representa a contra-revolução (...). Sua posse seria um (...) desafio à Revolução". Ver *op. cit.*, p. 174. Por sua vez, o general Portella menciona a vinda do adido militar em Paris, coronel Andrada Serpa, que se entrevistou com o presidente e expôs a insatisfação dos quartéis: "lembrou que era necessário preservar a unidade da Revolução. E sugeriu que fizesse uma limpeza no Supremo Tribunal Federal e no Congresso, livrando-se dos que prejudicavam a Revolução". Ver *op. cit.*, p.286.
59 Ver o *Depoimento* do próprio Lacerda, em, *Op. cit.* p. 350 e segs., para o relato do famoso episódio em que ele teria incitado os oficiais a usarem seus tanques para derrubar o governo. Naquela conjuntura, o governador parece ter contado com o apoio do jornal *O Estado de S. Paulo* que, primeiro, atacou Castelo por permitir as eleições e, depois dos resultados, opôs-se à sua tática de procurar uma saída por meio do Congresso. Ver os editoriais citados em Dulles, *Op. cit.* p. 168 e segs.

da garantia do próprio Castelo Branco de que o presidente não pretendia estender seu mandato.[60] Podemos voltar agora aos castelistas. O sucesso de Costa e Silva em se apresentar como fator da unidade militar teria consequências fundamentais não só para o desfecho da crise como para a dinâmica futura do regime militar. Com sua ação em outubro, ao mesmo tempo que colocava sua candidatura como um problema a ser resolvido por Castelo, o ministro permitiu ao presidente contar com razoável espaço de manobra na execução de seus próprios objetivos, ao colaborar para a resolução da crise na caserna. E isso o que fundamenta minha perspectiva de que o presidente Castelo Branco tenha mantido alto grau de iniciativa durante essa fase.[61] Mais do que isso, diante da inevitabilidade de novo ato institucional, os castelistas mostraram-se capazes de incluir nesse diploma legal uma série de medidas que vinham considerando há bastante tempo. Reforma partidária, modificações no Judiciário, eleições indiretas, restrições às atividades dos cassados não podem ser vistas como Iniciativas

---

60 No tabuleiro da crise militar de outubro de 1965, esse movimento do ministro é considerado o momento-chave dessa conjuntura. Assim, para Luís Viana Filho: " O fato realmente importante foi a visita e a palavra de Costa e Silva, no dia 6, na Vila Militar". Cf. *op. cit.*, p. 334. No campo oposto o general Portella afirma que, quanto à questão do continuísmo, Costa e Silva "foi hábil em arrancar a resposta do Presidente naquela ocasião". CF. Jayme Portella de Mello, *op. cit.*, p. 278.

61 Ao comentar a situação do governo logo após o episódio do pronunciamento de Costa e Silva na Vila Militar, o seu chefe da Casa Civil escreveria: "Em 48 horas, Castelo parecia retomar o comando, que alguns imaginavam perdido". Cf. *op. cit.*, p. 335.

estranhas à via da "institucionalização" que vinha sendo discutida em certos círculos do governo.⁶² Por fim, ao conseguir manter a posse dos governadores eleitos e ao evitar um novo expurgo de parlamentares, ou mesmo o fechamento do Congresso, o grupo castelista mostrou razoável capacidade de resistência às pressões da caserna.

Com isso creio ser possível encerrar este capítulo. Seu principal propósito foi mostrar, através do exame dos conflitos políticos centrais nos primeiros meses após a "Revolução" de 1964, que o regime marcou-se desde o início por uma dinâmica política cujo quadro mais amplo se configura na crucial unidade castrense frente ao mundo político, na dependência civil diante dos militares e na impotência paisana face ao avanço da militarização. Esboçam-se então dois processos intramilitares que ficarão mais evidentes a seguir: por um lado, o precoce surgimento das tensões na hierarquia, em torno da sucessão presidencial: por outro, a quase imediata aparição de insatisfações na caserna. Procurarei ir além do entendimento dessas tensões como mero choque entre a corrente castelista "liberal" e a oficialidade "dura".

Vale reter que o período posterior ao AI-2 abria uma situação castrense bastante peculiar, em que se criara uma espé-

---

62 Luís Viana Filho caracteriza os projetos que o governo enviou ao Congresso como "armas que, ao mesmo tempo fortaleciam o governo e acalmavam os ortodoxos inquietos". Cf. *op. cit.*, p.340 e 341. No curso da crise de outubro, o presidente teria definido assim a seu chefe da Casa Civil, a linha de ação do governo: "Não devemos ser surpreendidos nem precipitados". De tal forma, os castelistas logo passaram a considerar a edição de um novo ato. Dia 16 de outubro, Viana Filho escreveu em seu diário: "Golbery insiste para que eu escreva o Ato 2" (p. 347).

cie de dualismo de poder que marcou os processos posteriores, até a posse do general Costa e Silva. No final de 1965, permanecia uma razoável área de incerteza quanto à capacidade do governo Castelo Branco em retomar o controle da sucessão presidencial, afastando a candidatura Costa e Silva. Como se verá, esse fator retardaria por algum tempo a abertura da rota de colisão que opôs o governo Castelo a amplas áreas do bloco golpista. De tal modo, embora o segundo Ato Institucional tenha marcado um ponto crucial na militarização do regime, no final de 1965 a sucessão presidencial – fator fundamental de instabilidade do regime militar – se apresenta como o enigma a desvendar na análise das crises subsequentes.

III
Sucessão castrense e oposição civil

O presente capítulo examina a fase final do governo Castelo Branco, que se inaugura com o AI-2, estendendo-se até março de 1967, quando ascende ao poder o segundo marechal presidente. Como já apontei, o processo sucessório revela-se aqui fundamental na definição da dinâmica das crises políticas do regime. Nesse sentido, o exame da polarização militar em torno da escolha do sucessor castrense abre a possibilidade de aprofundar a compreensão desse fator como um dos elementos permanentes de crise política no pós-1964 brasileiro. Mais uma vez, porém, a desunião militar dar-se-ia no interior de uma concordância geral cujo apelo alcançou, de início, os partidários civis e castrenses do regime.

Trata-se da ideia de que um rompimento da unidade militar abriria caminho para o retorno à situação anterior a 1964, a derrota do bloco golpista e o fim da "Revolução". É nesse marco mais amplo que proponho examinar os conflitos, tensões e contradições que resultaram na consolidação de uma candidatura militar em franca oposição ao grupo dirigente, mas nos estreitos limites da continuidade do regime. Num segundo momento, a vitória da alternativa Costa e Silva iria configurar um quadro de "dualidade de poder" militar que marcaria o final do governo Castelo. Nessa fase, a imobilização relativa do processo sucessório permitiria uma nítida retomada da iniciativa castelista, configurada no avanço de seu projeto de "institucionalização da Revolução", vale dizer, nas proposições governamentais relativas à nova Constituição, à Lei de Imprensa e à Lei de Segurança Nacional. O custo desse avanço seria o surgimento de uma tenaz e virulenta oposição civil no interior do bloco golpista. No contexto militar da unidade na desunião e face ao provisório "duplo poder" castrense, o anticastelismo apareceria como a forma possível que assumiu a oposição liberal ao avanço da militarização. Feitas essas observações podemos passar ao exame da dinâmica política do regime militar em sua fase pós AI-2.

À sombra da sucessão

> A sucessão não deve perturbar a ação governamental de 1966, ou fazer-lhe uma ação de derrocada, nem abalar a coesão das Forças Armadas. (Documento confidencial da Presidência, janeiro de 1966)

O mais breve exame do período posterior a outubro de 1965 parece confirmar a hipótese de que o AI-2 foi um redirecionamento e não uma derrota frontal do projeto castelista. No clima de reaparição da cizânia castrense – expressa agora na pressão de várias áreas militares e políticas contra a posse dos governadores eleitos de Minas Gerais e, principalmente, da Guanabara – o marechal Castelo Branco mostrou-se capaz de recuperar terreno na frente militar.[1] Num primeiro movimento, conseguiu o apoio do ministro da Guerra para modificar radicalmente o comando da sensível área do I Exército.[2] Em manobra complementar, lançou um repto às áreas insatisfeitas retomando o discurso crítico da ação direta dos quartéis.[3] A previsível resposta dos líderes da "linha dura" deu ao governo o pretexto para uma onda de punições.[4]

Por sua vez, no campo "político", o segundo ato institucional não parece ter abalado de forma significativa o apoio com que o governo Castelo podia contar no Parlamento. Nesse sen-

1 Cf. para esses acontecimentos Luís Viana Filho, *op. cit.*, cap. XVI, pp. 356-76; Juracy Magalhães, *op. cit.*, p. 191-92 e John Foster Dulles, *op. cit.*, p.201-208.

2 A lista de promoções do final de novembro de 1965 parece exprimir um difícil acordo entre o presidente e o seu ministro da Guerra. Do lado castelista, além da "limpeza" no I Exército, ela incluiu a elevação de Orlando Geisel ao posto máximo do generalato e sua nomeação para o importante comando do III Exército (Rio Grande do Sul, Snata Catarina e Paraná, com sede em Porto Alegre). Por sua vez, Costa e Silva foi capaz de consolidar o esquema de comandos que havia programado para sustentáculo de sua candidatura", além de incluir a promoção a general de brigada do então coronel Jayme Portella. Cf. *A Revolução...*, cit., p.295 e segs.; John Foster Dulles, *op. cit.*, p.204; Luís Viana Filho, *op. cit.*, p.367

3 "Não reconhecemos nenhuma força autônoma nos meios militares do país. Se existe, que procure medir suas dimensões e passe da conspirata dilatória para a ação aberta". Luís Viana Filho, *op. cit.*, p.359.

4 Os coronéis duros foram presos, reformados ou transferidos do centro dos acontecimentos para guarnições espalhadas pelo país; a Liga Democrática Radical foi fechada, com base no AI-2. O general Jayme Portella refere-se ao episódio como "última cartada" do "grupo de oficiais ligados ao Sr. Carlos Lacerda" e não menciona qualquer oposição de Costa e Silva à punição daqueles oficiais. Cf. *op. cit.*, p.296-97 e Luís Viana Filho, *op. cit.*, p.356.

tido, a resistência do Congresso em outubro[5] não encontraria continuidade em uma oposição consistente ao projeto de "institucionalização" castelista, que se concentraria, após o Ato 2, na reestruturação partidária. Essa hipótese da manutenção das bases parlamentares do presidente encontra fundamento, a meu ver, em dois processos ocorridos nos seis meses posteriores à decretação do AI-2. Refiro-me à eficácia da ação presidencial na formação do chamado "Partido da Revolução", a Aliança Renovadora Nacional, peça importante do projeto castelista.[6] Embora a criação da ARENA tenha enfrentado uma série de percalços, no que tange à resolução de divergências regionais entre os ex-partidários da UDN e do PSD, o quadro abaixo expressa numericamente a situação:

	Deputados	Senadores	Origem partidária
ARENA	83	16	UDN
	67	15	PSD
	38	4	PTB
	22	0	PSP
	12	10	PDC
MDB	73	13	PTB
	40	5	PSD
	6	1	UDN
	6	0	PDC

Fonte: *Jornal do Brasil*, 18-6-67.
Citado em Georges-André Fiechter, *op. cit.*, p.236.

---

5 Luís Viana Filho, *op. cit.*, p.344 e segs.; Carlos Castello Branco, *op. cit.*, pp.334 e segs.; John Foster Dulles, *op. cit.*, p. 187 e Aspásia Camargo, *op. cit.*, p.483.

6 Cf. o relato do então Ministro da Justiça em *Tempo de lembrar, Mem de Sá -Memórias*, Rio de Janeiro: José Olympio, 1981, 332 p., p.225 e segs.

Além do sucesso da ARENA, a perplexidade da maior parte do Congresso face à prolongada indefinição de Castelo Branco no processo sucessório acrescenta, em minha análise, mais uma evidência da docilidade paisana até essa altura. "As forças civis estão em prudente expectativa", dizia a crônica política em janeiro de 1966, para complementar, quase dois meses depois: "a ARENA sofre de mudez a tal ponto que se há de supor que necessite de um ventríloquo para exprimir-se".[7] A paralisia civil tinha um sentido bastante nítido: antes de definida a sucessão castrense, os políticos não dispunham dos parâmetros mínimos para definir sua ação.

Neste ponto, uma questão se coloca de forma inevitável: qual era o projeto de Castelo Branco para a sua sucessão? Se a candidatura Costa e Silva contrariava as perspectivas do castelismo, o que levou o presidente a aceitá-la? A resposta exige a retomada de alguns pontos da análise até aqui efetuada. Já ressaltei acima a preocupação do grupo castelista com as perspectivas de continuidade não apenas do regime, como das políticas específicas do governo Castelo – antes de tudo, a política econômico-financeira. Nascida e nutrida nos quartéis com o fermento das insatisfações que o governo Castelo fora criando na caserna –, amparada numa frente heterogênea que incluía "duros", vários setores militares contrariados e um grupo de oficiais "costistas" que não parecia se destacar pelas virtudes intelectuais tão acalentadas pelo grupo da "Sorbonne", a candidatura Costa e Silva, evidentemente, não configurava a mínima garantia para a planejada "institucionalização".[8]

---

7   Carlos Castello Branco, *op. cit.*, p.397-471. Para as citações acima, ver p.404 e 446.

8   A exata composição das forças que sustentaram Costa e Silva é um ponto polêmico na literatura. A meu ver, é preciso reter os seguintes

Assim, por mais imprecisos e contraditórios que possam parecer os movimentos de Castelo Branco na questão sucessória, ficaria evidente que uma candidatura única, gerada e alimentada na cizânia militar, contrariava frontalmente seus planos. Entende-se, assim, porque uma das constantes do discurso castelista no decorrer da sucessão enfatizava as prerrogativas do chefe: "O governo, com as suas graves responsabilidades políticas, tem que participar do encaminhamento da sucessão presidencial".[9]

Os tópicos centrais de um memorando presidencial que circulou nessa ocasião oferecem resumo sintético do projeto castelista para a sucessão. Aí, apareciam como pontos-chave a continuidade revolucionária e a recusa a aceitar "situações de fato'" amparadas na cizânia castrense ou na formação de aparelhos eleitorais incrustados na máquina de governo.[10] Todas as iniciativas nessa direção, prosseguia Castelo Branco, ameaça-

---

aspectos: 1) a frente militar que apoiou Costa e Silva é, antes de tudo, heterogênea e de caráter difuso: seu ponto de união é o "anti-castelismo" nas Forças Armadas; 2) A "linha dura" é o setor mais sonoro dessa frente, mas Costa e Silva nem está diretamente vinculado a ela, nem expressa um suposto programa "nacionalista" desse grupo; 3) é preciso considerar a existência de um grupo "costista", que se distingue dos "duros" e mantém certas divergências com estes. Ver Hernani D'Aguiar, *A Revolução por dentro*, Rio de Janeiro: Artenova, 1976, 342 p. e o depoimento de Cordeiro de Farias, *op. cit.*, p.583-84.

9 Para a íntegra do documento presidencial, cf. Daniel Krieger, *Desde as missões... saudades, lutas, esperanças*. 2a. ed. Rio de Janeiro: Livraria José Olympio Editora, 1977. 398 p., p.223-26.

10 Seriam três as "dissensões revolucionárias": 1) a dos "partidários do regime ditatorial", insatisfeitos com o "enquadramento legal" do regime; 2) a dos partidários da adoção da candidatura Lacerda, "com a antecipação de cerca de dois anos"; 3) a dos insatisfeitos porque o governo não entregou a Magalhães Pinto a "coordenação política exclusivista" por ele desejada. Krieger, *op. cit.*, p.224.

vam destruir o bem que era preciso preservar, acima de tudo: a unidade das Forças Armadas. O presidente propunha que o único canal legítimo para o encaminhamento das candidaturas deveria ser a ARENA, partido da "Revolução". Essa a solução encontrada pelo chefe de governo para anular a cizânia castrense: "Tudo farei para não ser um Presidente submisso a exigências, venham de onde vierem".

O mais ligeiro exame da disputa sucessória basta para mostrar a distância que se estabeleceu entre o projeto e o processo. Sem bases militantes nos quartéis, embora com forte apoio num Parlamento que então nada contava, ao presidente não pareciam restar muitas alternativas. No início de 1966, vários episódios se encarregaram de mostrar que a candidatura Costa e Silva era irreversível. Não estranha, assim, que o próprio chefe da Casa Civil de Castelo Branco iniciasse um dos capítulos-chaves de seu relato sobre aquele período com uma indagação que soa como um lamento: "O que fazer, se as águas corriam para o Ministério da Guerra?".[11] Com efeito, os primeiros três meses de 1966, até a aceitação por Castelo da candidatura Costa e Silva como fato consumado, parecem mostrar, de um lado, um candidato à presidência pisando em solo firme e, de outro, um militar na presidência paralisado diante da falta de uma alternativa castrense, cada vez mais acuado para a única solução capaz de manter a unidade das Forças Armadas. Apesar das preocupações externadas por seus aliados, parecia inquestionável a solidez militar da candidatura Costa e Silva, já no início de 1966.[12] Enquanto o ministro avançava com cautela num terreno seguro, o presidente

---

11 Op. cit., p.391.
12 Após lançar publicamente sua candidatura o ministro da Guerra foi capaz de ausentar-se do país por cinquenta dias. Jayme Portella de Mello. op. cit., p.304 e Hernani D'Aguiar, op. cit., p.269.

se defrontava com sucessivas evidências de que na área militar a situação estava definida.[13] Os indícios finais nesse sentido foram oferecidos pela gradual passagem de parte do próprio dispositivo civil do castelismo para a alternativa Costa e Silva, vista como única forma de manter a coesão militar.[14]

Duplo poder" militar e oposição civil

> Serei suficientemente responsável para não governar a quatro mãos. (Castelo Branco, entrevista à imprensa)

O conceito de dualidade de poder tem na literatura marxista um campo de aplicação preciso e nasceu para explicar uma situação efetivamente revolucionária. Arrisco-me a empregá-lo aqui num sentido metafórico, com o propósito de salientar a peculiaridade da situação inaugurada com a consolidação da alternativa Costa e Silva. Desde então, no quadro particular do regime castrense do pós-1964, a presença de um sucessor mili-

---

13 Por exemplo, a carta do ministro da Guerra interino, general Décio Escobar ao presidente (1-2-66): o tema era o "clima de suspicácia" criado contra Costa e Silva pelo SNI e pelo Gabinete Militar da presidência; o general alertava o presidente contra o faccionismo na área palaciana. Um mês depois, nova carta de Escobar batia na tecla mais sonora: "A quebra da unidade das Forças Armadas seria um desastre para o país". Viana Filho, *op. cit.*, p.385,89.

14 Em meados de janeiro, o senador Daniel Krieger foi procurado pelo general Portella e convidado a coordenar na frente civil a candidatura do ministro da Guerra. Aceitou, em sua versão, para manter a unidade das Forças Armadas, "um imperativo da sobrevivência da Revolução". Ver Desde as missões..., *op. cit.*, p.223; Luís Viana Filho, *op. cit.*, p.392; "Agripino acredita em seu Arthur" e "Juracy: Costa tem tudo para ser o sucessor", *Visão*, 1-4-66, p.15 e 15-4-66, p.14-15.

tar que notoriamente contrariava as perspectivas do presidente tendia a se constituir num ponto de referência e num elemento de estímulo às forças que se opunham às políticas governamentais, dentro e fora do bloco golpista. No entanto, o exame do período que se abre em meados de abril de 1966 questiona mais uma vez as interpretações que tendem a apresentar o governo Castelo Branco como portador de um projeto "liberal" derrotado pela linha dura. O revés da sucessão consolidou no campo castelista a visão da urgência de controlar o sentido e o tempo da "Revolução", antes da passagem do poder. Assim, não há como aplicar a Castelo a noção que a gíria norte-americana destina aos presidentes em final de mandato. Como veremos, longe de se caracterizar como um *lame duck*, o presidente avançou passos seguros na "institucionalização" do regime.

Paradoxalmente, a própria consolidação de Costa e Silva parece ter criado as condições para a ofensiva de Castelo em seu último ano de governo. Nesse quadro, proponho examinar um exemplo específico de repercussão no campo civil da situação de duplo poder militar. Refiro-me às posições da fração da burguesia que se expressava através da Confederação Nacional da Indústria (CNI). Não pretendo efetuar aqui uma análise geral do caráter da política de desenvolvimento do primeiro governo militar ou da situação da economia brasileira nessa fase. Meu foco é mais específico: trata-se de considerar a ação desses setores na conjuntura de 1965-66 como sintoma da dependência civil face à dinâmica militar do regime.

Desde o início de 1965, surgiram inúmeros pontos de atrito entre a média burguesia e as orientações do governo Castelo na área econômico-financeira.[15] Essas tensões se expressariam nas

---

15 Refiro-me à fração da burguesia que autores como Velasco e Cruz definem como "principalmente os setores mais tradicionais da eco-

sucessivas críticas movidas pela CNI à política de estabilização monetária do governo, consubstanciadas nos vários documentos da entidade que discutiram o Programa de Ação Econômica (PAEG). Tais relatórios criticavam, basicamente, a orientação governista de efetivar a luta contra a inflação a todo custo, com desprezo pela "retomada do desenvolvimento". Ao mesmo tempo, defendiam que essas 'medidas atingiriam principalmente os setores nacionais do empresariado, que não contavam com os mesmos recursos de financiamento disponíveis ao capital estrangeiro estabelecido no país.[16] De minha perspectiva, interessa examinar como as manifestações do descontentamento desses grupos burgueses expressam as mudanças que vimos acompanhando nas relações de força decisivas no seio do regime militar.

Já se apontou que, após a primeira fase de surgimento e intensificação dos ataques à política econômica no início de 1965, as críticas decresceram no segundo semestre daquele ano para reaparecer com mais força em 1966. Aparentemente, as

---

nomia', nos quais era mais forte a predominância do capital privado nacional". A análise desse autor sobre o papel do Conselho Consultivo de Planejamento (CONSPLAN), organismo de assessoria criado pelo governo em fevereiro de 1965, na conjuntura dos anos 1965 e 1966, constitui o ponto de partida para esta parte do trabalho. Sebastião Velasco e Cruz, "Interesses de classe e organização estatal: o caso do Consplan", in *Dados*, Rio de Janeiro, 18, 1978, p. 101-121. Georges-André Fiechter, *op. cit.*, p. 51 e segs.

16 Ver, entre outros, "Documento da Indústria sobre a política econômica do governo"(Memorial Macedo Soares) in *Desenvolvimento & Conjuntura*, CNI: Rio de Janeiro, IX(3), março de 1965, pp.3-32; "Análise crítica do atual planejamento brasileiro" (Relatório Dias Leite), *idem, ibidem*, IX (5), maio de 1965, p-28-37; e "O PAEG e a realidade nacional"(Segundo Relatório Dias Leite), *idem ibidem*, X (5), maio de 1966, p.34-46.

modificações conjunturais na política econômica do governo dão conta dessas oscilações na posição dos empresários. Assim, para alguns analistas, a trégua do segundo semestre de 1965 seria explicada pelas "medidas expansivas adotadas pelo governo a partir de abril (de 1965) em atendimento aos reclamos dos setores empresariais". A recidiva das críticas, no início de 1966, estaria vinculada à "firme decisão das autoridades financeiras de não reproduzirem o 'erro' do ano anterior- uma ampliação excessiva do crédito no segundo semestre".[17]

Em minha hipótese, é preciso acrescentar a esses fatores "econômicos" os processos políticos que vinham ocorrendo nessa fase e principalmente a sucessão presidencial. O exame dos editoriais da revista da CNI em 1965-66 deixa claro que o entendimento das relações entre o governo Castelo e os setores descontentes da burguesia fica incompleto se não nos referimos à conjuntura daqueles meses. Em outras palavras, os processos que vimos examinando quanto à dinâmica política do regime pareciam sobredeterminar a maior ou menor sonoridade das críticas da burguesia ao governo Castelo, ainda que o conteúdo da crítica permanecesse constante. Em sua análise da atuação do Consplan em 1965-66, Velasco e Cruz já apontara que houve uma mudança qualitativa na oposição do empresariado, a partir do primeiro semestre de 1966: "Ao contrário do que ocorrera no ano anterior, o confronto de posições não se verifica no interior do Consplan, mas em outros lugares". A imprensa passa a ser o canal para a explicitação das divergências e ocorre um esvaziamento daquele órgão consultivo, enquanto lugar de expressão dos interesses do empresariado. "Ao longo do ano de 1966" a política dos ministros

---

17 Sebastião Velasco e Cruz, *op. cit.*, p. 110.

Bulhões e Campos "passa a enfrentar uma contestação cada vez mais generalizada nos melos empresariais".[18] Tal mudança qualitativa não esteve ligada apenas aos acontecimentos da área econômica. Até o final de 1965, indefinida ainda a sucessão presidencial, os editoriais da revista da CNI expressam um tom de crítica respeitosa ao governo.[19] Mais ainda, no segundo semestre de 1965, o risco de "volta ao passado" parece ter trazido à luz uma característica dos momentos críticos: nessas conjunturas, o apoio à política de ordem suplanta as divergências quanto à política de desenvolvimento.[20] Contudo,

---

18 Ver op. cit., p.114 e 115. A tese de Velasco é que a participação no Consplan tornou-se desnecessária na medida em que as reivindicações do empresariado encontravam "na locução ao Presidente da República um canal mais direto e eficaz" Em minha hipótese, é preciso considerar com mais cuidado essa funcionalidade das relações empresariado-governo no final do período Castelo.

19 Assim no balanço do ano de 1964, a entidade comemorava o "saldo positivo" daquele período (Cf. DGC, IX (1), janeiro de 1965, editorial). Dois meses depois, referia-se ao "patriótico governo" do marechal Castelo Branco, que livrou o país do caos social e político do final do populismo (Cf. Idem, IX (3), março de 1965, editorial). Em abril de 1965, em pleno curso do debate sobre o PAEG, a CNI exaltava a abertura do "grande diálogo" com as autoridades centrais (Cf. idem, DC (4), abril de 1965, editorial). No segundo semestre, os empresários dirigem congratulações ao governo pelas medidas de desafogo, embora reiterando sua preocupação com a possibilidade da retomada da inflação conduzir a novo esforço de estabilização: "Os dados disponíveis anunciam que após um primeiro semestre de clara recessão a economia apresenta sintomas de recuperação". (Cf. Idem, IX (8), agosto de 1965, editorial).

20 Na edição de outubro de 1965, há uma clara referência à conjuntura política das eleições. Lembrando a "grave inquietação política com ameaça de radicalização esquerdista" existente no pré-golpe, o artigo se anima com a "retomada do desenvolvimento" mas faz uma ressal-

a partir do início de 1966, a ofensiva do governo Castelo no pós--AI 2, que incluiu a decretação de novas medidas financeiras em dezembro de 1965 e o tom agressivo que as autoridades econômicas passaram a empregar face ao empresariado, fez surgir uma nova tonalidade nas críticas dessa fração da burguesia.[21] Enquanto, na edição de novembro de 1965, a revista da CNI afirmava que "após ano e meio de pertinaz esforço a nova administração conseguiu, se não acabar com a inflação, pelo menos colocá-la clara e definitivamente sob controle",[22] no número de janeiro de 1966, trazia um editorial com o título: "O renascimento do anti-industrialismo", seguido por um artigo denominado "Quem faz a inflação, o governo ou a indústria?".[23] Daí em diante, o tom sombrio substitui as esperanças: "Quaisquer que sejam os cálculos feitos ou a interpretação ten-

---

va: "Nem o trabalho dos empresários, nem os esforços governamentais serão, todavia, bem sucedidos se não for assegurado ao país um clima de tranquilidade política e social". D&C, IX (10).

21 Com efeito, dezembro de 1965 parece ter sido rico em medidas econômicas: reforma tributária, medidas na área creditícia, anúncio de um plano decenal ("O ano de 1965 do ponto de vista da indústria", D&C, X (2), fevereiro de 1966, p. 135-137). Para o acento que os ministros castelistas passaram a empregar quando se referiam aos empresários, basta mencionar a nota de *Visão*, sobre o "tom rude das advertências de Campos e Bulhões" face às tendências altistas registradas na economia ("Linha dura", 7-1-66, p.9).

22 Cf. D&C, IX (11), novembro de 1965, editorial. Na edição seguinte a revista ainda afirmava: "O governo conta (...) com todos os trunfos para conduzir, sem grandes percalços, a economia à estabilidade em 1966". Ver op. (12), dezembro de 1965, "A Reforma Monetária e a conjuntura", p.7-17.

23 D&C, X (1), janeiro de 1966.

tada; não há como fugir da realidade dura e fria: a economia brasileira parou em 1965".[24]

A partir daí cresceu o rigor das críticas: "O problema básico da atual realidade econômica brasileira é a inexistência de diálogo entre Governo e Classes Produtoras", afirmava a CNI, para exigir "que o Governo desça quanto antes de sua torre de marfim e volte a trocar ideias com aqueles que não podem deixar de ser seus amigos por terem fresca na memória sua esplêndida atuação a 31 de março de 1964".[25] O passo seguinte da indústria seria encaminhar ao presidente um memorial assinado pela CNI e pelas federações estaduais onde se consideravam "as consequências das medidas de caráter econômico-financeiro aplicadas pelo governo e que se refletem de maneira desfavorável sobre o ritmo da produção industrial".

O documento exigia um "tratamento mais equânime às necessidades financeiras do setor industrial".[26] Mas o tom ainda subiria uma oitava. Em maio, o presidente da CNI, em discurso no "Dia da Indústria" convidava seus pares "a abandonar, de uma vez por todas, a injustificável atitude de passividade em que vimos nos mantendo" frente aos "eruditos ataques" dos "detratores" da indústria, os "senhores planejadores". "A indústria brasileira, e muito especialmente o empresário nacional, não pode, todavia, aceitar o papel de intruso, de hóspede malquisto que se lhe quer atribuir", dizia o dirigente.[27]

---

24 D&C, X (2), fevereiro de 1966, editorial.
25 D&C, X (3), março de 1966, editorial.
26 D&C, X (4), abril de 1966, editorial.
27 D&C, X (5), maio de 1966, editorial. Em artigo de 1-4-66, *Visão* registrava que "as figuras de Roberto Campos e de Gouvêa de Bulhões passaram a ser execradas" em "fortes setores industriais e comerciais"

Os episódios posteriores parecem confirmar a tese desta parte do trabalho. Na edição de junho de 1966, o órgão oficial da CNI alertava que "a direção de uma economia complexa como a brasileira não pode ser feita a portas fechadas por uns poucos donos da verdade" e via como um "fracasso clamoroso" do governo Castelo Branco a inexistência do diálogo entre governo e empresários. Suas esperanças voltavam-se nitidamente para o sucessor do marechal Castelo: "O ano de 1967 será marcado pela retomada do desenvolvimento e pela inauguração de um novo governo".[28] Alguns meses depois, A CNI saudava a eleição de Costa e Silva pelo Congresso como o sinal de que estava próximo o fim do "clima bastante generalizado de frustração e pessimismo" que vigorou no governo Castelo e propunha o estabelecimento de "metas positivas": a retomada da imagem pública do empresário e a "mobilização geral dos espíritos". Costa e Silva poderia ser o portador de "uma administração dinâmica capaz de rasgar novos e amplos horizontes para o povo e os empresários".[29] Rei morto, diz o ditado, rei posto.

A "institucionalização" castelista

Mas o panorama do "duplo poder" e de sua repercussão no mundo civil permanece incompleto se não nos referirmos à ofensiva institucional de Castelo após abril de 1966. Como já

---

e criticava Campos por introduzir, com seus pronunciamentos, um "fator, aparentemente desnecessário, de desgaste da autoridade do governo em seu diálogo com a Nação" (ver "Barra ficou pesada na frente econômica", p.11). No mesmo número a revista publicava a entrevista do castelista João Agripino apoiando Costa e Silva.
28 "Renovação necessária", D&C, X (6), editorial, junho de 1966.
29 D&C, X (10), outubro de 1966.

vimos, tal avanço foi facilitado pelos interesses táticos de Costa e Silva. Embora não faltem exemplos de iniciativas do presidente nas áreas econômica e militar, foi na área propriamente política que se fez notar o ímpeto castelista.[30] Basta lembrar a cassação do governador de São Paulo, Ademar de Barros e a interferência presidencial na definição dos rumos da eleição indireta para doze governos estaduais em setembro de 1966.[31] Um mês depois, o avanço autoritário culminaria com a decretação do recesso da Câmara dos Deputados. No episódio, porém, ele não esteve sozinho: a recusa do presidente daquela casa em aceitar a vigência dos artigos 14 e 15 do AI-2, que permitiam ao presidente cassar mandatos de parlamentares, provocou uma reação uníssona do regime militar. Mais uma vez operava a "unidade na desunião".[32] E o recesso da Câmara foi apenas um episódio no adiantado avanço da "institucionalização" castelista.

30 Na frente econômica vale citar o Ato Complementar 18, que praticamente eliminava a participação do Congresso na elaboração orçamentária. Na militar, a nomeação do castelista Ademar de Queirós para substituir, de acordo com a legislação, o general Costa e Silva no ministério da Guerra, o que desagradou aos costistas. Ver Hernani D'Aguiar, *op. cit.*, p. 178.

31 Com efeito, o presidente não hesitou em cassar mandatos de deputados estaduais (Rio Grande do Sul e Acre); interferir na escolha do candidato (Ceará); ou impedir a candidatura de militares, como em São Paulo (general Amauri Kruel) e Pernambuco (general Antônio Carlos Murici e coronéis Antônio Bandeira e Costa Cavalcanti). Ver John Foster Dulles, *op. cit.*, p.317-48; Luís Viana Filho, *op. cit.*, p.407-27 e Carlos Castello Branco, *op. cit.*, p.517 e segs.

32 Para o respaldo civil e militar a essa iniciativa, ver a nota da ARENA em apoio a Castelo em Daniel Krieger, *op. cit.*, p.329; os editoriais do OESP citados em Foster Dulles, *op. cit.*, p.355-57; e a posição de Costa e Silva em Portella de Mello, *op. cit.*, p. 385.

Nesse sentido, a prerrogativa de cassar mandatos parlamentares parecia indispensável não apenas para o controle das eleições de novembro mas, antes de tudo, para a submissão do Congresso a um papel puramente legitimador na tramitação da nova carta constitucional. O sítio militar dos edifícios do Parlamento, desprovidos de energia elétrica, água e comunicações – e a rendição que se seguiu – constituem uma evidência gráfica da atitude que o poder militar esperava do mundo político no processo constituinte. Removida a resistência parlamentar, o projeto da Constituição castelista estava pronto para passar, na expressão de Luís Viana Filho, pelas "águas lustrais do Congresso".[33]

Embora a vaga oposicionista tenha se levantado contra os três projetos que configuraram a "institucionalização" – o da Constituição, da nova Lei de Imprensa e da Lei de Segurança Nacional –, e no contencioso em torno da nova carta que encontraremos com mais nitidez um aspecto até aqui pouco destacado pelos estudiosos do castelismo: o caráter "duro" das iniciativas do final de governo e a indignação que estas levantaram na área da oposição liberal e no que restara da oposição nacionalista.[34] Com efeito, o mais breve exame da história da Carta de 67 traz à luz o projeto de "institucionalização da Revolução", enquanto portador de um conjunto de modificações

---

33 *Visão*, 28-10-66, *op. cit.*; Ana Lúcia Brandão, *A resistência parlamentar após 1964*, Brasília, Comitê de Imprensa do Senado Federal, 1984, pp. 17-21; Carlos Castello Branco, *op. cit.*, p.579-85; Auro Moura Andrade, *op. cit.*, p.363-66. Para a citação, Viana Filho, *op. cit.*, p. 458.

34 Osny Duarte Pereira, um dos mais tenazes críticos da Carta de 1967 na área da oposição popular-nacionalista, levanta a hipótese de que o projeto de Lei de Imprensa tenha sido uma manobra diversionista. Cf. A *Constituição do Brasil-1967*, Rio Janeiro: Civilização Brasileira, 1967. 2 vols., 597 p., p. 336 e também Georges-André Fiechter, *op. cit.*, p. 113.

na política e na economia que dificilmente podem ser identificados como de aprimoramento democrático. Mais do que em outros momentos, a tese do liberalismo castelista parece apresentar-se aqui como a aceitação acrítica da auto-imagem eficazmente elaborada pelos intelectuais castelistas.[35]

O exame da trajetória da Carta militar traz à luz aspectos que amparam nossa argumentação. De início, vale registrar que o anteprojeto original, elaborado por uma comissão de juristas entre abril e julho de 1966, não sobreviveria às dores do parto. Quando finalmente chegou ao presidente, a 19 de agosto, algumas opções cruciais já tinham sido feitas. Refiro-me, antes de tudo, à nomeação, um mês antes, do jurista Carlos Medeiros Silva para substituir Mem de Sá no Ministério da Justiça. Longe de representar uma simples mudança de nomes, tal indicação parece ter marcado um divisor de águas na definição castelista por um projeto sem resquícios de liberalismo.

O próprio Mem de Sá registra que o novo titular "não dispensou maior consideração" ao projeto da comissão de juristas "e, sentindo-se especialista na matéria, ele próprio elaborou outra proposição. Esta condensava um presidencialismo exasperado e, no conjunto, um texto de linhas e orientações rígidas".[36]

---

35 O discurso castelista aparece com clareza no depoimento de seu chefe da Casa Civil: "Formal, o espírito apegado à disciplina da lei, Castelo considerava uma nova Constituição inseparável da institucionalização do movimento vitorioso. Seria não somente a implantação de uma ordem jurídica (...) mas também o término do processo revolucionário". Luís Viana Filho, op. cit., p.452.

36 Tempo de Lembrar, op. cit., p.266-67. Afonso Arinos, um dos mais vigorosos críticos do projeto, afirmaria depois sobre a nomeação do novo ministro: "já então, porém, o Presidente mudara de ideia. Pôs de lado, sem qualquer explicação, o anteprojeto dos juristas, dispensou o Senador Mem de Sá da pasta da Justiça e chamou, para substi-

Vai no mesmo sentido o depoimento de Luís Viana Filho, que assim se refere ao projeto original: "incompleto quanto às aspirações reformistas do Presidente, distanciava-se das concepções do ministro da Justiça, Carlos Medeiros, para quem o liberalismo, a harmonia dos Poderes e outros preceitos constitucionais, nas suas expressões clássicas, estariam superados e não evitariam as crises políticas e sociais do país".[37] Do ponto de vista desta análise, interessa destacar que o projeto Medeiros seria efetivamente o núcleo da Constituição de 1967.[38]

O anticastelismo: a Carta de 1967

> A hora é dos homens duros; e eu sou um homem duro. (Ministro Carlos Medeiros, *Visão*, 13-1-67)
>
> Sou um homem que parte, sou um homem que vai partir. (Senador Afonso Arinos, da tribuna, 16-1-67).

---

tuto, a Carlos Medeiros da Silva (sic)". Planalto, cit., p.272. Para uma biografia do novo ministro da Justiça, "Quem é o homem duro" in *Visão*, 13-1-67, p.21.

37 Parecendo se dar conta da contradição entre o discurso castelista e o projeto de Medeiros, Luís Viana faz em seguida um reparo: "Na realidade, as aspirações de Carlos Medeiros, inclinadas para um governo forte, embora não ditatorial, não coincidiam exatamente com as do presidente, cujo liberalismo a experiência governamental apenas mitigara". Cf. *O governo Castelo Branco, op. cit.*, p.452-53. Para as divergências na Comissão de Juristas, ver CM, 9-9-66, apud Osny Duarte Pereira, *op. cit.*, p.325. O estudo mais detalhado do projeto da Comissão dos Juristas parece ser o de Paulo Sarasate: *A Constituição do Brasil ao alcance de todos*, Rio de Janeiro: Freitas Bastos, 1967, 582.

38 Fica difícil, assim, aceitar a argumentação de René Dreifuss que, enfocando o projeto original dos juristas como o núcleo da Carta de 1967, o apresenta como expressão dos interesses do IPES. Cf. *1964: a conquista do Estado, op. cit*, p.347-48

Como se recorda, no início de dezembro de 1966, suspenso o recesso, o governo decretou um quarto Ato Institucional, que definia de forma bastante rígida as normas para a tramitação do projeto constitucional no Congresso.[39] O ato parece ter funcionado como a gota d'água que desencadeou o vagalhão de críticas dos liberais. "É a primeira vez – afirmou o senador Afonso Arinos – que o Congresso Nacional se reúne com poderes constituintes, tendo o seu sistema de trabalho limitado por ato do Executivo. Isto nunca aconteceu na História Constitucional Brasileira".[40] No seio da ARENA, o ex-prócer udenista iria capitanear o ataque contra o projeto Castelo-Medeiros: "O projeto era muito ruim como documento, como linguagem, como técnica, como tudo; (...) na minha opinião o pior projeto de toda a história constitucional brasileira".[41]

A reação dos expoentes liberais da ARENA fez-se acompanhar de críticas vigorosas na imprensa. Em geral ignorada na bibliografia sobre o período Castelo, a altissonância do anticastelismo nessa fase parece exigir um pouco de nossa atenção. Proponho examinar os editoriais de dois dos jornais de maior impacto nacional à época.

---

39 I projeto seria apreciado por uma Comissão Mista cujo parecer deveria vir à luz em setenta e duas horas; em sessão conjunta, o Congresso Nacional teria quatro dias para votar o diploma "em globo"; após a aprovação, os parlamentares disporiam de cinco dias para a apresentação de emendas, as quais seriam examinadas pela Comissão Mista nos doze dias seguintes; finalmente, o plenário disporia de mais doze dias para discutir as emendas. Ver Paulo Sarasate, *op. cit.*, p.52 e segs.

40 Citado em Osny Duarte Pereira, *op. cit.*, p.337.

41 Em suas memórias, o senador pela Guanabara diria de sua reação ao tomar contato com a primeira versão do texto: "Ao lê-lo, caiu-me a alma aos pés". *Planalto*, p. 272.

O *Correio da Manhã*, que apoiou o golpe de 1964 para, já com a publicação do primeiro Ato Institucional, colocar-se na oposição, deu início a seus ataques acusando o presidente Castelo de preparar uma Carta cujo objetivo essencial seria permitir a manutenção de sua influência pessoal sobre o processo político, após o fim de seu mandato.[42] Dias depois, o jornal carioca criticava o AI-4 por tornar, "praticamente, impossível a revisão do texto pelo Congresso" e adiantava alguns pontos da crítica liberal ao anteprojeto: "A Carta de 67 será a continuação lógica da Carta de 37 fugindo inteiramente ao espírito da Constituição de 1946". Na visão liberal, tal espírito podia ser traduzido na luta contra a hipertrofia do Executivo, na defesa do princípio federativo e das liberdades públicas e individuais. "No entanto – dizia o diário do Rio de Janeiro – o marechal Castelo Branco, que se transformou em governante discricionário e personalista, condena a Nação, nesta nova Carta, a uma verdadeira acromegalia do Poder Executivo".[43]

O avanço na tramitação do projeto faria crescer a indignação do *Correio*. Em editorial dos primeiros dias de janeiro de 67, o jornal ataca os artigos 149 e 150 da Carta (direitos e garantias individuais), por seu "indisfarçável sentido ditatorial" e acusa o processo de reforma constitucional de "errôneo e viciado"[44] Aprovado o texto constitucional, o principal artigo do

---

42 "Carta pessoal", editorial de 2-12-66. Para uma história da peculiar trajetória desse periódico no pós-64, ver Jefferson de Andrade, *Um jornal assassinado – a última batalha do Correio da Manhã*, Rio de Janeiro: José Olympio Editora, 1991. 375 p.
43 "Repúdio geral", editorial de 10-12-66.
44 "Garantias", 1-1-67. A seguir, após examinar com desolação a passagem do projeto castelista pelo Congresso, refere-se aos debates das vésperas da aprovação da Carta como última tentativa de evitar um

jornal carioca afirmaria: "A Carta hoje outorgada (...) instaura um neo-Estado Novo e constitucionaliza uma ditadura que se implantou pela audácia de um grupo armado". E desafiava: "No instante de sua promulgação, a tarefa é proceder à sua reforma profunda".[45] O exame dos editoriais de *O Estado de S. Paulo* requer algumas palavras introdutórias. Personagem central da trama golpista, o jornal manteve uma relação complexa e angustiada com o governo de Castelo Branco, que por si só mereceria uma análise à parte. Atribuindo-se o papel de grande conspirador no pré-golpe e de portador da pureza revolucionária no pós-1964, seu diretor, Júlio de Mesquita Filho, imprimiu ao diário uma linha editorial que, a grosso modo, atacava vigorosamente as atitudes "políticas" do presidente, atribuindo-lhe excesso de conciliação com os "anti-revolucionários", ao mesmo tempo em que preservava sua política de desenvolvimento. No episódio que ora nos interessa, porém, o jornal paulista engrossou o clamor liberal face ao "militarismo" da carta castelista.[46]

"crime contra a Nação" com a vitória do "monstruoso texto". "Carta e rolha", editorial de 20-1-67.

45 "Outorga", editorial de 24-1-67. A Constituição foi aprovada por 323 votos contra 110, na Câmara dos Deputados e por 37 votos contra 17, com 7 abstenções, no Senado. Ver Maria Helena Moreira Alves, *op. cit.*, p. 105.

46 "Sabem os nossos leitores que nós (...) temos desde sempre procurado fazer distinção entre a atuação de s.exa. naquele setor da vida nacional (a política econômico-financeira, JRMF) e aquilo que s. exa. tem posto em prática no terreno político propriamente dito" (o "abandono das tradições democrático-liberais", JRMF). Ver "Identidade de opiniões", editorial de 15-2-67. Para a versão oficial sobre as relações de Castelo com a imprensa, cf. José Wamberto, *Castello Branco, Revolução e democracia*, Rio: S/ed., 1970, 157 p., p.13-18.

Assim, em meados de dezembro de 1966, O *Estado* registrava a "profundidade e a extensão das críticas ao projeto da Constituição" e o pintava como "um farrapo de papel", "um texto tramado às escuras pelos íntimos do governo e imposto a um corpo legislativo que não tem o direito senão teórico de o rejeitar". Após chamar Castelo Branco de "El Supremo", considerava o projeto manifestação do "psiquismo sertanejo de s. exa.".[47] Enfim, recusava ao marechal-presidente o lugar de herdeiro do "espírito de março de 1964". Em outro artigo, o editorialista exaltava a oposição a resistir à carta autoritária, ao mesmo tempo em que registrava a falência de líderes liberais como Milton Campos, Mem de Sá ou Adauto Cardoso, qualificados como "ex-representantes do liberalismo nacional", excessivamente comprometidos com as políticas do presidente da República: "Não pode (...) a opinião pública entender o silêncio dessas prestigiosas figuras".[48]

Consolidada a tendência à aprovação do projeto, O *Estado* registrou seu desgosto diante da vitória do presidente. Com a aprovação da Constituição, chegava "ao fim o drama brasileiro" diante do novo diploma "violentamente imposto por s.exa. a um Congresso em plena agonia". Os parlamentares de todas as origens partidárias tinham-se dobrado à "vontade palaciana", mostrando passividade e "capitulação moral" diante de "um grupo de homens de farda transviados da sua missão".[49] A pos-

---

47 "Se desde o início estava s.exa. decidido a por de lado a moral que pelo menos o fizesse sem tisnar uma jornada que se conta entre as mais belas do civismo brasileiro". Cf. "O chefe do Executivo e a opinião pública", editorial de 16-12-66.

48 "O dever dos democratas", editorial de 17-12-66.

49 Nesse sentido, o manifesto de 106 políticos da ARENA, publicado nas vésperas da votação final, era descartado como um reconhecimento

tura do jornal introduz um outro aspecto relevante: qual foi a posição dos liberais do partido governista diante do projeto castelista? Aqui, de início, é possível sugerir que a consciência liberal pareceu dilacerar-se entre o apoio à política de desenvolvimento do regime e a crítica ao avanço do autoritarismo.[50] Não por acaso, alguns dos expoentes liberais preferiram baixar as armas, como o fez o ex-ministro da Justiça e senador pela ARENA, Mem de Sá, ao invés de empunhá-las contra o projeto Castelo-Medeiros. No seu caso, a prostração liberal deixou registro amargurado: "Não me sentindo capaz de fazer o que o glorioso passado reclamava, decidi abandonar o campo sem luta".[51] De tal modo, a crítica desse líder liberal à Carta iria se expressar não num programa de ação mas numa espécie de "carta-testamento". Em missiva a Daniel Krieger e Filinto Müller, onde explica sua ausência dos trabalhos da reforma constitucional de 1967, Mem de Sá expõe, com nitidez e resumidamente, os pontos cruciais da discordância liberal com o projeto de Medeiros Silva: "O texto em conjunto, pode ser

---

implícito da compactuação do Congresso com Castelo Branco, no processo de aprovação. da Carta. "Venceu a confusão", editorial de 22-1-67. A manchete deste mesmo dia anunciava "Constituição é votada sem ser lida". Cf. Osny Duarte Pereira, *op. cit.*, p.344-45.

50 Para o tema da "consciência liberal dilacerada", cf. Décio Saes, *Classe média e sistema político no Brasil*, São Paulo: T.A. Queiroz, 1985, 235 p, p.178. Um relato da participação individual dos principais parlamentares na tramitação da Carta está disponível em "Breve crônica de uma Constituição", *Visão*, 27-1-67, p.11-15. Não espanta, assim, que o senador Mem de Sá anotasse em suas memórias: "Excelentes eram apenas os capítulos versando a economia, as finanças e o orçamento, porque, evidentemente, inspirados ou redigidos pelo gênio de Roberto Campos". (*Tempo de lembrar*, p.267).

51 *Idem, ibidem*, p. 267.

caracterizado pela hipertrofia, que nele se dá, ao Poder Executivo, particularmente ao Presidente da República, e pela redução deliberada dos direitos e garantias individuais" E, em seguida: "Jamais concordaria em conferir tantos poderes a um Presidente da República".[52]

Com efeito, a crítica ao fortalecimento do Executivo configurado na diminuição das prerrogativas do Congresso e no estabelecimento das eleições indiretas, na ampliação da faculdade de intervenção federal nos estados e nas novas atribuições da Justiça Militar – e à "diminuição" dos direitos individuais constituiria o núcleo fundamental da oposição dos liberais da ARENA ao projeto da Carta de 1967. Esses pontos aparecem também na declaração de voto de outro ex-ministro da Justiça de Castelo Branco, o senador Milton Campos, a qual inclui suas restrições à carta, que esperava fossem resolvidas no processo de apresentação das emendas. "Não se contesta que, modernamente, cabe ao Executivo fortalecido papel predominante na liderança da Nação, (...) mas não se deve ir ao exagero de deslocar o monopólio do Legislativo (na elaboração das leis, JRMF) para o Executivo, dando a este facilidades demasiadas, com marginalização daquele". Quanto ao capítulo dos direitos e garantias individuais, o ex-ministro considerava que "a remis-

---

[52] Para a Íntegra do documento, Daniel Krieger, *op. cit.*, p.250-254 e Mem de Sá, *op. cit.*, pp. 309-12. São dignas de menção as razões que o senador alinha para justificar sua retirada: 1) a abstenção do voto a favor representaria o mesmo que o voto contra; 2) ele se sentia "extremamente deprimido e amargurado para um tal esforço" (de participar da luta no Parlamento pela reforma do projeto); 3) estava convencido da inutilidade de tal campanha; 4) porque não queria se confundir com os adversários do governo; e 5) por sua amizade pessoal com o presidente Castelo. "Carta é votada sem ser lida". Cf. Osny Duarte Pereira, *op. cit.*, p.344-45.

são à lei ordinária não imprime aos direitos fundamentais a garantia necessária".[53]

Mas a timidez da crítica liberal ao projeto de Constituição parece ter encontrado uma exceção no ataque sistemático e incisivo que o senador Afonso Arinos moveu à iniciativa castelista. A série de discursos que ele pronunciou no Senado, entre os dias 14 e 20 de dezembro de 1966 e o seu pronunciamento de despedida na Câmara dos Deputados, no dia 16 de janeiro de 1967, constituem um exemplo fundamental do conteúdo e dos limites do radicalismo liberal brasileiro.[54] O argumento inicial de Arinos era que a Carta de 67 não podia se apresentar como uma "Constituição-suma", originária de situações históricas em que longo período de adaptação se seguiu aos abalos revolucionários. Ao contrário, o diploma castelista seria uma "Constituição-instrumento", transitória e emergencial, destinada a ser reformada em profundidade.

Em seguida, sob o título "Poder militar e poder civil", o senador apresentava uma versão mais explícita da crítica dos liberais ao fortalecimento do Executivo. Para ele, em países como o Brasil "em vias de desenvolvimento", a complexidade social impedia que "um grupo limitado no número" almejasse ocupar as posições decisivas. Além de inviável, o monopólio do poder pelos militares seria "gritantemente ilegítimo", sendo "a

---

53 *Testemunhos e ensinamentos*, Rio de Janeiro, Livraria José Olympio Editora, 1972, p.248 e 250. Auro de Moura Andrade também apontaria que "o projeto fora completamente omisso" na questão dos direitos individuais (*Um Congresso contra o arbítrio, op. cit*, p.384).

54 Para um resumo dos pronunciamentos, ver *Planalto (Memórias)*, p.277-282. Cf. a íntegra em *Diário do Congresso Nacional*, 15-12-66, p.6409-12; 16-12-66, p.6425-28; 17-12-66, p.6447-48; 20-12-66, p.6461-62 e 21-12-66, p.6492-95.

ilegitimidade do poder uma fórmula de enfraquecimento desse poder se se quiser exercê-lo livremente". Essa argumentação levava o ex-líder udenista a concluir: "Em outras palavras, o poder ilegítimo só se exerce através da força ditatorial" o que, segundo ele, contrariava as declarações dos líderes de 64 – "os melhores, os mais categorizados" – de que a "Revolução" e seu texto constitucional tinham o "sentido de restauração dos princípios de liberdade". Concretamente, a eleição indireta no presidencialismo levaria à consolidação de uma oligarquia militar de longo termo no país.[55]

O ataque do senador arenista continuava com a denúncia de que a intervenção crescente do Estado no Direito Público contrastava com a filosofia de "liberdade econômica" que orientava a Carta de 67: "A Constituição pode ser definida como socialmente reacionária por esta razão; porque, indiscutivelmente, o poder político do Executivo afrouxa enormemente o controle do Estado no campo da economia e no campo das relações sociais". A seguir, enfrentava o tema dos direitos individuais e arrematava: "O projeto do governo era, neste particular, intolerável; contrariava toda a tradição humanística brasileira; era, em uma palavra, vergonhoso".[56]

---

55 Cf. *op. cit.*, p.278. No entanto, esse tópico fundamental dos pronunciamentos de Arinos aparece em forma mais contundente em sua versão original. *Diário do Congresso Nacional*, 16-12-66, p.6427.

56 Ver *op. cit.* p.278. Arinos mostra aqui que a redação do projeto, "de uma indigência total, de uma afrontosa insuficiência", dispunha no artigo 151 que o abuso dos direitos individuais poderia implicar em sua suspensão por cinco a dez anos: "Poderia haver estupidez maior do que a do conteúdo? Com efeito, entre os direitos individuais reconhecidos (em tese) pelo projeto, estava o mais elementar, que é o direito à vida". Ao traduzir uma parte da Constituição alemã, os au-

O cuidado na reconstrução da crítica liberal naquela fase tem no contexto deste trabalho um propósito específico. Por um lado, trata-se de apontar como, no debate da época, era bastante restrita a aceitação do castelismo como uma tendência liberal dentro das Forças Armadas. Por outro, o de sugerir que a falta de alternativas no campo liberal parecia levar seus principais representantes a uma identificação entre militarização e castelismo. No contexto do duplo poder acima analisado, isso conduziria a oposição liberal a concentrar suas esperanças na auto-reforma do regime, adiando para o período Costa e Silva as expectativas de contenção do militarismo.

Enfim, cumpre apontar que a campanha liberal contra o projeto Castelo-Medeiros teria resultados limitados mas não totalmente desprezíveis. Minha hipótese é a de que o governo viu-se obrigado a ceder em pelo menos dois pontos. Refiro-me, por um lado, à definição dos direitos e garantias individuas que, pelo projeto inicial, ficaria para a lei ordinária, ao lado da existência de recurso ao Supremo Tribunal Federal dos julgamentos proferidos pela Justiça Militar. Além disso, trata-se da possibilidade de mudar a Carta por maioria absoluta, e não por dois terços, como queria o projeto Medeiros. A iniciativa dessa reforma, ao contrário da proposta inicial, também poderia caber ao Congresso e não só ao Presidente. Como se vê, em seus resquícios liberais, que produziriam efeitos relevantes nas etapas posteriores da crise, a Carta de 1967 pouco deveu a um suposto liberalismo castelista.[57] A hipótese do castelismo liberal

---

tores da Carta tinham suprimido o trecho que enumerava os direitos que podiam ser suspensos. Cf. p.281.
57 Ainda assim, a carta desagradou a círculos costistas. Nas palavras do general Jayme Portella, o novo presidente "recebia uma Constituição

também não encontra amparo nas outras iniciativas do presidente nas semanas finais de seu governo.

O anticastelismo: a Lei de Imprensa

O coro anticastelista contaria com outros motivos para elevar sua voz. Na véspera do Natal de 1966, os principais jornais do país descreveram com tintas amargas o projeto de Lei de Imprensa, que o Presidente acabara de enviar ao Congresso.[58] O aspecto central das críticas foi a denúncia de que incorporava a Doutrina de Segurança Nacional da Escola Superior de Guerra, tornando vulneráveis quaisquer jornalistas ou donos de jornal que praticassem "alguns dos crimes definidos em lei contra a segurança nacional ou instituições militares". No contexto examinado, a denúncia do projeto assume também a forma do anticastelismo. Um breve exame de alguns editoriais permite avaliar o volume e o tom dessa crítica.

Chamando o novo diploma de "lei contra a imprensa", o *Correio da Manhã* o considerava "um ato de vingança, pura e simples" contra os órgãos que conseguiram preservar a liberdade de crítica. E atacava diretamente o marechal Castelo: "E a retirada vingativa de quem não soube cumprir o seu dever".[59] Por sua vez, *O Estado de S. Paulo* atribuía a nova lei à disposição de Castelo Branco "de aproveitar os últimos meses de sua presidência para adaptar a legislação à nova concepção do Estado e da sociedade que deliberou impor pela violência à socie-

---

para cumprir, bastante liberal" e irrealista: "Era uma herança pesada que o novo governo recebia para implantar e executar". Ver Jayme Portella de Mello, *op. cit.*, p.421.

58 "Lei de Imprensa: a velha e a nova", *Visão*, 6-1-67.
59 "Lei de Imprensa", editorial de 24-12-66.

dade brasileira".[60] Ampliando o alvo de sua denúncia, o jornal paulista identificava as raízes de tal concepção na "filosofia fascisto-militarista nascida das elocubrações" da Escola Superior de Guerra, cujo objetivo seria "incluir na nova conceituação tudo quanto possa de algum modo impedir esses senhores de dar corpo à ideia que fazem da posição e do papel reservado ao Exército no novo Estado". E finalizava: "Estamos assim, sem dúvida possível, em pleno militarismo".[61]

Essas manifestações iniciais foram apenas a ponta de um iceberg de protestos que os órgãos de comunicação levantaram contra a lei. Mesmo o *Jornal do Brasil*, então bastante tímido na crítica ao governo militar, alertaria que "a teimosa insistência com que o governo se obstina em impor sua lei de imprensa revela, com eloquência inaudita, a imperturbável indiferença com que encara o julgamento da opinião pública".[62] De resto, a campanha contra a "lei celerada" mobilizaria as principais entidades nacionais de imprensa, sindicatos e federações de jornalistas. A Associação Brasileira de Imprensa denunciou o projeto "por ser ditatorial e estabelecer para os jornais um clima de terror".[63] Os jornais da capital paulista deram à luz mani-

---

60 "A nova lei de imprensa", editorial de 24-12-66.
61 "A nova lei de imprensa", *op. cit.*
62 "Citado em *Visão*, 13-1-67, p. 14. Até mesmo o jornal *O Globo* que, na expressão do *Jornal da Tarde*, "apoiava a ditadura", assinou o manifesto dos jornais da Guanabara em protesto contra a lei. Cf. John Foster Dulles, *op. cit.*, p.423. A revista *Visão*, cuja linha editorial evitava críticas ao governo, localizava na introdução do conceito de segurança nacional "a principal alteração de caráter político" da lei. Ver 6-1-67, pp. 12. e "Mais um instrumento da ditadura", OESP, editorial de 25-12-66.
63 Cf. as declarações do presidente da ABI, Danton Jobim em "A reação à Lei de Imprensa", *Visão*, 13-1-67, p. 14.

festo contra "a subordinação de todas as atividades públicas e privadas a uma estratégia global do Estado brasileiro".[64] Ainda nos primeiros dias de janeiro, um ato público reuniu quatro mil pessoas no Teatro Paramount, em São Paulo. Em seguida, reunião nacional da imprensa realizada em Brasília marcou o ponto culminante da oposição ao projeto.[65] Qual foi, afinal, o resultado dessa oposição unificada da imprensa à iniciativa de Castelo Branco? A resposta aqui é semelhante à que encontramos para o projeto de Constituição. O presidente cedeu nos pontos extremos da proposta inicial; a imprensa, porém, não alcançou a retirada ou rejeição do projeto.[66]

O avanço da militarização

Uma vez aprovadas, num intervalo de apenas doze horas, a Constituição militar e a Lei de Imprensa, o governo Castelo

---

64 Ver a íntegra em "Manifesto à Nação", CM, 3-1-67. O mesmo jornal publicou no dia 7-1-67 um documento das empresas jornalísticas da Guanabara: "O essencial é garantir a liberdade de pensamento", dizia a declaração.

65 CM, 6 a 12 de janeiro de 1967. A imprensa internacional, à qual o governo parecia especialmente sensível, repercutiu a intensa reação da imprensa brasileira. Além dos principais jornais latino-americanos, a lei em discussão no Congresso mereceu editoriais do New York Times, Times, Guardian e Figaro entre outros. Ver "O nosso agradecimento", editorial do OESP, 14-2-67; "Times condena lei de imprensa", CM, 81-67, p. 18; "A reação à lei de imprensa", Visão, 13-1-67, p.14-15 e John Foster Dulles, op. cit., p.421 e segs.

66 Nesse quadro, Mem de Sá orgulha-se de ter conseguido aprovar a maior parte de suas emendas na comissão, graças ao apoio da oposição e de vários parlamentares da ARENA. Tempo de Lembrar, p.268.

Branco estava longe de seu fim.⁶⁷ Nesta parte final do capítulo, interessa destacar algumas iniciativas presidenciais que fizeram avançar a militarização do Estado. Conforme provisão do Ato Institucional 4, tais medidas não passaram pelo Congresso e foram implantadas com o recurso de decretos-leis. Refiro-me basicamente a duas modificações institucionais. A primeira delas foi a chamada Reforma Administrativa, que alterou profundamente as normas de organização da burocracia do Estado, ao mesmo tempo em que criava um órgão militar cujo papel seria fundamental na estrutura de poder castrense – o Alto Comando das Forças Armadas.⁶⁸ Segundo o já mencionado decreto-lei n.200, de 25 de fevereiro de 1967, o novo organismo era definido como "de assessoramento do Presidente da República, nas decisões relativas à política militar e à coordenação de assuntos pertinentes às Forças Armadas".⁶⁹

O Alto Comando conjunto seria integrado pelos ministros militares, o chefe do Estado-Maior das Forças Armadas e os chefes dos estados-maiores de cada uma das forças. Ao presidente caberia convocá-lo e suas reuniões seriam secretariadas pelo chefe do Gabinete Militar. Como veremos nos capítulos

---

67 Para empregar a expressão de um de seus auxiliares mais próximos, os últimos dias de governo foram vividos "em permanente trepidação". Luís Viana Filho, op. cit., p.477.

68 Há divergência entre os autores que trataram do caráter da reforma administrativa. Para Foster Dulles e Viana Filho, seu aspecto central seria a "descentralização" e a "racionalização" administrativas (*President Castello*, p.444 e *O Governo Castelo*, p.480). Não escapou a Georges-André Fiechter que "o código administrativo estabeleceu a marca final no conceito de política de segurança nacional que, desde a Revolução substituíra o conceito mais restritivo de defesa nacional". *Brazil since...*, p. 117 e segs.

69 *Lex*, XXXI, março a maio de 1967, p.875.

posteriores, o Alto Comando assumiria funções bastante autônomas nos momentos críticos. Além disso, o decreto-lei acima estabelecia que à Presidência da República incumbia a formulação e execução da política de Segurança Nacional, com a assessoria do Conselho de Segurança Nacional, Alto Comando das Forças Armadas, Estado-Maior das Forças Armadas e SNI. O poder militar aprimorava e centralizava seus mecanismos de decisão.[70] (Para a nova organização do aparelho de Estado, ver o quadro no final do capítulo). A reforma administrativa seria coroada por uma medida final. Dias antes da posse de Costa e Silva, o governo Castelo ainda teve tempo para decretar uma nova Lei de Segurança Nacional, que consolidava os princípios já constantes nas seções V e VI da Carta recém-promulgada. Fundada na doutrina da ameaça revolucionária interna, a lei definia conceitos, enumerava crimes e estabelecia penas: especificava, assim, as violações que, segundo disposição constitucional, passavam a ser passíveis de julgamento pela Justiça Militar. As evidências disponíveis atribuem suas origens a estudos do Estado-Maior das Forças Armadas, que forneceram subsídios ao trabalho final

70 A concepção final da reforma foi entregue a um restrito comitê castelista, onde se destacavam os chefes do SNI, general Golbery do Couto e Silva e do Gabinete Militar, Ernesto Geisel. Assim, o presidente encerrava uma longa espera que se iniciara em outubro de 1964, quando começaram as discussões sobre o tema. Os analistas do próprio governo atribuíram tal atraso à capacidade das Forças Armadas em resistir à proposta de criação de um Ministério da Defesa. Luís Viana Filho, *op. cit.*, p.482; "A reforma que vem por último", em *Visão*, 17-1-67, p. 12-13.

do Ministro da Justiça, auxiliado pelo Chefe do Gabinete Militar, sob estrita supervisão do próprio presidente.[71]

O exame dessas modificações nos conduz ao final desta parte. Nela, creio ter demonstrado a atuação do mecanismo central de instabilidade do regime militar: a disputa sucessória no plano da hierarquia. Pudemos observar a situação particular de "dualidade de poder" criada pela existência de dois polos de referência militares. Tal configuração do panorama sucessório, por um lado, permitiria o avanço do projeto de "institucionalização" e, por outro, faria com que a oposição civil à militarização assumisse a forma do anticastelismo. Por fim, o estudo das medidas finais do governo Castelo Branco e da resistência que provocaram consolida a ideia de que é impossível aceitar a auto-imagem dos castelistas como uma tendência "liberal" dentro das Forças Armadas. Esta constatação deve ter importantes consequências para a análise.

---

71 Foster Dulles, *op. cit.*, p.446 e segs. e Luís Viana Filho, p.484. Citando várias entrevistas, o primeiro autor defende que o general Portella deu o aval de Costa e Silva à nova lei.

O palácio & a caserna 137

Quadro 1: Estrutura do Poder Militar (DL 200, 25-2-67)

IV
O novo panorama militar

O propósito deste capítulo é examinar o período que vai da posse de Costa e Silva à eclosão da fase "aberta" da crise política, em abril de 1968. Nessa quadra de latência relativa dos fatores permanentes de crise do regime, interessa à análise aprofundar alguns temas esboçados nos capítulos anteriores. De início, as páginas seguintes querem mostrar como a inauguração do novo governo fez-se sob a égide da polarização que dividira o campo golpista entre castelistas e anticastelistas. Bastariam os primeiros meses da nova situação para desvendar aos olhos da oposição liberal que o castelismo foi a forma assumida, na fase inicial do pós-1964, por um processo de militarização em pleno desenvolvimento. Em pouco tempo, quase nada restariam das expectativas civis de auto-reforma do regime castrense. Não se deve confundir, porém, a polarização característica do último período do governo Castelo com a efetiva configuração dual do panorama militar. Em outras palavras, o fim do período Castelo Branco propicia plena visibilidade a uma das teses centrais deste trabalho: a crítica à visão dualista da dinâmica política do pós-1964. O capítulo propõe uma configuração do panorama militar mais complexa e plural que o simples choque entre "liberais" e "duros" no seio das Forças Armadas. Estabelecidos esses pontos, passemos à observação da paisagem civil no início do segundo governo militar.

O mundo civil: da esperança ao desamparo

> O governo aproxima-se do fim de ano como o começou: sem uma face definida (Editorial do *Correio da Manhã*, 27-12-67)

O dualismo de poder acompanhou o começo do segundo governo ditatorial. Como vimos, a derradeira ofensiva do governo Castelo Branco trouxe insatisfações que projetaram longa sombra sobre o governo de seu sucessor. De tal modo, no início do mandato, o marechal Costa e Silva iria gozar de um conjunto de expectativas favoráveis que pareciam alimentar-se sobretudo do forte sentimento anticastelista, vigente na fase final do primeiro período "revolucionário".[1] O clima positivo que saudou o advento do segundo presidente militar centrou-se na esperança de que Costa e Silva marcasse seu período de governo pelo revisionismo liberal. Incluíam-se aí as perspectivas de reforma da nova Carta e de mudanças nas principais leis de-

---

1   Nesse quadro, a assessoria de Costa e Silva concentrou-se num esforço de "popularização" do futuro presidente, sutilmente fundado na apresentação do sucessor como o anti-Castelo. Cf. Jayme Portella de Mello, *op. cit.*, p.357 e segs. Ver também o relato sobre a formação de um Grupo de Trabalho de Relações Públicas junto à assessoria do futuro presidente, em Hernani D'Aguiar, *op. cit.*, p.282.

cretadas nos últimos meses do governo. Essa fé no revisionismo costista inseria-se num panorama geral de esperanças positivas quanto a uma eventual e mal-definida "abertura" política patrocinada pelo segundo governo militar.

O período Costa e Silva abria-se, assim, sob o signo do anticastelismo: "Tudo se passa, nessa véspera de mudança, entre os adversários do Marechal Castelo Branco, como se, a partir do dia 15 de março, devesse ocorrer uma alteração substancial na situação do país. A posse assinalaria o termo final de insuportável ditadura para abrir nova era de compreensão democrática".[2] Além disso, o anúncio do ministério de Costa e Silva parece ter alimentado esperanças de amplos setores da oposição numa possível orientação "nacionalista" do novo governo, no seio da qual haveria espaço para modificações na política econômico-financeira em vigor.[3] A própria Confederação Nacional da Indústria expressou fortes expectativas de que o segundo governo militar alterasse a política industrial vigente e possibilitasse a

---

2 Carlos Castello Branco, op. cit., p.662. Mesmo o intolerante *Correio da Manhã* reconhecia: "em torno da posse do Marechal Costa e Silva criou-se uma expectativa simpática, a ser ou não confirmada pela realidade". "Esperneio", editorial de 11-3-67.

3 Na crônica da época, nomes como os dos ministros Hélio Beltrão, Macedo Soares e Magalhães Pinto foram saudados como expressão da presença do "empresariado nacional" no novo governo. Já em meados de fevereiro, o *Correio da Manhã* anunciava que "a tônica do governo Costa e Silva será de repúdio ao intervencionismo estrangeiro e de patrocínio da burguesia nacional". "Costa pode definir novo nacionalismo", 14-2-67, p.8, e Mário Pedrosa, "Precisa-se de uma oposição", 19-2-67, p. 3 (4.cad.).

"retomada, em caráter definitivo, de um processo acelerado de desenvolvimento".[4]

Em meio a esse conjunto de expectativas, finalmente liberado do longo e penoso silêncio que se impôs nos últimos meses do governo Castelo, o marechal Costa e Silva desencadeou sonora contra-ofensiva que anunciava o advento de novos rumos para o relacionamento entre o regime e a sociedade. Em seus pronunciamentos como chefe de Estado, prometeu a "humanização" das políticas governamentais, o retorno a "normalidade democrática", a retomada do "diálogo" com estudantes e trabalhadores, assim como o reencontro com o desenvolvimento econômico. Os novos ministros fizeram coro à retórica da "abertura" iminente.[5]

Contudo, pouco tardou para que o discurso revisionista enfrentasse as primeiras intempéries. De início, o agitado período de seu antecessor contrastaria com o ritmo do novo governo. A premência da oposição liberal defrontou-se com a "inércia" de Costa e Silva.[6] Com efeito, os resíduos liberais ainda presen-

---

4 "Retrospecto de 1966 e perspectivas para 1967", D&C, 1(2), fevereiro de 1967, p.3-6. Nas vésperas da posse, o MDB divulgou manifesto onde defendia uma política econômica "desenvolvimentista" e uma apolítica externa independente". "MDB decide pleitear de Costa reforma de base", CM, 14-3-67, p.17.

5 O tom das declarações de alguns ministros pode ser avaliado pelas promessas de Jarbas Passarinho (Trabalho) de que "a liberdade sindical autêntica, cogestão e a participação dos empresários nos lucros das empresas são os pontos fundamentais da política trabalhista do governo". CM, 19-5-67, p.5.

6 Cedo, a crônica política passou a falar da "indefinição" e do "imobilismo" do novo governo. Em seus artigos em O Estado de S. Paulo e no Correio da Manhã, Fernando Pedreira cunhou a expressão kutusovismo para dar conta da tendência de Costa e Silva a "acompanhar

tes no regime militar levantavam questões que exigiam pronta definição do novo governo. Os atos institucionais ainda estão em vigor ou deixam de vigorar com a promulgação da Carta de 1967? A atividade política dos punidos pela "Revolução" é regulamentada pela Constituição ou pelo artigo 16 do AI-2, associado a dispositivos do primeiro Ato Complementar? As respostas a tais questões demoraram a aparecer e, quando vieram à luz, foram negativas. No final de junho, o Ministro da Justiça Gama e Silva anunciaria: "O governo definitivamente não pretende rever as saneadoras medidas revolucionárias no que diz respeito às cassações, nem mesmo admitir emendas constitucionais, de vez que a Constituição tem apenas cem dias".[7]

Outro ponto de atrito entre discurso e processo real configurou-se na atitude do governo face ao irrequieto mundo estudantil universitário. Alvo de algumas das promessas mais incisivas do discurso de "humanização" costista,[8] expressão mais radical da insatisfação da classe média com o avanço da militarização, o movimento universitário não necessitou de muito tempo para confirmar suas previsões negativas sobre a "abertura".[9] A nova

---

a corrente natural dos acontecimentos" e sua "incapacidade para liderar o processo político", em referência a um personagem de Tolstoi em *Guerra e Paz*. Cf. a coletânea *Brasil-Política*, São Paulo, Difel, 1975, p.60-63, 85-88 e 91-92.

7 "Gama: cassações são intocáveis", CM, 27-6-67, p. 14.

8 "O entendimento perfeito entre o governo e as classes trabalhadoras e estudantis existirá no meu governo por obrigação e não por favor", afirmara em março o novo presidente. Cf. Eliezer Rizzo de Oliveira, *op. cit.*, p. 109.

9 "O atual governo da ditadura acenou com promessas demagógicas, mas na prática avança firmemente em seu objetivo de manutenção e desenvolvimento do sistema econômico que sobrevive através da exploração do povo. Por isso, é inviável e enganoso apresentar ao povo

eclosão dos protestos de rua logo desembocaria na retomada da repressão.[10] Em seu conjunto, esses processos pareciam apontar para uma mesma constatação: o fim do castelismo não significaria o fim da ditadura e nem mesmo o tímido início de uma fase de auto-reforma do regime. Nesse quadro, o kutusovismo do novo presidente podia ser visto como expressão da resistência castrense a ceder o mínimo terreno ao mundo político.

É nesse quadro geral de progressiva deterioração de expectativas que busco examinar as práticas da oposição liberal no primeiro período do governo Costa e Silva. Nos parágrafos seguintes, proponho estudar as duas alternativas oposicionistas civis mais relevantes na fase de crise latente do governo Costa e Silva. A primeira delas mereceu menções obrigatórias em todos os estudos dos primeiros governos militares, mas ganhou até aqui pouca atenção específica; a segunda foi praticamente ignorada na literatura sobre os governos militares. Refiro-me, por um lado, ao movimento liderado por Carlos Lacerda e que se batizou como Frente Ampla; por outro, à corrente de opinião civil que, em 1967, concentrou-se nas potencialidades de ressurgimento do nacionalismo militar como canal para a redemocratização e para a reversão da política econômica favorável aos setores associados da burguesia.

---

a perspectiva de redemocratização". *Revisão*, Grêmio Filo-USP, set. 1967, p. 12 e segs.

10 No final de abril, a polícia reprimiu sem maiores escrúpulos uma manifestação contra a presença do embaixador dos EUA no campus da Universidade de Brasília. A partir daí, o "diálogo" foi retirado da pauta. "Estudantes: governo irá rever sua posição", editorial do *OESP*, 27-5-67, p.4. Para o contexto do protesto universitário em 1967, João Roberto Martins Filho, *Movimento estudantil e ditadura militar, 1964-68*, Campinas, Papirus, 1987, p. 117-137.

A possibilidade de renascimento do nacionalismo nas Forças Armadas, em oposição ao "atrelamento" direto às posições norte-americanas, que se atribuía à doutrina da Escola Superior de Guerra, parece ter seduzido vários setores da oposição liberal, embora de forma efêmera. Incluíam-se aí áreas da imprensa e da intelectualidade, do MDB e da própria Frente Ampla.[11] Mesmo na esquerda, pode-se notar indícios de confiança no fortalecimento das correntes nacionalistas no Exército.[12] Antes de examinar as posições desse setor da oposição, cumpre ressaltar certas características que condicionariam suas tentativas de fortalecer as correntes nacionalistas no novo grupo dirigente. O próprio processo político na fase inicial do governo Costa e Silva logo faria com que essas expectativas se transferissem do conjunto das políticas do novo governo para setores cada vez mais restritos do grupo militar dirigente, até se concentrarem unicamente na atuação do ministro do Interior, o general Albuquerque Lima. Além disso, por volta do final de 1967, os indí-

---

11 Maria D'Alva Gil Kinzo. *Oposição e Autoritarismo...*, cit., pp. 108-109 e Carlos Castello Branco, *op. cit.*, p.28-29.

12 O PCB, então enfrentando contínuas cisões, parece ter oscilado entre o apoio ao nacionalismo militar e a participação na Frente Ampla. O relato de Carlos Lacerda enfatiza tal divisão (*Depoimento*, cit., p.383), enquanto o do então deputado paulista Fernando Perrone, eleito com o apoio do PCB, afirma que o partido "entrou de corpo e alma na Frente Ampla" e descreve sua participação pessoal nas reuniões com Lacerda e Juscelino. Ver '68 Praga, São Paulo, Paris relato de guerras. São Paulo, Busca Vida, 1988, 158 p., pp. 68-71. Segundo Jacob Gorender, até mesmo um grupo trotskista, o Partido Operário Revolucionário (POR [T]) confiou nas potencialidades da candidatura de Albuquerque Lima, em 1969. Ver *Combate nas trevas: A esquerda brasileira: das ilusões perdidas à luta armada*. São Paulo: Ática, 1987, 255 p., p.119.

cios de retomada da dinâmica de militarização do regime colaborariam para anular as últimas esperanças civis no potencial democrático das correntes nacionalistas nas Forças Armadas. Antes mesmo de se completar um ano de governo Costa e Silva, parecia evidente que, nas condições da ditadura brasileira, o nacionalismo militar se revelava sobretudo uma variante de militarismo nacionalista.

No início do segundo governo militar, as esperanças civis face ao potencial da nova situação parecem ter se fundamentado nos supostos vínculos entre as mudanças "nacionalistas" que se anunciavam na política externa e as perspectivas de abertura política na frente interna. Na visão desses setores, as posições da ESG, hegemônicas no período Castelo Branco, estariam sendo centralmente rejeitadas à medida em que se anunciavam as novas diretrizes da política externa. Enquanto a doutrina anterior se fundava na existência de um mundo dividido em dois blocos inconciliáveis e na consequente atribuição ao Brasil de um papel "engajado, partidário e comprometido" com o bloco das nações ocidentais, a nova orientação via na situação mundial um abrandamento das tensões, que permitiria ao Brasil lugar mais independente na aliança ocidental. Essa situação deixaria espaço para uma "política de luta e de afirmação nacional".[13]

Por sua vez, dados os vínculos entre posicionamento externo e políticas internas, as perspectivas dos dois governos militares no plano doméstico deveriam ser portadoras de signos

---

13 Carlos Castello Branco, Os militares no poder - O Ato 5, Rio de Janeiro: Nova Fronteira, 1978, 563 P., p.28-31 e 101. Ver também o CM: "Expectativas", editorial de 7-4-67, onde se fala em "retomada de uma posição nacionalista e realista"; "Costa e Silva anuncia política externa livre de compromissos" (6-4-67, p. 1) e "A questão militar", de Paulo Francis (14-3-67, p.6).

bastante diversos. Enquanto o governo Castelo Branco enfatizava a necessidade de promover o ajustamento do programa de desenvolvimento interno às metas de segurança do bloco ocidental – o que lhe atribuía um nítido caráter conservador e de contenção interna – o governo Costa e Silva haveria de "estimular a expansão das forças locais" e a " estratégia de alívio e de descompressão". Em outros termos, a definição nacionalista na política exterior estaria necessariamente vinculada à democratização no plano interno.[14]

Como se nota, vem à luz aí um quadro dualista de análise da situação militar, mas com os signos trocados: os duros seriam os castelistas e as tendências democratizantes se aglutinariam em torno dos costistas. Voltarei a esse ponto mas adiante. Aqui, devemos perceber que essa definição inicial do nacionalismo no novo governo sofreria rápido desgaste, em face do que era percebido como "indefinição" política de Costa e Silva. A compreensão dessa dinâmica exige o exame de um caso mais concreto. Proponho considerar brevemente as posições de um dos principais porta-vozes das expectativas nacionalistas efemeramente depositadas no governo Costa e Silva. Trata-se, mais uma vez, do jornal *Correio da Manhã*.

De início, o influente diário carioca compartilhou as esperanças de que a ascensão de Costa e Silva abria perspectivas de consolidação de um novo nacionalismo militar, com reflexos democratizantes na frente interna. Assim, ao mesmo tempo em que aplaudia as iniciativas na área das políticas externa, nu-

---

14 Fundando-se na análise acima, Carlos Castello Branco dizia: "Voltamos assim ao signo da política chamada progressista". Ver *op. cit.*, p.31 (7-4-67). E mais adiante: "o que pensa o Marechal e Silva é, de resto, o que pensam os membros militares da Escola Superior de Guerra". Cf. *op. cit.* p. 101 (4-7-67).

clear e de desenvolvimento da Amazônia, o matutino passava a defender o reencontro do governo com as forças populares, como única via para fortalecer as correntes nacionalistas face a seus adversários, no interior das Forças Armadas.[15] Ao mesmo tempo, movia cerrada crítica à outra alternativa oposicionista liberal, presente no cenário político em 1967. Em sua visão, a Frente Ampla, seria "um movimento sem autenticidade ideológica, de moralidade duvidosa e de incontestável inoportunidade política".[16] Mas o desconsolo da oposição liberal com os rumos da política governamental logo se faria refletir nas páginas do *Correio*. Para o jornal, cumpridos seis meses de sua administração, o governo Costa e Silva via-se incapaz de alcançar um mínimo de organicidade e coerência: seu isolamento político, diante da "incapacidade" de efetuar as prometidas reformas, impedia maior repercussão das medidas nacionalistas.[17]

Enfim, no final de 1967, a própria esperança que o jornal ainda depositava na atuação do ministro do Interior seria soterrada pelos indícios cada vez mais fortes de que o general Albuquerque Lima concentrava seus esforços no precoce lan-

---

15 Cf."Átomo e soberania" (12-7-67); e os artigos de Paulo Francis, "A questão militar" (14-3-67), "A luta pelo poder" (26-11-67, p.6, 4.cad.) e "O dilema do Marechal" (22-12-67).

16 Ver "Frente Ampla"(editorial de 6-10-67). Aí, após o anúncio da aproximação de Lacerda com Goulart, o *Correio* dizia: "A Frente não é mais ampla. É Frente Única. De um homem só. Para um homem só". No entanto, um dos principais porta-vozes da Frente, Hermano Alves, escrevia regularmente no jornal.

17 Poucas semanas depois, os indícios de manutenção da política econômica eram vistos como incompatíveis com os anúncios de Albuquerque Lima sobre um programa militar nacionalista para a Amazônia. "Opção inevitável", editorial de 12-9-67 e o artigo de Paulo Francis, "O dilema do marechal" (22-12-67, p.6).

çamento militar de sua candidatura a sucessor de Costa e Silva, com desprezo pelas esperanças civis de redemocratização.[18] No início de 1968, comentando o discurso de fim-de-ano do marechal Costa e Silva, o *Correio* denunciava: "Predomina uma sensação de perplexidade, desconfiança e frustração em todas as camadas sociais"; o governo se enquadra no "conservadorismo contencionista" e se caracteriza por um "monólogo confuso".[19] Os acontecimentos seguintes só fariam confirmar tais constatações. Antes, porém, e necessário examinar a atuação de outra corrente da oposição liberal em 1967.

A Frente Ampla

O que foi a Frente Ampla? O que distingue suas perspectivas políticas das posições acima examinadas? Como se definiu a rota de colisão que acabou levando o governo militar a decretar o seu banimento do cenário político, em abril de 1968? A meu ver as respostas a tais indagações devem partir da consideração dos limites políticos mais amplos que então se colocavam à atuação dos setores sociais que a Frente procurou prioritariamente representar. Refiro-me aqui à fração nacional do empresariado, que vimos denominando de média burguesia.

No entanto, a própria constatação de que as correntes pró-nacionalismo militar buscavam expressar os anseios desses grupos sociais parece comprovar a necessidade de efetuar uma análise dinâmica dos fatores que definiram a trajetória da Frente Ampla. Só assim acredito ser possível compreender o processo

---

18 Lúcia Maria Gaspar Gomes, "Cronologia do primeiro ano do governo Costa e Silva", in *Dados*, Rio de Janeiro, 4: 199-220, 1968, p.219 e Carlos Castello Branco, *Op. cit.*, p.218. .
19 "Balancete", editorial de 3-1-68.

que levou o movimento fundado por Carlos Lacerda a romper não apenas com o governo Costa e Silva mas com as próprias bases militares tradicionalmente próximas do lacerdismo.

Caminho encontrado pelo ex-herdeiro civil da "Revolução" para dar continuidade à sua campanha contra o presidente Castelo Branco, já em 1966 a Frente se apresentou como tentativa de rearticulação dos líderes políticos marginalizados pelo regime militar com o objetivo de mobilizar a "opinião pública" a favor da redemocratização, através de um apelo de cúpula. No plano social mais amplo buscou se apresentar como porta-voz dos anseios "antiditatoriais" da média burguesia, levantando a bandeira da "preservação da soberania nacional" e da "retomada do desenvolvimento econômico", já hasteada por entidades como a CNI, desde 1965.[20] No governo Costa e Silva, procurou aparecer como alternativa civilista para os mesmos anseios que, em outra vertente, se concentraram nas potencialidades do nacionalismo militar. O quadro geral de sua atuação sofreria os limites estruturais que nessa fase caracterizavam a atuação dos setores não associados do empresariado: a fragilidade da média burguesia diante da hegemonia do grande capital, bem como sua incapacidade para estabelecer alianças efetivas com os setores populares.[21]

Mas é no plano da conjuntura que efetivamente podemos compreender as vicissitudes sofridas pelo movimento de Carlos Lacerda. Na conjunção política que marcou a transferência do governo, a Frente Ampla não escapou à polarização que em

---

20   Em seu Programa-Mínimo, divulgado em fins de março de 1967, o movimento pregava a anistia geral, a elaboração de uma Constituição democrática, garantindo o direito de greve e a pluralidade de partidos e o restabelecimento das eleições diretas. Lúcia M.G. Gomes, p.208.
21   Cf. Décio Saes, *Classe média...*, *op. cit.*, p. 197 e segs.

torno do novo marechal-presidente agrupou o conjunto das forças anticastelistas. No acender das luzes do novo governo, os líderes da Frente parecem ter compartilhado as expectativas despertadas pela composição do ministério e pelo anúncio de uma série de medidas de teor "nacionalista". Mais especificamente, alguns dos principais políticos cassados acreditaram que o futuro podia reservar ao menos uma distensão nas restrições à sua atividade pública. Essa conjuntura configurou uma série de previsões as mais variadas sobre o destino do movimento, que iam da pura extinção - porque não mais existia o castelismo - a sua cooptação, no quadro da estratégia geral de distensão do presidente recém-empossado.[22]

A hipótese da cooptação encontrou eco em altos círculos acadêmicos. Era esse o cerne da análise então publicada pelo cientista político Cândido Mendes, que se propunha a configurar as "relações entre os atores e seus papéis objetivos" e prever as "linhas de força" da provável evolução do novo governo.[23] Por várias razões, esse texto merece breve exame, à guisa de introdução à nossa própria abordagem da trajetória da frente lacerdista.[24] Escrevendo no calor da hora, aquele autor procu-

---

22 "A Frente Ampla do Sr. Carlos Lacerda, a que aderiu o Sr. Juscelino Kubitschek, morreu no dia 15 de março último", dizia a 5 de abril de 1967 Carlos Castello Branco, prevendo que só restaria aos líderes do movimento fundar um novo partido, op. cit., p.27.

23 "O governo Castelo Branco: paradigma e prognose", op. cit.

24 Entre outros motivos, porque o trabalho de Mendes pode ser visto como expressão dos limites da aplicação do modelo de elite de poder num contexto histórico concreto. Ao comentar essa vertente de análise do pós-1964, Fernando Henrique Cardoso já salientara que "os modelos políticos construídos parecem estar tão rentes aos acontecimentos que se desmancham com a mesma rapidez com que os

rava caracterizar a mudança que se anunciava na transferência de poder de um a outro marechal. Em seu enfoque, o fim do governo Castelo Branco permitia entrever o esgotamento das características tecnocráticas do regime de elite de poder que deveria adquirir traços de um governo de estamento militar. Na nova situação, o planejamento racionalista do período Castelo deveria se subordinar ao projeto costista de ampliação da legitimação e das alianças do regime, o que implicaria no retorno a algumas das práticas tradicionais de cooptação da política brasileira. Interessa salientar que a análise de Mendes fundava-se no pressuposto de que o governo Costa e Silva era portador de uma estratégia política clara e definida, "com a preocupação visível de atrair as facções mais próximas, pelos seus suportes sociais e econômicos, de um governo de elite de poder e acidentalmente jogadas na oposição".[25]

Aí ele insere sua opinião sobre o lugar que caberia à Frente Ampla na nova conjuntura. O governo Costa e Silva, patrono de uma abertura que definia a própria possibilidade de atuação da Frente, movia-se no sentido de legitimá-la, ao mesmo tempo em que procurava dividi-la. Para tanto, trataria de cooptar uma de suas vertentes, o lacerdismo, estimulando-a a criar um terceiro partido, no mesmo passo em que marginalizaria o juscelinismo. Mas este último deveria permanecer como reserva estratégica para desempenhar um eventual papel de "mediador futuro da legitimação". Toda a análise de Cândido Mendes se baseava, assim, na certeza de que o novo presidente não se

ziguezagues da política vão destruindo os projetos que os grupos de poder elaboram" (*O modelo político brasileiro, op. cit*, p.72).
25 Cf. p. 109. Perspectiva semelhante aparece na análise de Eliezer Rizzo de Oliveira. Ver *op. cit.*, p.81 e segs.

desviaria dos "eixos coparticipação-legitimação", chave de seu projeto político.[26] Nesse contexto, a Frente Ampla seria uma "passagem forçada" para a ampliação do pacto de poder.[27] O processo real negou-se teimosamente a corroborar as previsões da Ciência Política. Mas, antes de abordar a trajetória efetiva da Frente Ampla, vale rever com mais atenção a forma que assumia, no trabalho de Cândido Mendes, a questão da militarização do Estado. Ao analisar as "linhas de força" prováveis na nova situação, ele propunha que o governo Costa e Silva anunciava o surgimento de uma nova forma de bonapartismo, que aliaria o planejamento, o reformismo e a ampliação do pacto de poder, com o lançamento temporâneo da democratização. Mais especificamente, Mendes previa o advento de "um efetivo nasserismo, com acréscimo da componente nacionalista, mediatizada pela expansão do novo "managerialismo" militar, que já indica fortemente o novo estilo da tripulação do aparelho público".[28] Desnecessário dizer que se revela aqui, no quadro do paradigma elitista burocrático, mais uma variante da confiança civil na alternativa nacionalista militar.

---

26 Para ele, "o costismo, que não existe como força ao iniciar-se seu mandato, pode-se transformar num novo vetor do processo político brasileiro se conseguir se colocar a vau entre o plano tecnocrático e o da velha dinâmica do poder nacional" (p. 109).

27 Além do aspecto evidente da supervalorização do discurso oficial, é interessante reter o determinismo de sua análise de conjuntura: "impondo-se pelas decisões irreversíveis que assumiu uma dessolidarização programática e de estilo com o governo anterior, a nova administração parece já estar condenada a um determinado paradigma". Cf. *op. cit.*, p. 110. Quanto à Frente, ver a certeza de que esta não conseguiria "trazer para suas fileiras o Sr. João Goulart, indício de seu pequeno fôlego em crescer para a esquerda". *Op. cit.*, p. 107.

28 Cf. *op. cit.*, p. 110.

Ao contrário das previsões, a trajetória da Frente Ampla em 1967 não foi marcada pela cooptação mas pelo confronto. No processo de progressivo esgotamento do revisionismo costista, onde a inércia institucional do presidente convivia com a reativação das pressões militares, A Frente de Lacerda e Kubitschek viu no protelamento das promessas de revisão constitucional e de anulação das cassações o caminho seguro para sua asfixia política. Intrinsecamente de cúpula, limitado estruturalmente pela impossibilidade de ativação dos mecanismos populistas de mobilização popular, não podia sobreviver no clima de restrição da liberdade de movimentos de seus principais líderes. E, no entanto, foi esse o caminho seguido pelo governo Costa e Silva no tratamento da questão dos cassados. Sem avançar nada para passar da retórica à prática reformista, sensível às pressões militares que expressavam a inquietação dos quartéis com os rumos das alianças buscadas por Lacerda, o governo não tardou a anunciar que se equivocavam os que esperavam a revisão das punições "revolucionárias".[29]

Mais do que isso, logo se intensificaram as pressões sobre os cassados, sobretudo o ex-presidente Kubitschek.[30] Não foi de todo surpreendente o caminho que restou ao líder da Frente. Acuado pelo governo, sem perspectivas de ampliação de suas

---

29 "O governo não procederá a qualquer revisão dos atos revolucionários", diria o ministro Gama e Silva. CM, 16-5-67, p.1.

30 Em julho, Juscelino era ameaçado de confinamento, caso saísse um manifesto seu anunciando encontro com o ex-presidente Jânio Quadros (CM, 11-7-67, p.8). No início de junho, a crônica política registrava o que parecia ser uma constatação geral: «politicamente, já não há razão para expectativa no que se refere aos rumos do governo Costa e Silva. Os rumos estão traçados. (...) Para os impacientes, a Revolução afirmou-se como interminável". Carlos Castello Branco, op. cit., p.77.

bases políticas, Lacerda arriscou o passo que, em seu cálculo, criaria um fato político capaz de trazer à Frente Ampla as simpatias das forças populares.[31] Ao firmar com o ex-presidente João Goulart o "Pacto de Montevidéu", o ex-governador atravessou o perigoso limite que, na visão geral dos militares, protegia o pós-1964 da terra proibida do passado.[32] A partir de setembro de 1967, todas as correntes militares passam a reivindicar a proibição da Frente. Falando na caserna, o general Albuquerque Lima exprimiu com precisão o alicerce da unidade militar, atacando a Frente como "um movimento destinado a reconstituir a situação anterior à Revolução de 1964".[33]

Assim, antes mesmo de testar a eficácia de sua aproximação com Goulart e diante da maré montante das pressões militares sobre os cassados, Carlos Lacerda viu seu movimento chegar ao final de 1967 reduzido a esporádicos ataques verbais contra o governo, eco tímido da tradição das catilinárias udenistas. As tentativas de aproximação com o movimento sindical não chegaram a mudar a rota que levou ao naufrágio da Frente, em abril de 1968. Em suma, eram pouco promissoras as perspectivas políticas da oposição liberal às vésperas da crise de 1968.

---

31 Ver a este respeito, seu *Depoimento*, p.379 e segs.

32 De certa maneira, o ex-governador apenas agravou o humor militar que, por ocasião da morte do presidente Castelo Branco, exigira punição exemplar do jornalista Hélio Fernandes, notório lacerdista, autor de um necrológio considerado um "insulto às Forças Armadas". Ver Lúcia Maria Gaspar Gomes, p.209; Ronald Schneider, p.212 e Eliezer Rizzo de Oliveira, p.90.

33 Lúcia M. Gaspar Gomes, *op. cit.*, p.212. Ver as próprias declarações de Lacerda sobre o impacto de sua atitude na área dos «duros» em *Depoimento*, cit., p.381 e segs. e as declarações do coronel Ruy Castro em "Militares condenam o Pacto de Montevidéu", *CM*, 26-9-67, p.9.

Alvo cada vez mais evidente das pressões militares que visavam afastar qualquer risco de "volta ao passado", a Frente Ampla não parecia capaz de ampliar suas bases de apoio civil e se chocava contra o muro da unidade militar. Por sua vez, os adeptos do nacionalismo fardado, impotentes diante da visível opção de Albuquerque Lima por uma estratégia "eleitoral" concentrada nos quartéis, viam esfumar-se as possibilidades de democratização via nacionalismo castrense. Feitas as contas, a oposição liberal entrava em 1968 em total dependência da definição do jogo político no campo militar. É para a situação castrense, assim, que nos conduz novamente a análise.

O panorama militar: crítica da visão dualista

Em outra parte deste capítulo, referi-me à necessidade de distinguir entre a polarização do quadro castrense no final do governo Castelo e uma dinâmica militar dual da ditadura brasileira. Neste ponto do trabalho, posso apresentar de forma mais completa minha crítica a uma visão que considero hegemônica nos estudos sobre o regime castrense no Brasil. Trata-se da ideia de que a dinâmica político-militar do regime configurou-se a partir de um choque entre duas forças fundamentais: a corrente castelista ou esguiana, vista como "liberal" e "internacionalista" e a chamada "linha dura", à qual se atribuem traços "autoritários" e "nacionalistas". De forma clara e sintética, essa perspectiva aparece nas palavras de um dos principais estudiosos do fenômeno militar no pós-1964:

> Os governos militares foram marcados desde 1964 por um conflito permanente entre, de um lado, a orientação política da Escola Superior de Guerra (abertura da economia ao capital estrangeiro,

filiação política e ideológica com o Ocidente, alinhamento com os Estados Unidos quanto à política externa, manutenção do poder legislativo e dos partidos políticos tradicionais etc.), principal apoio da candidatura do general Castello Branco à presidência da República em 1964, e de outro lado, as pressões dos setores militares "duros", partidários da repressão sistemática dos movimentos sociais em nome do combate contra o comunismo e da adoção de uma política econômica nacionalista, em particular no setor das riquezas naturais (energia). Estas diferenças táticas apareceram imediatamente após o golpe de Estado (...). Do ponto de vista estratégico, havia entre estes grupos a visão de um projeto nacional referente à acumulação capitalista acelerada e à predominância dos interesses da grande burguesia monopolista (projeto Brasil Grande Potência) [34]

Não foi esse autor, no entanto, o primeiro a propor essa tese. Já me referi anteriormente à análise elitista burocrática de Alfred Stepan e à sua tendência lógica a procurar no processo histórico do pós-1964 uma elite paradigmática, encontrada, enfim, no grupo vinculado à Escola Superior de Guerra. Como apontei, o viés burocrático característico do estudo de Stepan o levou a enfatizar a formação profissional e acadêmica na caracterização dos castelistas, de forma a configurar seu caráter atípico no conjunto das Forças Armadas brasileiras. Ao fazê-lo, como vimos, aquele estudioso deixou de lado a história concre-

---

34 Eliezer Rizzo de Oliveira, "Conflitos militares e decisões políticas sob a presidência do general Geisel", in Alain Rouquié, *Os partidos militares no Brasil, op. cit.*, p.114-153, p.119.

ta das lutas políticas no interior do aparelho militar na década anterior, que revela o grupo da ESG como um dos mais típicos representantes da corrente militar antinacionalista e antipopular no período 1945-64. Essa a análise que permite a Stepan defender que uma das principais características do governo Castelo Branco foi seu "compromisso intelectual com a democracia".[35] Do ponto de vista da história de nossa sociologia, minha hipótese aqui é que essa visão, originária do paradigma elitista em tela, com sua ênfase nos traços racional-burocráticos e seu privilegiamento do discurso e dos projetos, em detrimento das práticas políticas ganhou força em outros campos intelectuais no contexto do final do governo Médici, quando um castelista, o general Ernesto Geisel, firmou-se como candidato do regime à sucessão e trouxe à luz seu plano de "distensão" política controlada.

Em contraposição às ideias dualistas, minha perspectiva pode ser resumida em duas teses centrais. A primeira delas defende que é difícil falar de um grupo militar "liberal" atuante no pós-1964 brasileiro. No quadro deste trabalho, remeto à análise do capítulo anterior sobre o processo político na fase em que os castelistas estiveram no governo. Ali, procurei mostrar como, em suas práticas concretas, o grupo castelista revelou

---

35 Uma leitura atenta da análise de Stepan sobre o governo Castelo revela outro efeito do paradigma elitista burocrático. Ao enfatizar na caracterização dos castelistas os traços ressaltados na própria autoimagem daquela corrente, Stepan parece aceitar a oposição entre "racionalidade" castelista e "irracionalidade" das ideologias às quais aquela corrente se contrapunha. O grupo esguiano é definido, assim, pela "política externa ativa e anticomunista, baseada na interdependência do mundo livre" e pela "aversão e desconfiança face ao 'nacionalismo irracional' e ênfase nas soluções 'realistas e técnicas'". The Military in Politics, op. cit, p. 231-34.

um nítido componente "duro" complementado por um acentuado pragmatismo. Dispenso-me, assim, de aprofundar outros pontos que complementariam essa visão. Falo das evidências de que, desde o seu surgimento, o grupo da ESG liderou as correntes militares golpistas, pregoeiras frequentes da ruptura da via democrática.[36] Ou, no plano do discurso e dos projetos, a constatação de que, embora o castelismo se apresentasse como defensor da "democracia ocidental", a teoria dos "objetivos nacionais permanentes" da doutrina da Segurança Nacional anule princípios básicos do liberalismo moderno.[37]

Minha segunda tese é que a própria ideia de uma configuração dual do quadro militar no pós-1964 é incorreta. Depois do expurgo das forças castrenses nacionalistas e populares, a paisagem das correntes políticas atuantes nas Forças Armadas brasileiras caracteriza-se por uma pluralidade de posições e por uma complexidade de fatores de desunião e cizânia que impede uma análise em termos duais. Em outras palavras, não apenas é difícil falar de um quadro dualista com um polo liberal,

---

36 Basta citar aqui o "Manifesto dos Coronéis" de fevereiro de 1954, elemento crucial na crise que levaria ao suicídio de Vargas. De sua redação participaram Golbery do Couto e Silva, Jurandir de Bizarria Mamede e Ademar de Queirós, castelistas históricos. Ver Israel Beloch & Alzira Alves de Abreu. *Dicionário Histórico-Biográfico Brasileiro, 1930-1983*. Rio de Janeiro, Forense/Finep/Cpdoc, 1984. p.2054, 2856 e 3157. Para a íntegra do documento e a lista de seus signatários, ver Oliveiros Ferreira, *As Forças Armadas e o desafio da Revolução*, Rio de Janeiro: Edições GRD, 1964, 152 p., p.122-129.

37 Aqui, remeto ao texto já mencionado de João Quartim onde ele lembra que, na DSN, "o princípio fundamental e universal da democracia moderna, de que a soberania nacional reside no povo e é exercida por seus representantes, é frontalmente violado na questão crucial de determinar quais são os interesses da nação". "Alfred Stepan e o mito ", cit., p.192.

como de uma dinâmica dualista *tout court*. Assim, se a hipótese dualista com um polo liberal castelista parece equivocada, tampouco seria correta a visão hegemônica na conjuntura de 1966-67, que exaltava as potencialidades de um dualismo onde o polo autoritário seriam os castelistas, e as virtualidades liberais estariam no novo grupo dirigente. Pouco percebida na literatura sobre os governos militares, efêmera na medida em que não sobreviveu ao "endurecimento" costista, essa vertente dualista "no calor da hora" invertia, assim, os termos da equação: aí, o processo político-militar do pós-1964 definia-se basicamente pelo conflito entre o "autoritarismo" e o "pró-americanismo" dos castelistas e as tendências "liberais" ou "nacionalistas" remanescentes nas Forças Armadas.[38]

Feitas essas considerações, proponho como hipótese de trabalho, a ser verificada nos capítulos seguintes que, uma vez superada a polarização do final do governo Castelo, é possível localizar pelo menos quatro grupos diferentes no interior das Forças Armadas. A consideração de uma pluralidade de forças militares deve ser compreendida, no entanto, dentro de uma visão que constitui outra tese crucial deste trabalho. Refiro-me à ideia de que a desunião militar se dá no quadro mais amplo da fundamental unidade política das Forças Armadas brasileiras no pós-1964. Em outros termos, a presença de divisões dentro do campo militar é secundária em relação à reiterada união dessas forças na defesa da "Revolução de 1964" e no ataque a qualquer tentativa de rearticulação autônoma do campo "político". Não por acaso, a eclosão de guerra quase aberta de posi-

---

38 Ver, por exemplo, Hermano Alves, "Sabatina", *CM*, 6-7-67, p.6; e Edmundo Moniz, "Dualidade de poder", Idem, 2-8-67, p.7.

ções militares só seria possível em 1969, quando não há mais qualquer oposição civilista em presença.

Esclarecidos esses pontos, podemos passar ao panorama militar no início do governo Costa e Silva. Proponho começar tal abordagem por um breve exame da distribuição de algumas posições-chave no aparelho militar do novo governo. Destacam-se aí a chefia do Exército (tanto o ministério como o Estado-Maior desta força), do Estado-Maior das Forças Armadas, do Gabinete Militar da Presidência e do Serviço Nacional de Informações. Em seguida, viriam os outros ministérios militares, os comandos mais importantes – sobretudo o do I Exército – e alguns ministérios civis onde já se criava uma tradição de administração militar. Vale lembrar que os três ministros militares, o chefe do Estado-Maior conjunto e os três chefes dos Estados-Maiores de cada força formavam o crucial Alto Comando das Forças Armadas.[39]

A primeira indagação refere-se aos castelistas. Com o advento do novo governo, que capacidade demonstrou o antigo grupo dirigente de manter posições no aparelho de Estado? O exame do destino político dos principais expoentes militares do castelismo aponta para uma nítida operação de retirada, com a manutenção de alguns sítios estratégicos. Desses, o mais importante, foi o ministério do Exército (que, com a reforma administrativa de 25 de fevereiro de 1967, substituiu o antigo ministério

---

39 Sem corroborar suas conclusões, a análise seguinte beneficiou-se da leitura das obras já citadas de Ronald Schneider, p.204-211; Peter Flynn, p.378-382; Georges-André Fiechter, p. 123-26 e 249-51; Alfred Stepan, p.229-252 e Eliezer Rizzo de Oliveira, pp.81-91. Procurei preencher as lacunas de análise conjuntural aí encontradas com minha própria pesquisa no *Correio da Manhã* e em Carlos Castello Branco, *Os militares*, vol.ll; Jayme Portella de Mello, *op. cit.*, e Lucia Maria Gaspar Gomes, p. 199-220.

da Guerra"). Seu novo titular, Aurélio de Lyra Tavares, sem pertencer ao grupo íntimo dos castelistas históricos, dirigira a ESG no governo Castelo Branco. A indicação de Lyra - fruto, aparentemente, de uma avaliação realista da situação militar - despertou tensão nas áreas de apoio a Costa e Silva.[40] Orlando Geisel, por sua vez, ex-chefe do III Exército, um dos maiores expoentes do grupo castelista e inimigo frontal da candidatura Costa e Silva, foi nomeado para a chefia do Estado-Maior do Exército e, em 1968, para a do Estado-Maior das Forças Armadas. À exceção desses nomes, os quadros castelistas afastaram-se do centro dos acontecimentos ou foram nitidamente marginalizados. Segundo o general Hugo Abreu, "até os comandantes militar es mais ligados ao ex-Presidente foram considerados suspeitos e colocados em funções menos expressivas".[41]

No entanto, já nos primeiros meses do governo Costa e Silva ficou evidente que o antigo grupo dirigente não pretendia desaparecer do cenário político. Não por acaso, a retórica

---

40 Na reunião de fevereiro de 1966, na qual Costa e Silva apresentou o ministério aos generais que apoiaram sua candidatura, o nome de Lyra foi o único a despertar resistência: "Os partidários do general Syzeno mostraram-se surpresos e deram a perceber que não estavam satisfeitos". Jayme Portella de Mello, op. cit. op. 399

41 O outro lado do poder, Rio de Janeiro: Nova Fronteira, 1979, 208p., p.17. Cordeiro de Farias se afastara em 1966, em protesto contra a confirmação da candidatura de Costa e Silva. Golbery do Couto e Silva foi nomeado para o Tribunal de Contas da União e Ernesto Geisel, para o Superior Tribunal Militar. Em novembro de 1966, a promoção de Geisel a general de Exército, parte de uma bem-sucedida ofensiva final dos castelistas na área militar, prejudicou sobretudo o general Syzeno Sarmento. Na undécima hora, Costa e Silva conseguiu eximir-se de nomear Geisel para a chefia do IV Exército. Cf. Ronald Schneider, p.210e segs., Daniel Krieger, p.266 e Jayme Portella, p.407.

revisionista que inaugurou o segundo período revolucionário encontrou sua primeira contestação num conjunto de pronunciamentos de autoridades do governo anterior.[42] O objetivo dessa ofensiva parecia duplo: por um lado evidenciava-se uma ação preventiva contra os ataques de personalidades civis do anticastelismo, principalmente o ministro Magalhães Pinto e o ex-governador Carlos Lacerda.[43] Por Outro, sobrevinha o intuito de defender a política de desenvolvimento do governo Castelo, alvo de uma aparente ofensiva "nacionalista" cujo aspecto mais sonoro foi o anúncio de uma nova política externa – que negava o alinhamento automático do Brasil com os Estados Unidos e reintroduzia a divisão do mundo entre países "desenvolvidos" e "subdesenvolvidos".[44] O revivescimento castelista concentrou as atenções da imprensa, que passou a prever possível "tutela" do ex-grupo dirigente sobre o governo Costa e Silva.[45] Mas um fato imprevisível teria efeito maior sobre a atuação dessa corrente: em julho de 1967, a morte do marechal Castelo Branco retirou aos seus liderados o polo vital de articulação.[46]

---

42 "Ameaças" e "Pressões", editoriais de 21-4-67 e 27-5-67, *CM*; Castello Branco, p. 39-44.

43 "Magalhães acusa Castelo de ter exercido poder pessoal", *CM*, 23-5-67, que cita a entrevista do ministro à televisão.

44 "Sorbonne estaria pronta para mudar sua doutrina", *CM*, 11-7-67, p.8.

45 *CM*, 18-4-67 a 27-5-67 e Castello Branco, op., cit., p. 39-57.

46 Daniel Krieger afirma que, pouco antes da morte de Castelo, foi convidado pelo ex-presidente para participar de um esforço comum para barrar iminente ofensiva do governo para "romper a legalidade". Na visão do senador, Castelo antecipava, assim, os processos que desembocaram no AI-5. Analisada no quadro das evidências que examinei, a advertência de Castelo parecia referir-se mais especificamente às atividades da Casa Militar da Presidência, que examinaremos adian-

A segunda tendência militar mais evidente nessa primeira fase do governo Costa e Silva é a chamada "linha dura". Sua importância aparece no próprio lugar que conferem a esse grupo os principais estudiosos do período militar brasileiro. Com algumas variações, a tese central parece *ser* a de que a linha dura é o próprio governo Costa e Silva.[47] A perspectiva deste trabalho exige encarar com cautela esse ponto. De início, é preciso salientar que, no decorrer de 1967, os coronéis da "linha dura" chocaram-se com figuras centrais do governo Costa e Silva. Além disso, o exame das atividades desse grupo na primeira fase do novo governo evidencia sinais de perplexidade, desorientação e desarticulação. Em minha hipótese, isso se devia, por um lado, justamente a sua parcial marginalização nas decisões e, por outro, ao visível impacto negativo das idas e vindas de seu ideólogo mais tradicional, o ex-governador Carlos Lacerda. Mas é crucial enfatizar que os "duros" – considerados aqui, basicamente, como o núcleo de oficiais que se agrupa em torno dos coronéis Boaventura e Ruy Castro – parecem ter sofrido sempre de uma dificuldade específica: sua incapacidade para estabelecer relações orgânicas com a hierarquia militar. Mais adiante, como veremos, esse fator se apresentaria como crucial na derrota de suas posições. Em tal quadro, no novo esquema de poder, os "duros" estariam mais diretamente representados no ministério das Minas e Energia, chefiado pelo co-

---

te. Mais importante, porém, é reter esse indício de que o grupo castelista pretendia manter-se articulado e ativo. *Desde as missões*, p. 275.
47 Ver as análises de Eliezer Rizzo de Oliveira, p.83; Alfred Stepan, p.248e segs. Para um artigo dedicado a essa corrente militar, ver Daniel Zirker, "Civilianization and authoritarian nationalism in Brazil: ideological opposition within a military dictatorship, *Journal of Political and Military Sociology*, 14: 263-74. Fall 1986.

ronel da reserva Costa Cavalcanti e sobretudo, no importante comando do I Exército, que agrupava a maior concentração de forças militares do país, com sede no Rio de Janeiro. Sua chefia foi entregue, em janeiro de 1968, ao general Syseno Sarmento, ex-secretário da Segurança de Carlos Lacerda.

Em fins de junho de 1967, a entrada em cena dos "duros" trouxe de volta à cena a cizânia militar. Refiro-me ao episódio da convocação semi-clandestina do ministro da Fazenda, Delfim Neto, para uma "sabatina" na casa de um dos coronéis, com o propósito de marcar suas divergências com a manutenção da política econômica castelista.[48] A partir daí, a presença das pressões da "linha dura" no cenário político seria uma constante. Contudo, ao invés da suposta integração no novo esquema de poder, suas práticas parecem apresentar crescentes indícios de marginalização. Já em meados de agosto, surgem sinais de desentendimentos entre os coronéis e o chefe da Casa Militar, general Jayme Portella. Centrada justamente no descaso do novo grupo dirigente face aos apelos de participação direta dos "duros", a desavença parece ter resultado numa frustrada ofensiva desse grupo para derrubar os chefes da casa civil e mi-

---

48 Na reunião, os coronéis Castro, Boaventura, Raposo, Carvalho e Lemos teriam pressionado o ministro a realizar emissões para financiar investimentos produtivos. "Linha dura tem sugestões", CM, 26-4-67, p.8. No início de julho, Castello Branco anotava que a linha dura "rearticula-se como força de pressão revolucionária e como instrumento de tensão e de crise". Para ele, os objetivos dos "duros" seriam: 1) incentivar uma política de desenvolvimento econômico; 2) propor soluções nacionalistas para os problemas nacionais e 3) impedir o retorno à situação do pré-64, com o recurso "inclusive à violência". Os militares vol. II, p.99-109. Para Hermano Alves, os "duros" tinham sustentação na Marinha no chamado "Grupo Revolucionário da Armada". "Sabatina", CM, 6-7-67.

litar de Costa e Silva.[49] O golpe de misericórdia na pretensão da "linha dura" de se apresentar como o núcleo militar do governo Costa e Silva viria, porém, com uma Iniciativa que se deu longe dos quartéis, nos sinuosos atalhos do campo "político". Trata-se, aqui, da aproximação de Carlos Lacerda com o fantasma maior do "passado" populista, o ex-presidente João Goulart. Ao tocar o nervo da unidade militar, esse passo do ex-governador lançou os "duros" num estado permanente de desorientação.[50]

O terceiro grupo militar atuante no período em questão é a corrente que denominarei de "albuquerquista", do nome do ministro do Interior, Affonso de Albuquerque Lima. Portador de um nacionalismo militar mais articulado que o dos "duros" voltado para a crítica dos aspectos centrais da política de desenvolvimento castelista, essa corrente foi a primeira a ser identificada com o ressurgimento dos processos que venho denominando de "unidade na desunião", referentes à luta sucessória no plano da hierarquia. Desde o final de 1967, os jornais referem-se a Albuquerque Lima como um general em campanha eleitoral.[51] Examinarei mais adiante as repercussões de sua atuação no campo civil. No campo militar, ele encontrou apoios que recortavam as Forças Armadas não apenas no sentido hierárquico

---

49 "Linha dura em conflito com ministros de Costa". *CM*, 13-8-67.
50 No início de outubro, um manifesto atribuído à linha dura anunciava a criação do grupo "Lança Verde" para combater os traidores da "Revolução". "Coronéis estão contra a Frente", *CM*, 5-10-67, p. 1; "Militares condenam o Pacto de Montevidéu", *CM*, 27-9-67, p. 10 e "Duros analisam Frente hoje", *CM*, 6-10-67, p.14. Lacerda enfatizaria depois o isolamento militar provocado por suas atitudes na Frente Ampla: "Quanto mais o sujeito era fanático por mim, mais ficou decepcionado". *Depoimento*, p. 392.
51 Ver a nota de 29-11-67 em Castello Branco, *op. cit.*, p.218.

(no Exército, suas bases estavam na jovem oficialidade), como intraforças, (com a evolução de sua candidatura, o general passou a ter a quase unanimidade da Marinha de Guerra).[52] Em minha hipótese, a corrente liderada por Albuquerque Lima não se confundiria com os "coronéis" da linha dura, embora as duas correntes tendessem a se aliar nos momentos críticos. Desde os primeiros momentos do novo governo, o general procurou se apresentar como porta-voz do neonacionalismo castrense. Este pode ser definido pela ênfase no desenvolvimento de áreas como o Nordeste, o Centro-Oeste e a Amazônia e pela defesa de uma política autônoma no setor nuclear, alvo então de aguda polêmica.[53] Nesta parte do trabalho, interessa destacar que o nacionalismo de Albuquerque Lima, embora capaz de despertar simpatias no campo civil, não escondia sua ênfase prioritária na consolidação de um esquema de apoio militar. Assim, já nos últimos meses de 1967, a imprensa via a campanha do ministro do Interior como um episódio castrense, impressão confirmada quando, em finais de dezembro, ele passou a defender a manutenção das eleições indiretas para a presidência.[54]

---

52 Para um levantamento da atuação do general Albuquerque Lima em 1967 ver Lúcia Maria Gaspar Gomes, cit. O trabalho citado de Daniel Zirker faz um balanço da trajetória e ideologia do ex-ministro. Enfim; para uma opinião castelista sobre a vida militar de Albuquerque Lima, Cordeiro de Farias, *op. cit.*, p.616-17.

53 Na fase inicial do governo Costa e Silva, a defesa de uma política de integração da Amazônia foi a bandeira mais visível do ministro. Lúcia M.G. Gomes, *op. cit.*, p.217. Nessa época, porém, todas as correntes militares se manifestaram a favor da "defesa da Amazônia". *CM*, 19-12-67, p.1.

54 Em nota de 19-11-67, Carlos Castello Branco, registrava o "prematuro deflagrar da campanha sucessória" na conferência pronunciada por Albuquerque Lima, em defesa da Amazônia, na Escola de Aperfeiçoamento de Oficiais (ESAO), Cf. *op. cit.*, p.218. Ver também

O quadro das principais forças militares em ação nessa fase completa-se com uma área que parece ter despertado escasso interesse, embora sua influência seja visível na conjuntura em questão. Refiro-me ao grupo de colaboradores mais próximos do segundo marechal-presidente, que já mencionei em parte anterior deste trabalho: seus expoentes seriam o general Jayme Portella, novo chefe do Gabinete Militar e o coronel Mário Andreazza, titular do ministério dos Transportes. O coronel Jarbas Passarinho, ministro do Trabalho e o general Guarrastazú Médici, novo chefe do SNI, também podem ser considerados como próximos a essa corrente. Sem um ideário definido, mantendo significativa área de atrito com os outros setores militares, fazendo da proximidade com Costa e Silva seu maior trunfo, essa facção tendia a se apresentar de forma muito mais atomizada, dada a própria disputa pela posição de "delfim" do marechal-presidente. Aqui a denominarei de "grupo palaciano".[55] Seu polo principal foi o Gabinete Militar da Presidência da República. Considerada pelos analistas do período como uma das "áreas de sombra" do regime, juntamente com o SNI, a percepção das atividades da Casa

---

"Ministro pede ocupação militar para Amazônia", *CM*, 23-11-67, p.3. Para as posições do general sobre as eleições indiretas, Gaspar Gomes, *op. cit.*, p.219.

55 Ao não chamar esse setor de "grupo costista" tenho em mente algumas características de indefinição do presidente, que impedem considerá-lo como um elemento aglutinador, como o foi Castelo Branco. Voltarei a isso logo a seguir. A fonte principal para a atuação de tal corrente é o livro já mencionado do general Jayme Portella. No entanto, sua presença parece bem definida na obra de Carlos Chagas, que examinaremos em detalhe adiante: *113 dias de angústia - impedimento e morte deum presidente*. Porto Alegre: LP&M, 1979, 2a. ed., 303p.

Militar exige um esforço adicional do analista.[56] Sua atuação na fase inicial do governo Costa e Silva centrou-se em duas linhas. Por um lado, no esforço de marcar limites à pretensão dos coronéis da linha dura de influenciarem diretamente as decisões do governo.[57] Por outro, num conjunto de iniciativas subterrâneas e decisivas que, preparadas em 1967, viriam à luz no início do ano seguinte. Entre elas, a reorganização do Conselho de Segurança Nacional e o papel-chave que nele passou a representar o chefe da Casa Militar. Esse tema, porém, exige tratamento mais detalhado e voltará adiante, na parte referente ao avanço da militarização em 1968.

Feito esse balanço, a configuração inicial das relações de forças militares parece exigir o exame de um último traço: o já referido "kutusovismo" do presidente. Aqui, interessa reter que a maior heterogeneidade na composição do segundo governo "revolucionário", aliada à ausência de um projeto político articulado semelhante ao da ESG, parecem ter colaborado, no

---

56 "Na realidade, ocorre haver cargos que repelem a publicidade. Deles o ambiente próprio é a sombra (...). Está nesse caso o de Chefe da Casa Militar", afirmava Luis Viana Filho ao comentar a atuação do general Ernesto Geisel no governo Castelo Branco. Cf. *op. cit.*, p.501. A mesma visão aparece em "O governo (secreto) do Brasil", crônica de Fernando Pedreira (18-2-68), onde se inclui nesse núcleo a secretaria do CSN, os principais estados-maiores e os organismos centrais de segurança. *Brasil-política*, p. 100-104.

57 Em 5-9-67, o CM noticiava que "o presidente da República resolveu desbaratar a linha dura, transferindo um núcleo de coronéis que seria o núcleo atuante daquela facção militar". "Linha dura". Ver também a nota de 9-1-68, em Carlos Castello Branco, *op. cit.*, vol II. Em março de 1968, o coronel Ruy Castro foi preso por se manifestar a favor da eleição de um civil para sucessor de Costa e Silva. Ver Hermano Alves, "A prisão do coronel", *CM*, 28-3-68, p. 6.

contexto da já avançada militarização do Estado nesse período, para uma particular vulnerabilidade de Costa e Silva às pressões militares. O entendimento mais completo desse traço requer o estudo do processo histórico subsequente. Antes, porém, é preciso registrar qual era a situação militar às vésperas dos processos críticos de 1968.

A retomada das pulsões militares

> É do setor militar que sopram os ventos de crise.
> (Carlos Castello Branco, crônica de 25-1-68)

O mais breve exame do cenário político de 1968 evidencia um primeiro trimestre rico em acontecimentos castrenses. Por um lado, o governo divulgou algumas medidas que tiveram ampla repercussão negativa no seio da oposição liberal, que as interpretou como indício seguro de retomada da militarização. Por outro, vieram à luz sinais de invulgar atividade nos quartéis e evidenciou-se que as várias correntes militares começavam a mover suas peças no tabuleiro da sucessão presidencial prevista para 1970. Para completar o quadro, o presidente Costa e Silva efetuou nova série de promoções e, pela primeira vez em seu mandato, remanejou importantes comandos militares.[58]

---

58 O general Syzeno Sarmento foi nomeado para o Comando do I Exército, no Rio de Janeiro e o general Carvalho Lisboa para a chefia do II Exército, na capital paulista. Ver Irene Maria Magalhães *et alii*, "Segundo e terceiro ano do Governo Costa e Silva", in *Dados*, 8: 152-233, 1971,p.153. Para o panorama militar nesta fase recorri a Castello Branco, *op. cit.*, p.247-312; Rizzo de Oliveira, *op. cit.*, p.92-94; Lúcia M. Gaspar Gomes, *op. cit.*, p. 214 e segs., além de minha própria pesquisa no *Correio Da Manhã*.

O aprofundamento da militarização do Estado foi o aspecto mais visível da ofensiva militar no alvorecer de 1968. Imediatamente percebido como tal pela oposição liberal – que registrou o fim da "liberalização" do governo Costa e Silva –, esse processo manifestou-se em duas medidas dadas à luz no curto espaço de uma semana. No primeiro dia útil de 1968 foi anunciada a criação da comissão especial para a análise do problema estudantil, chefiada pelo coronel Meira Mattos. Em seguida, o governo enviou ao Congresso o projeto que estabelecia as novas funções e estrutura do Conselho de Segurança Nacional (CSN). Por seus efeitos não apenas a longo termo como no próprio jogo sucessório, esta última medida merece maior atenção.

As alterações propostas para o CSN incluíam a ampliação das funções da Secretaria-Geral, ocupada pelo chefe do Gabinete Militar da Presidência, atribuíam a esse cargo o status de ministro e transformavam aquele órgão no centro efetivo de formulação das decisões estratégicas do governo militar. Dessa forma, como percebeu um analista, o projeto depositava nas mãos do CSN "praticamente todo o planejamento governamental, na medida em que a política de segurança nacional – definida sobre um conceito estratégico nacional – condiciona todas as atividades políticas e administrativas do governo".[59] Avaliação confirmada pelo próprio titular daquele posto no governo Geisel, o general Hugo Abreu, para quem: "Não há limite definido para a extensão do conceito de Segurança Nacional; assim, os estudos afetos à Secretaria-Geral atingem os mais variados setores dentro dos campos em que se projeta o

---

59 Eliezer Rizzo de Oliveira, *op. cit.*, p.93.

poder nacional".[60] Enfim, vale destacar um segundo aspecto no projeto do CSN: seu importante impacto na conjuntura e nos processos de "unidade na desunião". Parecia evidente que a medida fortalecia a posição de um dos postulantes à sucessão presidencial: o general Portella. A própria oposição liberal não tardou a denunciar, tanto na imprensa como no Congresso que, aprovada a proposição, o chefe da Casa Militar gozaria de status de "superministro", dada a "colossal soma de atribuições" que passava a encampar.[61]

Parece difícil desvincular da questão sucessória o *timing* da apresentação do projeto. Além disso, há consideráveis indícios de que, no cálculo tático das várias correntes militares, era chegado o momento de avançar posições no jogo sucessório. Mais especificamente, o panorama militar dessa conjuntura revela um conjunto de forças que confluíam para um vetor comum: a necessidade de afastamento de qualquer alternativa "civil" para a sucessão de 1970, principalmente se esta representasse riscos de "volta ao passado". De tal modo, o alvo privilegiado das pressões militares nesta fase passou a ser a Frente Ampla. Todas as correntes castrenses se manifestaram então pela necessidade de coibir a ação de Carlos Lacerda e seus aliados. O que, de resto, permite entender as prontidões militares que

---

60 *O Outro lado do poder*, op. cit., p.37. Para Castello Branco, "o governo publicou o decreto que institucionaliza o poder militar, tanto quanto a Constituição de 1967 institucionaliza o poder revolucionário". Cf. op. cit., p.254.

61 "Conselho de Segurança é o novo superministério da república" (manchete de 9-1-68); "Prussianização" (editorial de 10-1-68) e "MDB considera novo CSN caminho para a ditadura" (10-1-68, p.8) in *CM*.

agitaram o primeiro trimestre de 1968.[62] Neste ponto, podemos retomar a hipótese da unidade na desunião, que caracterizaria as relações de força militares no pós-1964 brasileiro. Castelistas, albuquerquistas, linha dura e palacianos – todos concordavam, em princípios de 1968, na avaliação de que a Frente representava o risco de "volta ao passado" e poderia tumultuar a sucessão de 1970. Assim, no plano estratégico, parecia não haver discordância de que a sucessão deveria ser resolvida no seio das Forças Armadas. Se havia divergências entre as várias correntes castrenses, estas precisam ser buscadas no plano tático.

Mas a análise dos pontos de desunião na caserna exige alguns esclarecimentos. Com base no exame da atuação dos vários grupos militares, é possível propor que algumas linhas de ação divergentes iam se tornando mais nítidas. Por um lado, o acompanhamento dos movimentos do general Albuquerque Lima parece trazer à luz o esforço de consolidar sua posição como porta-voz das insatisfações dos quartéis, vale dizer da oficialidade abaixo do generalato. No polo oposto, é visível o empenho do general Jayme Portella em concentrar sua campanha – por definição, restrita à alternativa de se apresentar como candidato sagrado pelo presidente – na consolidação de posições no interior do aparelho de Estado. Já à linha dura, incapaz de se apresentar isoladamente na batalha sucessória devido aos traços que já examinamos, restava a alternativa de participar como linha auxiliar da candidatura Albuquerque Lima. A meu ver a recidiva dos ataques dos "duros" à política econômica de Delfim Neto deve ser

---

62 Ver a este respeito o artigo "Unidade Militar", de Oswaldo Peralva (7-1-68, p.6); "Militares unidos combatem Frente" (manchete de 25-1-68, p. 14) in *CM* Por sua vez, Carlos Castello Branco comentava a 17-1-68: "Para o governo a oposição que existe é a do Sr. Carlos Lacerda", cf. *op. cit.*, p.258.

compreendida nesse contexto mais amplo. No entanto, embora nessa crítica eles coincidissem com as posições do general Albuquerque Lima, são evidentes os esforços deste último no sentido de não se confundir com aquela corrente.

O quadro acima delineado reforça uma ideia fundamental para a análise dos processos seguintes de crise: antes mesmo da eclosão dos protestos estudantis e populares de abril de 1968 e dos eventos que levaram as Forças Armadas ao choque frontal com o Congresso, a dinâmica da sucessão apontava fortemente para um novo aprofundamento da militarização. A nenhuma das candidaturas acima examinadas interessava a abertura política.[63] A presença em cena de algumas tendências que pareceram considerar, no decorrer daquele ano, a possibilidade de recomposição da frente civil-militar golpista, não é, a meu ver, suficiente para questionar tal hipótese.[64] Em síntese, antes de passar à dinâmica política do regime em 1968, é necessário destacar que a luta pela sucessão no interior das Forças Armadas,

---

63 Talvez seja precisamente esse o significado das observações de Fernando Pedreira, em nota de 4-2-68: "O sentido geral desse processo é a radicalização dos grupos dominantes, que procuram auto-excitar-se. E o que é mais significativo é que a radicalização decorre muito menos de riscos externos do que da própria fraqueza interna do sistema de poder". Ver *Brasil política, op. cit*, p. 105-106.

64 "Refiro-me aqui ao possível comprometimento dos castelistas com a "Frente civilista" proposta, como veremos, pelos governadores Luís Viana Filho e Abreu Sodré. Esse vínculo foi apontado por Eliezer Rizzo de Oliveira. Ver *op. cit.*, p.92. De resto, a pouca penetração do castelismo na tropa e a evidente inviabilidade de uma candidatura desse setor pela via palaciana recomendam considerar, pelo menos como hipótese lógica, essa possibilidade. Convém destacar que os castelistas descartavam qualquer composição com a Frente Ampla. Enfim, no grupo palaciano, a via de um sucessor militar com "apelo" civil parece ter seduzido, em 1968, candidatos como os ministros Passarinho e Andreazza.

enquanto elemento permanente de crise política do regime militar, já no início de 1968 estava presente como vetor de militarização. Com tal panorama em mente podemos passar ao estudo dessa conjuntura.

V

O palácio e a caserna em 1968

A conjuntura de 1968 tem atraído especial curiosidade nos estudos sobre o período militar brasileiro.[1] Nesses trabalhos, porém, pouca atenção se prestou aos aspectos que aqui interessam diretamente. Este capítulo, cujos limites cronológicos situam--se entre a eclosão da crise estudantil e a decretação do Ato 5, concentra seu foco nos processos intramilitares e nos fatores

---

1 Vários autores enfocaram as lutas políticas de 1968. Entre eles, Zuenir Ventura, *1968 - O ano que não terminou*, Rio de Janeiro: Nova Fronteira, 1988, 314 p.; Daniel Aarão Reis F. e Pedro de Moraes, *68 a paixão de uma utopia*, Rio de Janeiro: Espaço e Tempo, 1988, 220 p.; Fernando Perrone, *68: Praga, São Paulo, Paris - relato de guerras*, op. cit; Sebastião Primeira Velasco e Cruz, "1968 - movimento estudantil e crise na política brasileira", in *Primeira Versão*, IFCH-Unicamp, 32, 1991, 31 p.; João Quartim de Moraes, "A mobilização democrática e o desencadeamento da luta armada no Brasil em 1968: notas historiográficas e observações críticas", in *Tempo Social*, Revista de Sociologia da USP: São Paulo, 1(2): 135-158, 1989.

permanentes de instabilidade do regime militar. A crise política mais ampla só será objeto de preocupação na medida em que configura o campo de atuação das forças castrenses no palácio e na caserna. Para tanto, proponho uma periodização que dividiria a crise em duas fases. A primeira vai de abril a agosto de 1968: caracteriza-se centralmente pela "unidade na desunião" acentuada com a súbita ascensão do movimento antiditatorial de massas. A segunda se estenderia de setembro a dezembro daquele ano: seu traço fundamental seria o ressurgimento de agudas tensões entre oficialidade e hierarquia - a cizânia castrense.[2]

A fase inaugurada com o protesto estudantil contra a violência ditatorial apresenta um traço particular. Pela primeira vez desde o golpe de 1964, vinha à tona o repúdio de expressivos setores sociais ao avanço da militarização. Não interessa aqui avaliar as potencialidades e limites dessa breve frente antiditatorial aglutinada em torno da luta dos jovens universitários. Ao contrário, o foco da análise enfrenta algumas questões específicas: em que medida o protesto civil de 1968 foi capaz de sensibilizar ou dividir as Forças Armadas? Qual o seu impacto nos processos intra-hierárquicos de disputa sucessória? Que repercussão tiveram essas manifestações no seio da oficialidade? Como esses dois fatores se relacionam, no contexto da instabilidade característica das ditaduras militares?

Em trabalho anterior, procurei reconstruir as raízes sociais e a trajetória política do movimento estudantil universitário do pós-1964.[3] Volto agora ao tema com foco diverso. Começo por

---

2 Esta parte beneficiou-se grandemente das críticas que moveram à sua primeira versão Eliezer Rizzo de Oliveira, Sebastião Velasco e Cruz e João Quartim de Moraes.
3 Cf. *Movimento estudantil e ditadura militar, 1964-68, op. cit.*

lembrar que o primeiro ciclo de protestos estudantis e populares vinculou-se à onda de indignação que tomou as principais cidades do país diante da morte de um estudante em choque com a polícia. Os atos de massa que se seguiram àquele evento, mais que um ciclo de lutas estudantis, como as ocorridas em 1966, assumiram o caráter de denúncia contra o avanço ditatorial e a "escalada" repressiva. Durante uma semana, a rebeldia estudantil confundiu-se com o repúdio geral ao governo militar.[4] O segundo ciclo de manifestações de massa teria lugar pouco mais de dois meses depois, a partir de meados de junho. Naquela ocasião, uma série de tentativas da liderança estudantil da Guanabara, no sentido de forçar o ministro da Educação a aceitar um "diálogo", cujo principal objetivo era "desmascarar" o governo, acabou por conduzir a duros confrontos com a polícia. O cume da violência ocorreu na chamada "Sexta-Feira Sangrenta" (21-6-68), que desencadeou nova onda de marchas contra a ditadura militar, a qual culminaria na "Passeata dos Cem Mil" (26-6-68).[5]

---

4   A "crise de abril" iniciou-se com as manifestações de luto que culminaram, em 29 de março, com a presença de mais de 50 mil pessoas no enterro do estudante. O refluxo dessa primeira vaga de manifestações pode ser localizado no dia 7 daquele mês, quando, após uma série de duríssimas intervenções repressivas, o presidente Costa e Silva afastou, em discurso na ABI, a possibilidade de decretação do Estado de Sítio (Ver *CM* e *OESP*, 29-3 a 94 de 1968). Pesquisa na imprensa da época registrou que nesse espaço de tempo ocorreram mais de 26 passeatas em 15 capitais do país. *Movimento estudantil e ditadura militar*, op. cit., p. 154-56.
5   O novo ciclo de protestos estendeu-se até os primeiros dias de julho. A pesquisa na imprensa contou agora 16 manifestações em apenas 7 capitais, o que parece apontar para uma menor repercussão nacional dos eventos de junho. *Idem, ibidem*, p. 158-60.

O entendimento das repercussões políticas dos dois ciclos acima poderia partir de um dado geopolítico. Transferida formalmente para Brasília, a capital do país continuava a ser, no sentido cultural e político, a cidade do Rio de Janeiro. Aí se localizavam o mais numeroso contingente militar do país, vários ministérios, a imprensa de maior ressonância nacional e alguns centros estudantis de longa tradição política. Além disso, o Rio de Janeiro gozava de uma antiga história de radicalismo urbano que, em 1968, veio à luz na adesão maciça da população do centro da cidade aos atos estudantis de rua.[6] Não é de admirar, portanto, que o eco social provocado pelo movimento estudantil na então Guanabara marcasse a máxima extensão alcançada pela frente antiditatorial no Brasil de 1968.

Nesse sentido, a solidariedade aos estudantes e o repúdio à escalada militarista alcançaram não apenas as entidades, organizações e categorias profissionais socialmente próximas aos universitários, mas também inúmeros sindicatos operários, grupos parlamentares da oposição e do partido governista, líderes cassados e dissidentes da "Revolução", setores expressivos da Igreja Católica e grande parte da imprensa.[7] O ponto de unificação do protesto de todos esses setores parece ter sido a súbita consciência de que se registrava uma retomada da militariza-

---

6   De resto, a própria sede do governo federal era transferida regular e frequentemente para o Palácio das Laranjeiras. Para a tradição de manifestações urbanas na ex-capital da república, cf., por exemplo, Décio Saes, *O civilismo das camadas médias urbanas na Primeira República brasileira (1889-1930)*, Campinas: Cadernos do IFCH-Unicamp, 1973, 127 p., p.32 e segs.

7   Ver CM, abril-junho de 1968. Para uma análise aguda do conteúdo social dos protestos de 1968, Décio Saes, *Classe média, op. cit.*, p.203 e segs.

ção.[8] Foi esse o contexto em que eclodiram as greves operárias de Contagem, em abril, as manifestações de trabalhadores e estudantes no Primeiro de Maio em São Paulo e as paralisações e ocupações de fábricas de Osasco, em julho de 1968.[9] Mas a repercussão dos protestos universitários parece ter sido tão extensa quanto efêmera. Em princípios de julho, já estão presentes sinais do fim das energias do movimento de massa e indícios de que a onda oposicionista esgotara suas potencialidades. Tais limites, a meu ver, devem ser examinados em dois aspectos: por um lado, as fronteiras que se colocaram então à ampliação das alianças que permitiriam consolidar a frente antiditadura; por outro, a influência das próprias perspectivas políticas da "nova esquerda" que, já nesta altura, dava mostras de se concentrar em alternativas de luta onde não havia espaço para uma frente pela redemocratização.

Quanto aos limites sociais, basta destacar que o notável eco dos protestos universitários nas áreas mais próximas ao estudan-

[8] *O Estado de S.Paulo* atribuiu a morte do estudante "à crise permanente que resultou da distorção na teoria e na prática da Revolução de março de 1964", enquanto manifesto de 61 deputados estaduais de São Paulo repudiava "o regime policial 'implantado no país". Cf. "Os acontecimentos da Guanabara", *OESP*, 30-3-68, p.3 e "Ato' público em São Paulo", *CM*, 30-6-68, p.5. Após desempenhar papel discreto no primeiro ciclo de protestos, o MDB lançou nota associando-se "ao clamor nacional contra o Estado policial que está sendo institucionalizado no país" (*OESP*, 22-6-68, p. 1).

[9] Francisco Weffort, *Participação e conflito industrial: Contagem e Osasco*, 1968. São Paulo, CEBRAP, 1972, 93 p. As principais críticas a esse trabalho se referem à subestimação da influência das organizações de esquerda naquelas greves. Celso Frederico, *A esquerda e o movimento operário, 1964-1984*, vol. 1, São Paulo: Novos Rumos, 1987, 348 p., p. 149-241.

tado não parece ter equivalente numa capacidade de expansão para baixo ou para cima no espectro social. As greves operárias isoladas que já mencionei, embora nitidamente influenciadas pelo clima político e ideológico das manifestações estudantis, evidenciam, em relação às passeatas, um padrão de alternância e não de unificação. Assim, os picos do protesto universitário precederam, mas não desencadearam, os movimentos grevistas de abril e julho, e estes, por sua parte, foram incapazes de despertar movimentos significativos de solidariedade. Não há, por outro lado, qualquer evidência de que a eclosão das manifestações estudantis dessa fase tenha sido capaz de trazer os setores descontentes da burguesia para a momentânea frente antiditadura. No estado de afonia que parecia marcar esses setores desde o advento do segundo governo militar os empresários, quando se manifestaram, foi para dar solidariedade ao governo.[10] Assim, mais uma vez, as discordâncias quanto à política econômica se subordinariam ao apoio do conjunto da classe dominante à política de ordem da ditadura militar.

Finalmente, no plano das perspectivas políticas do próprio movimento estudantil, é preciso compreender que suas lideranças reservavam espaço nulo para uma possível aliança com os setores liberais da oposição ou para alternativas que se centrassem na luta pela redemocratização. Embora, em 1968, o desencadeamento da luta armada – assunto ao qual voltarei a seguir – e a ascensão do movimento de massas tenham sido processos com causalidades autônomas, parece bastante

---

10 Em julho, os líderes patronais levaram a Costa e Silva seu apoio à forma pela qual o governo conduzia a crise estudantil e os problemas econômico-financeiros. *CM*, 6-7-68, p.1 e Irene M. Magalhães *et alii*, "Segundo e terceiro ano...", *op. cit.*, p.1.

evidente a permeabilidade da vanguarda estudantil às perspectivas então dominantes na esquerda e que privilegiavam o confronto com a ditadura.[11] Assim, parcela significativa da direção estudantil foi surpreendida pelo vigor do movimento de massas em 1968 e tão logo este refluiu não hesitou em voltar-se para a dinâmica mais restrita das disputas internas pelo poder nas entidades estudantis.[12] As próprias formas de ação estudantis evidenciam a sensibilidade de áreas da liderança universitária a outras propostas de luta.[13]

De todo modo, já no início de julho, o movimento de massas apresentava sinais de refluxo, afastando as possibilidades de ampliação da frente antiditadura. Ao mesmo tempo, o esgotamento das energias da crise estudantil de abril-junho dava lugar à retomada da iniciativa política por parte do governo militar. Mas considerar a ação do governo implica em voltar à questão das relações de força castrenses. Só assim será possível esboçar um retrato mais preciso daquela fase.

11 Para as relações entre luta armada e movimento de massas em 1968, ver o texto atrás mencionado de João Quartim de Moraes, que contém interessantes argumentos sobre a "autonomização da estratégia" e dos "executores da estratégia" na esquerda armada do Brasil de 1968.

12 Neste aspecto, é interessante a entrevista concedida por Vladimir Palmeira a Daniel Aarão Reis F. A meu ver, no entanto, Vladimir subestima a confusão que então se estabeleceu entre luta estudantil e táticas foquistas. Cf. *1968- a paixão de uma utopia, op. cit.*, p.99-116 e, como contraponto, o depoimento do próprio Vladimir em Antonio Caso, *A esquerda armada no Brasil, 1967-1971*, Lisboa: Moraes Editores, 1976, 326 p., p.21-38.

13 Refiro-me à visão das faculdades ocupadas como "áreas liberadas", emprego de recursos de autodefesa nos protestos de rua, a organização "clandestina" do XXX congresso da UNE etc.

A unidade na desunião

Mais uma vez, evidencia-se a impossibilidade de compreender o panorama militar a partir de uma simples dicotomia entre grupos moderados e duros no palácio e na caserna, como propõem inúmeros estudiosos da conjuntura de 1968.[14] Antes de tudo porque, ao cerrar fileiras contra qualquer tentativa civil de mudança dos rumos do processo político, as Forças Armadas apresentaram notável unidade no plano estratégico; as tensões e divergências no campo militar se situariam no campo das opções táticas. Justamente neste plano, porém, parece infrutífero analisar o quadro militar em termos de uma suposta dualidade entre "liberais" e "duros". Como veremos, o panorama castrense apresentava uma configuração mais diversificada e complexa, cuja compreensão exige a retomada da análise sobre as diferentes posições na luta sucessória.

Vejamos, de início, a questão da unidade militar no plano estratégico. Minha hipótese neste ponto é que a eclosão das manifestações antiditatoriais, ao invés de lançar elementos de desunião e cizânia no campo militar, iria atuar como fator adicional de unificação das Forças Armadas, colocando em suspenso as agudas tensões que se anunciavam no campo da luta sucessória. A situação militar teria se caracterizado, assim, por uma espécie de "unidade de crise" diante da ofensiva das forças

---

14 Entre outros, Peter Flynn, p.379 e segs. e 418 e segs.; Georges-André Fiechter, pp. 179-98; Thomas Skidmore, pp. 160 e segs. e João Roberto Martins Filho, *op. cit.*, p.137-142. Uma variante dessa visão aparece em Carlos Castello Branco, para quem, em 1968, as Forças Armadas se cindiram entre "os escalões mais baixos", partidários da continuidade da "Revolução" e o generalato, "cada vez mais inclinado a buscar no retorno aos padrões democráticos a solução do impasse" político. Ver *Os militares*, vol. ll, p. 346.

anti-regime naquele primeiro semestre de 1968. Dois processos evidenciam essa tendência: por um lado, a uníssona reação castrense diante do ímpeto das manifestações estudantis; por outro, a unanimidade da opinião militar quanto à necessidade de impedir qualquer rearticulação dos políticos punidos.

A união das Forças Armadas frente aos protestos de massa aparece com clareza no discurso oficial sobre a questão estudantil. Basta examinar as notas emitidas pelos ministérios militares a 31 de março de 1968, no fim-de-semana que sucedeu ao enterro de Edson Luís e precedeu aquela que se previa uma longa semana de protestos em todo o país. Nessa ocasião, a circular dirigida pelo general Lyra Tavares aos comandos do Exército deu o tom geral dos pronunciamentos militares: "O Governo está seguramente informado de que se projeta para amanhã um movimento de agitação com base em passeatas públicas de orientação nitidamente comunista".[15] A única nota dissonante no discurso militar soaria nas críticas isoladas dos já mencionados "dissidentes da Revolução".[16]

Idêntica unanimidade caracterizaria a atitude das Forças Armadas com relação à participação política dos cassados. Já vimos como o repúdio a todo risco de "volta ao passado" constituiu, no pós-1964, o principal fator de unidade militar face ao mundo civil. Em abril de 1968, a explosão dos protestos de rua levou o governo a adiantar-se a qualquer risco de união de

---

15 Ver as notas dos ministros da Aeronáutica, Marinha e Justiça em "Armas denunciam os subversivos", OESP, 24-68, p. 15. Para o apoio dos comandos dos quatro exércitos a Costa e Silva, Irene Maria Magalhães et alii, op. cit., p. 154.

16 Para o general Mourão Filho, presidente do STM, o "crime" que desencadeou a crise foi "uma barbaridade". "Um protesto geral", Jornal da Tarde, 29-3-68.

estudantes e políticos marginalizados pela "Revolução". Assim, às primeiras tentativas de Carlos Lacerda de marcar posição a favor dos estudantes,[17] o governo reagiu com uma portaria que proibia "toda e qualquer atividade da Frente Ampla em território nacional"[18] Quatro meses depois, num clima de nítido refluir do movimento de massas, o ministro da Justiça decretaria o confinamento do ex-presidente Jânio Quadros.[19]

Segundo todas as evidências, ambas essas medidas contaram com amplo respaldo das Forças Armadas. Mas o quadro dos fatores que colaboraram para a unidade militar nesta fase ficaria incompleto sem a menção a um processo ainda incipiente. Trata-se das ações dos grupos que fundavam então a via do confronto armado com o regime. Precedidos por uma série de indícios da mudança de rumos que então se operava em áreas significativas da esquerda, envolvidos de início numa atmosfera de dúvidas quanto à sua procedência – devido à eclosão simultânea de atentados promovidos por organizações paramilitares de direita – tais atos deixariam sua primeira marca por ocasião

---

17 "O Brasil está ultrajado pela orgia de violência (...) É tempo de fazer a revolução pela qual a mocidade anseia, a revolução pela educação e o voto". *CM*, 3-4-68, p.1.

18 O decreto impunha a "prisão em flagrante de quem participar de atos dessa entidade e a apreensão de jornais, revistas e outras publicações que tragam pronunciamentos de aderentes da Frente e de cassados, e a prisão de qualquer cassado que fizer pronunciamentos políticos". Irene Maria Magalhães *et alii*, *op. cit.*, pp. 154-55; "Fechada a Frente", manchete de 6-4-68, *OESP*; "Gama proíbe ação da Frente Ampla e ameaça imprensa", *CM*, 64-68, p.5. Carlos Castello Branco atribui a "fontes militares" a informação de que a decisão já estava tomada antes mesmo das agitações estudantis. *Os militares...*, vol II, *op. cit.*, p.322.

19 *CM*, 20-30 julho de 1968 e Irene M. Magalhães, *op. cit.*, p. 162.

do atentado ao quartel-general do II Exército em São Paulo, ocorrido no mesmo dia da "Passeata dos Cem Mil".[20] Embora atenuada pelos ecos da crise estudantil, a repercussão desse episódio não pode ser ignorada. Na imprensa, o atentado foi visto como mais um vetor no processo geral de polarização das forças políticas.[21] No palácio e na caserna, não faltaram sinais de que o fato passara a fazer parte da avaliação militar sobre a conjuntura. Não por acaso, o próprio presidente destacou, em seu discurso na Convenção Nacional da Arena, no dia seguinte à passeata e ao atentado, a existência de documentos da esquerda armada apreendidos pelo serviço secreto do Exército.[22] Enfim, há a própria relevância que assumiu, nas

20 Já em abril de 1967, a imprensa dera ampla cobertura ao episódio da frustrada "Guerrilha do Caparaó". *CM*, 4 a 8-4-67. No início de agosto, o *Correio* anunciava em manchete que o Brasil enviara representante à conferência da OLAS em Cuba e alertava, em editorial, que esses fatos poderiam constituir pretexto para os partidários do endurecimento no Brasil. (3-8-67, p. 1 e 6). Logo depois, no início de outubro, o mesmo jornal dizia: "setores militares informaram (...) que a preocupação do governo com as guerrilhas é maior do que se tem divulgado, dada a revelação de que o movimento guerrilheiro não seria extenso, mas bastante profundo". Ver "Guerrilhas", 5-10-67, p. 14.

21 O editorial do *CM* de 27-6-68 não se referiu à passeata do dia anterior, mas ao atentado. Ver "Extremismos". Da mesma forma, o *ESP* dedicaria ao acontecimento sua manchete daquele dia. "Terrorista mata soldado-estudante", 27-6-68.

22 "Plano secreto", *CM*, 28-6-68, p.2. Dias depois, cercada de incógnitas, ocorreu a execução do major Von Westernhagen, oficial alemão que cursava escola militar brasileira no Rio de Janeiro. Os serviços secretos do Exército atribuíram o atentado à esquerda. Com efeito, como se soube depois, tratou-se de ação da recém-criada COLINA, cujo alvo era o coronel boliviano Gary Prado. "Política na morte do alemão", *CM*, 2-7-68, e Jacob Gorender, *op. cit.*, p. 130.

reuniões do Conselho de Segurança Nacional realizadas em julho, o relatório elaborado pelo titular do Gabinete Militar, general Jayme Portella, sobre as atividades do movimento "subversivo" no país.[23] Já nesta altura, não pareciam faltar indícios de que os atentados não eram fenômeno isolado.[24]

É no interior dessa "unidade de crise" das Forças Armadas que proponho retomar o estudo das tensões no aparelho militar. Procuro salientar a seguir alguns processos que mereceram até aqui pouco destaque. Refiro-me basicamente ao papel desempenhado por um setor do "grupo palaciano" como divisor das águas castrenses neste período. Algumas das principais iniciativas no sentido da retomada da militarização se originariam no Gabinete Militar da Presidência.[25] É verdade que, já em abril de 1968, o campo que favorecia a retomada desse processo estendia-se a setores mais amplos do governo e

---

23 Vale registrar aqui os indícios de indignação militar nas cerimônias que cercaram o sepultamento do soldado morto, em que ficava evidente a intenção de criar um contraponto simbólico à transformação de Edson Luís em mártir da oposição ao regime. Ver "II Exército sepulta o seu soldado", manchete do CM, 28-6-68.

24 Nesta altura, a imprensa já divulgara o documento de fundação do PCBr – dissidência do PCB que pregava a luta armada. "Linha auxiliar", editorial do CM de 24-4-68.

25 Lacerda atribui sua prisão após o AI-5 a um artigo que escreveu em 1968 no qual se lia: "o general Portella é quem governa o Brasil, o general Costa e Silva é uma figura de proa, só". Cf. Depoimento, p.362. Por sua vez, Carlos Castello Branco atribuía sutilmente ao primeiro general o tom da nota emitida em julho pelo CSN, que deveria expor o pensamento do governo. Os militares no poder, O Ato 5, op. cit., p.414-415. Não é outro o teor do editorial do CM de 3-4-68: "E o presidente?".

do aparelho militar.[26] A meu ver, no entanto, foi em relação às ações do Gabinete Militar, no contexto da luta pelo poder no seio das Forças Armadas, que vieram à luz as diferenças táticas no campo castrense. O exame das atividades do Gabinete nesse período serve de fundamentação inicial a meus argumentos. Refiro-me, entre outras: à proposição de proibir a Frente Ampla e barrar o caminho ao governador Carlos Lacerda, com amplo respaldo na área militar; à discussão do estado de Sítio, ou mesmo de um novo Ato Institucional, como resposta do governo à eclosão dos protestos de massa de inícios de abril;[27] à elaboração, em fins de junho, de "um relatório com base nas apurações de todo o sistema nacional de informações, mostrando que o plano de agitação tinha muita profundidade e recebia apoio externo", documento que norteou as discussões do Conselho de Segurança Nacional no mês de julho, onde novamente se colocou o tema da necessidade do estado de Sítio;[28] e, por fim, à preparação, em agosto de 1968, do documento que definia o chamado "Conceito Estratégico Nacional".[29] A essa lista já

---

26 Várias fontes atribuem aos ministros da Marinha, Aeronáutica e Justiça pressões no sentido da decretação do Estado de Sítio, em abril e julho de 1968. Carlos Castello Branco, *op. cit.*, p. 324 e 387 e o próprio Jayme Portella, *op. cit.*, p. 545 e 567. Por sua vez, em várias ocasiões durante a crise estudantil, o Estado-Maior da Aeronáutica favoreceu atitudes de intervenção direta nas ruas. Cf. "Fab queria tomar toda a Guanabara", *CM*, 31-8-68, p.15.

27 Para comentários sobre o papel do chefe do Gabinete Militar nessa fase, "Portella mandou Negrão usar força policial", *CM*, 2-4-68.

28 *A Revolução e o governo...*, p.564-567 e "CSN ouve relato sobre guerra revolucionária", *CM*, 12-7-68, p.2.

29 O estágio avançado da militarização aparece no comentário do general Portella: "O Conceito Estratégico, após ter sido aprovado, foi

extensa, deve-se acrescentar um processo sobre o qual são ainda escassas as informações: a delicada questão das responsabilidades do Gabinete Militar na série de ações paramilitares que vieram à tona, a partir desta data, com o nítido objetivo de agravar a situação política.[30] (Ver quadro 2)

Mas a importância que atribuo ao Gabinete Militar não se restringe apenas à profusão de ações que daí emanaram, e sim à particular capacidade que elas tiveram de servir como ponto de referência a outras correntes militares, aparentemente temerosas de que a ofensiva de Portella consolidasse sua posição com vistas à sucessão de 1970. Só nesse contexto parece possível entender o papel da linha dura nessa conjuntura. Ao contrário do que têm defendido os estudiosos desse período, aqui os "duros" não parecem ter sido o motor da nova etapa de militarização. O exame mais atento das ações dos "coronéis" revela alguns aspectos surpreendentes. Com efeito, a eclosão da crise estudantil coincidira com o agravamento do conflito entre "duros" e o Gabinete Militar.[31] A partir daí a oposição dos

---

enviado, em caráter ultra-secreto, aos Ministros de Estado para cumprimento, isto é, tão-somente a parte de interesse do Ministério. Aos Ministros Militares e ao EMFA, o documento foi completo, pois na formulação de seus planos têm que considerar todos os aspectos da política de Governo". Cf. *op. cit.*, p.580-81.

30 Para os vínculos entre o Gabinete Militar e os atentados da direita armada, Jacob Gorender, *Combate nas Trevas...*, *op. cit.*, p.151; Fernando Perrone, *op. cit.*, p. 155. Em nota de 19-7-68, onde comenta o jogo de pressões que se exercem dentro e fora do governo", Carlos Castello Branco fala em "terroristas de rua" e "terroristas de gabinete", *op. cit.*, p.416.

31 Um dia antes da morte de Edson Luís, o coronel Ruy Castro fora preso por declarações favoráveis a um sucessor civil para Costa e Silva, punição atribuída à antiga rivalidade entre os "duros" e o general Portella. V. Hermano Alves, "A prisão do coronel", *CM*, 28-3-68, p.6.

coronéis ao general palaciano parece explicar uma série de Interessantes anotações que então apareceram na imprensa sobre as atividades da "linha dura" nessa fase de 1968.[32] Por sua vez, parece haver indícios de que os castelistas também procuraram se opor à retomada da Revolução, em abril e julho. Aqui, é preciso reter que o Exército constituiu nesta altura terreno menos fértil para os pregoeiros do Sítio.[33] Por outro lado, no campo especificamente castelista, datam daí os primeiros movimentos do governador da Bahia, Luís Viana Filho, em defesa do que se chamou à época de "União Nacional" ou "Pacificação Nacional", aspecto ao qual voltarei mais adiante.[34] Enfim, basta mencionar o papel do general Orlando Geisel na reunião do Conselho de Segurança Nacional de fins de agosto, dias antes de nova e crucial guinada promovida pelos partidários da retomada da militarização.[35] Também não foi da área dos outros aspiran-

32 Em abril, os coronéis fizeram declarações contrárias ao belicismo do governo no tratamento da questão estudantil. Pouco depois, o comandante do II Exército, general Carvalho Lisboa, ex-presidente do Clube Militar eleito com apoio dos duros, faria um pronunciamento brando em defesa das "instituições". Em meados de agosto, por fim, atribuiu-se ao coronel Osnelli Martinelli um encontro com o ex-presidente Juscelino. "Duros apoiam estudantes", *CM*, 24-68. p.2; Castello Branco, p.324, 335 e 440.

33 Citados entre os defensores da "normalidade", aparecem os comandantes do I, II e IV Exércitos, generais Carvalho Lisboa, Syseno Sarmento e Malan, respectivamente, além do próprio ministro Lyra Tavares. Cf. Castello Branco, *op. cit.*, p.324 e 335; e no *Correio da Manhã*: "Lyra tranquiliza: não haverá endurecimento" (6-7-68, p.2) e "Costa terá de mudar formação" (21-7-68, p.3).

34 Esta seria uma "aliança defensiva de grupos civis", apta a sensibilizar setores militares. Castello Branco, *op. cit.*, p. 349.

35 Segundo a crônica política, a tese de que "o governo não precisa recorrer a medidas excepcionais para defender sua estabilidade", defen-

tes palacianos à sucessão que vieram as pulsões pró-retomada da militarização. Ministros e coronéis da reserva, Jarbas Passarinho e Mário Andreazza procuraram marcar posição "liberal" diante dos acontecimentos do primeiro semestre, parecendo apostar nas possibilidades de efetiva eleição do sucessor de Costa e Silva pelo Congresso, em 1970, perspectiva fortalecida pela aprovação do projeto das sublegendas. Tal teria sido o quadro mais geral do apoio desses ministros a uma reforma do gabinete destinada a melhorar a imagem do governo, no auge da crise estudantil.[36]

Mas o panorama militar nesse período ficaria incompleto se não mencionássemos um último aspecto que apenas brotou à superfície naqueles meses, mas estaria destinado a cumprir papel crucial na fase subsequente. Trata-se do efeito provocado na baixa oficialidade pelo aguçamento das tensões políticas e pela marginalização desses setores nas decisões tomadas no calor da crise. De tal modo, já na quadra em questão é possível localizar nítido desconforto na caserna.[37] Assim, para bem situada fonte palaciana, "reuniões de oficiais das Forças Armadas pro-

---

dida pelos generais Geisel e Médici, prevaleceu na última reunião do Conselho de Segurança Nacional": "o General Geisel deu na reunião verdadeiro show de competência e bom senso, dominando os debates com informações precisas e raciocínios seguros". Tal alusão positiva a um castelista era bastante rara no quadro da imprensa da época. Castello Branco, *op. cit.*, p.448.

36 "Ministros e militares pedem mudanças imediatas no governo", *CM*, manchete de 28-6-68 e Carlos Castello Branco, p.379, 380, 384, 394, 408, 410 e 430.

37 Em nota de 12-6-68, Castello Branco publicava comentários de fonte parlamentar com trânsito na oficialidade, que caracterizava essa área como "contida e marginalizada num processo a que poderia dar extraordinária colaboração e sentido" e dizia estar crescendo entre os oficiais a insatisfação face ao imobilismo do governo. Ver *op. cit.*, p.378.

cessavam-se, preocupados que estavam com a onda de agitação que perturbava o país. Procuravam fazer chegar a seus chefes a sua preocupação e pediam providências para que se pusesse termo àquele estado de coisas".[38] Na própria imprensa, não faltaram menções ao clima agitado da Vila Militar.[39] Como já se apontou, a cizânia castrense seria o aspecto principal na etapa seguinte da crise. Menciono-a aqui porque ela não parece estar desvinculada da situação da última posição militar a ser lembrada nesta parte do texto. Momentaneamente sem voz na fase que colocou os militares com posto de comando no primeiro plano político, o ministro Albuquerque Lima engrossou o coro dos que exigiam mudanças no ministério. Pouco falou. Quando o fez, foi para atacar a política do governo.[40]

A cizânia

> Fomos politizados durante anos, antes da Revolução. Agora, de uma hora para outra, querem que fiquemos calados (...). Mas nós não vamos parar. (Declarações de um capitão do Exército, CM, 1-12-68)

Foi breve a duração da "unidade de crise" das Forças Armadas. Esgotadas as energias do movimento de massas, findas as gre-

---

38 Jayme Portella de Mello, op. cit., p.568. Aludindo às conversas de inícios de julho, o senador Daniel Krieger confirma que "a inquietação reinante nos meios militares era tema central das preocupações do ministro do Exército". Ver op. cit., p.287.

39 No início de julho, o ministro do Exército foi à Vila para acalmar os ânimos, inquietos com os protestos de rua. CM, 3-5/7/68.

40 "Albuquerque Lima: revolução é desenvolvimento e participação", CM, manchete de 2-8-68.

ves operárias de julho, a trégua de agosto iria se encerrar com o episódio da invasão da Universidade de Brasília. A partir daí, vem à tona um variado e complexo conjunto de tensões no campo militar cujos aspectos centrais serão nosso tema a seguir. Por um lado, a mencionada inquietação no seio da oficialidade chegara ao ponto de extravasar os recintos militares. Por outro, voltavam ao primeiro plano as iniciativas dos setores do aparelho de Estado favoráveis ao aprofundamento da militarização. Suas táticas de luta passaram cada vez mais a caracterizar um equivalente castrense da ideia dos "fatos políticos", então propugnada por setores da esquerda. Como sugerem as anotações seguintes, é diante da dinâmica política criada nessas áreas que se definirão os setores militares que ainda não haviam optado pela retomada da "Revolução". Tal definição, no entanto, só pode ser compreendida à luz do aguçamento das cisões verticais e horizontais no campo militar, tema para o qual proponho voltar a atenção da análise.

Nos primeiros dias de setembro, setores do Congresso tomaram conhecimento de graves tensões na Aeronáutica, consequência de frustrada ação patrocinada pela área de informações da força, com o intuito de envolver a 1ª Esquadrilha Aeroterrestre de Salvamento, mais conhecida como Para-Sar (da sigla em inglês para *search and rescue*), na eliminação de líderes da oposição ao regime. Mais especificamente, a tentativa de empregá-la "à paisana, com identidades falsas, armas com números raspados, portando granadas de mão defensivas", em operações paramilitares, bem como planos de destruição de vários prédios, no Rio de Janeiro, com o uso de explosivo plástico, para iniciar "uma escalada de terror progressiva, que seria atribuída aos comunistas". O chefe da unidade impediu a ação.[41]

---

41 Relato minucioso do episódio foi feito pelo capitão Sérgio Miranda, ex-comandante daquela unidade. Hélio Silva, A *vez e a voz dos venci-*

O episódio, cujos desdobramentos alcançariam o período posterior à decretação do novo ato institucional, abriu profunda crise na hierarquia e na oficialidade. Nos escalões superiores, colocou em campos opostos alguns dos principais articuladores do golpe de 64 na FAB.[42] A crise nessa força remontava ao episódio da aviação embarcada no governo Castelo Branco, quando Eduardo Gomes foi chamado para acalmar os brigadeiros insatisfeitos. Em 1968, o ex-ministro chegou a procurar o senador Daniel Krieger, para reclamar que "os oficiais da Aeronáutica que haviam servido no gabinete do Presidente Castelo Branco e no seu estavam sendo, sistematicamente, preteridos nas promoções".[43] Com efeito, o depoimento do comandante do Para-Sar evidencia que os problemas na força seriam tomados pelos castelistas como oportunidade para voltar à cena política.[44] Ao que tudo indica, a precipitação dos acontecimentos militares anulou tal propósito.

---

dos, militares x militares. Petrópolis, Vozes, 1988, 367 p., p. 171-183; "A operação mata-estudante", CM, 4-10-68.

42 Ao se solidarizar com o brigadeiro Burnier, chefe do recém-criado Centro de Informações da Aeronáutica (CISA), o ministro Márcio Sousa e Melo defrontou-se com seu antecessor na pasta da Aeronáutica, o brigadeiro Eduardo Gomes. Este se indignou com a punição do brigadeiro Itamar Rocha, titular da Diretoria de Rotas Aéreas, preso por se recusar a coibir a desobediência do chefe do Para-Sar. CM, 2-11/10/68 e 27-11-68.

43 Daniel Krieger, op. cit., p.292.

44 "Naquele momento começou uma coisa muito séria, foi um verdadeiro sismo, uma verdadeira racha na Unidade Militar, porque a linha castelista, que não detinha mais o poder, viu naquele episódio um fato concreto que poderia derrubar a linha radical e restabelecer os parâmetros castelistas". Cf. op. cit., p. 179. Ver também Daniel Krieger, Op. cit. p. 179-180 e p.324 e Carlos Castello Branco, op. cit., p.486-90.

A compreensão de tais processos, porém, exige que voltemos a atenção para as tensões no campo da oficialidade. Nas semanas seguintes, a FAB se dividiu entre os partidários dos dois brigadeiros e setor significativo apoiou as gestões de Eduardo Gomes no sentido de afastar Burnier. Ferido em acidente suspeito, o ex-candidato presidencial da UDN e herói das Forças Armadas conteve inicialmente manifesto de trezentos oficiais da F AB que criticava o ministro e exigia providências contra os brigadeiros Burnier e José Vaz, comandante da 2ª Zona Aérea, acusado de patrocinar atentados de grupos paramilitares em São Paulo. Entretanto, o movimento de solidariedade cresceu e o brigadeiro recebeu no hospital a visita de oitocentos oficiais.[45] A inquietação na Aeronáutica não foi um fato isolado; constituiu apenas um dos aspectos mais visíveis do processo de cizânia na oficialidade nessa fase do período militar.

No bojo da crise de 68, também os quartéis do Exército se transformaram em terreno de incontida rebeldia. Numa série de manifestos, memoriais, pesquisas de opinião e outros documentos, a antiga aspiração da oficialidade no sentido de se fazer ouvir no regime do pós-1964 adquiriu especial ressonância nos meses finais de 1968. Centros tradicionais de atividade política nas Forças Armadas, como a ESAO (Escola de Aperfeiçoamento de Oficiais) e a ECEME (Escola de Comando e Estado-Maior do Exército) não hesitaram em trazer ao "público externo" os

---

45 "Eduardo Gomes diz que crise na FAB pode ficar séria", *CM*, 6-10-68, p.3 e "Agora a violência vem da direita", *Visão*, 25-10-68, p. 21. Eufemisticamente, o general Portella afirma em suas memórias que o brigadeiro Burnier pretendeu dar ao Para-Sar "algumas missões relativas à prisão de agitadores e transporte destes de um para outro local, onde teriam que ser custodiados", *op. cit.*, p.595-96.

pontos centrais de sua discordância face aos rumos do regime.[46] A ampla e imediata repercussão desse posicionamento da oficialidade consolida a hipótese de que a cizânia castrense passou a ser, a partir daí, elemento crucial no cálculo tático das várias correntes militares em luta pela sucessão.[47] Antes, porém, de examinar o impacto da efervescência militar na conjuntura em questão, é preciso entender o sentido das tensões que opunham então caserna e palácio.

Poucos autores se debruçaram sobre a questão da rebeldia da oficialidade em fins de 1968.[48] Trata-se de retomar a análise de um dos fatores permanentes de instabilidade política em regimes como o do pós-1964 brasileiro. Na conjuntura de então, várias razões levaram os oficiais insatisfeitos a manifestar sonora e publicamente sua discordância. Por um lado, no quadro particular da crise em 1968, a oficialidade parece ter avaliado que aumentara consideravelmente seu poder de barganha na apre-

---

46 Entre as manifestações mais visíveis destacam-se o "Manifesto dos Capitães", da ESAO, o "Memorial dos Coronéis", da ECEME, o "Documento-Pesquisa" de majores da ECEME, além de documentos da guarnição de Brasília e da oficialidade do II e III exércitos. Referências ao papel da ECEME no momento do golpe, aparecem em Abelardo Jurema, *op. cit.*, p. 195 e segs.. Por sua vez, Eliezer Rizzo cita documento da ESAO de 3 de março de 1964 onde já se exigia rigor no expurgo de políticos e militares comprometidos com o governo Goulart. Ver *op. cit.*, p.58.

47 Para a repercussão dos documentos ver as anotações de Carlos Castello Branco, *op. cit.*, pp.521-534 e "Oficiais tomam posição", *CM*, 15-10-68, p.2, além dos artigos mencionados a seguir.

48 Dois exemplos: Eliezer R. de Oliveira analisa o manifesto dos capitães e a influência da ESAO no contexto da luta sucessória, *op. cit.*, p. 100 e segs.; Alfred Stepan, além de examinar o papel da ESAO, descreve o estado da opinião militar no período julho-outubro de 1968, com base em suas visitas a quartéis e escolas militares. *Op. cit.*, p.259 e segs.

sentação de reivindicações históricas da corporação militar, tornadas mais prementes por "distorções" criadas no pós-1964. Por outro lado, renascia naquela quadra a aspiração dos quartéis de transformar o regime militar no *regime dos militares*. São esses os pontos centrais do documento dos oficiais da ESAO divulgado no início de novembro sob o nome de "Manifesto dos Capitães".[49] Na análise desse texto é preciso, de início, diferenciar as reivindicações aí presentes da apropriação que a oposição liberal dele procurou fazer. Assim, na busca de fortalecer qualquer tendência "democrática" nas Forças Armadas, o *Correio da Manhã* anunciou em manchete: "Devolução do poder aos civis pede novo manifesto de oficiais".[50] No entanto, a mais rápida leitura do texto revela que a volta dos civis ao poder não estava entre os anseios dos oficiais insatisfeitos. A reforma do papel do Exército na vida nacional tinha sentido bem preciso para a oficialidade. Seja ao levantar um rosário de reivindicações históricas relativas à carreira militar e às condições gerais da corporação, seja ao apontar a ausência de mecanismos de compensação do ônus de impopularidade que recaía sobre a oficialidade no pós-1964, a cizânia entre os capitães parecia brotar de uma fonte precisa: a marginalização dos militares no sistema de decisões do regime.

De tal modo, evidencia-se no documento dos jovens oficiais o repúdio contra o papel de avalistas que lhes destinava o regime. "há uma onda de descrença política no governo",

---

49 Segundo Stepan, os capitães representavam 29.9% dos oficiais na ativa no Exército brasileiro, para 15,7% de majores, 9,7% de tenentes-coronéis e 4,2% de coronéis. *Op. cit.*, p.50. Cf. a íntegra do documento em "A fala dos jovens oficiais", *CM*, 1-11-68, p.2.

50 Cf. a edição de 8-11-68. Por sua vez, o cronista Carlos Castello Branco atribui aos coronéis lacerdistas um peso desproporcional na elaboração dos memoriais. *Op. cit.*, p.534.

dizia o texto: "o Exército brasileiro (...) é hoje projetado na vida nacional como usurpador privilegiado e único responsável pela retroação dos valores da nossa sociedade, sejam eles políticos, econômicos ou sociais". Para os capitães da ESAO, o alvo mais fácil da impopularidade do regime era a oficialidade. Em troca, nada ganhavam: a penúria salarial e as más condições de equipamento eram, nas Forças Armadas, os sintomas mais evidentes de uma política econômica que exigia sacrifícios desiguais dos vários setores da sociedade. Nesse clima já desfavorável, os oficiais da ESAO revoltavam-se contra a particular "politização" das promoções militares no regime castrense: "a ingerência de fatores estranhos ao Exército, na vida militar, agrava essa situação e estende dissensões pessoais a grupos que se acumulam à sombra de um ou outro chefe, de cujo fortalecimento dependem as suas oportunidades".

Feitas as contas, no final de 1968, o teor do manifesto parecia levantar uma reivindicação bastante clara: em lugar da "volta aos quartéis", a efetiva participação dos quartéis; ao invés da "abertura" política, a abertura do palácio às pressões da caserna. Em poucas palavras, o aprofundamento da militarização acompanhado da flexibilização do regime nas suas relações com a oficialidade. A primeira reivindicação logo seria atendida; a segunda foi sistematicamente negada até o final do período militar. O entendimento desse processo, porém, exige que voltemos ao agravamento da crise no final de 1968.

O avanço da militarização

> As coisas foram previstas para que nada, absolutamente nada, possa processar-se no país à margem da vigilância estreita dos elementos da esdrúxula Secretaria do Conselho de Segurança". ("Por que

ditadura? Editorial de *O Estado de S. Paulo*, 5 de outubro de 1968)

Como não havia sido liberada a entrada de pessoas estranhas, não lhe foi permitido o acesso ao palácio. (General Jayme Portella, referindo-se a Daniel Krieger, presidente da ARENA e Gilberto Marinho, arenista e presidente do Senado, logo após o AI-5)

Olha, velho, guerra é guerra, vamos acordar o Tio Velho. (General Syseno Sarmento ao general Portella, 12-12-68)

Vistos esses processos na área da oficialidade, proponho que a compreensão da dinâmica política que levou ao "golpe dentro do golpe" exige considerar outro aspecto. Refiro-me aos problemas que, no bojo da crise de abril-junho, o governo Costa e Silva passara a enfrentar na frente "política". O pomo da discórdia foi o projeto que visava reintroduzir o instituto das sublegendas. Essas discordâncias viriam à tona no debate que então se travou entre o presidente demissionário da ARENA, senador Daniel Krieger, e o presidente Costa e Silva.[51] Em carta que dirigiu ao presidente, o senador traria para o primeiro plano a questão do "entrosamento entre governo e partido" defendendo a tese de que o governo, se quisesse manter-se fiel à Constituição, deveria prestigiar o Congresso e o partido governista. Tal como a oficialidade militar, o líder governista reivindicava participação nas decisões e denun-

---

51 Krieger se demitira da presidência da ARENA sob o pretexto de não conseguir controlar a bancada do partido, que não forneceu quórum para a votação do projeto das sublegendas. O conflito de posições, no entanto, logo revelaria divergências mais profundas. Para o histórico do incidente, ver Krieger, *op. cit.*, p.306-325.

ciava a marginalização do partido: "Entendemos que só haverá governo forte se for politicamente forte e só será politicamente forte o governo que tiver por esteio um partido forte".[52] O desconforto arenista adquire especial significado se o inserimos no processo da disputa sucessória. Nesse sentido, o mal-estar dos parlamentares governistas lançava um elemento de incerteza no caminho de uma sucessão que deveria passar pelo Colégio Eleitoral constituído pelo Congresso Nacional. Mas o exame mais atento da lei das sublegendas mostra fatores agravantes. Ao permitir a formação de facções dentro da ARENA e, principalmente, ao introduzir o escrutínio secreto na convenção dos partidos que escolheria o candidato presidencial, a nova legislação instaurava incógnitas que não demoraram a ser percebidas no processo sucessório.[53] Dessa forma, a submissão do Congresso adquiria *status* de problema político-militar, diretamente vinculado ao elemento permanente de crise do regime do pós-1964. Tal processo passa a ser componente crucial do quadro em que proponho analisar a atuação das forças militares no período final da crise de 1968.

Não parece ocasional que, dias depois da discussão que se travou em fins de agosto, no seio do Conselho de Segurança Nacional, sobre os rumos imediatos do regime, um ato repres-

---

52 Para a íntegra do documento, escrito com o auxílio dos senadores Filinto Muller e Mem de Sá, ver *idem, ibidem*, p.310-314

53 "A sublegenda vai dando os seus frutos e, entre eles, figura em primeiro plano pela importância, a colocação antecipada da sucessão presidencial de 1970", dizia Carlos Castello Branco. E, logo depois, referindo-se aos políticos arenistas: "o voto secreto, que a revolução lhes tirou, ser-lhes-á devolvido por efeito dessa lei em cuja elaboração se terá infiltrado regra importante de restauração do poder político". Ver *op. cit.*, p.374 e 397, notas de 8 e 30 de junho de 1968.

sivo aparentemente rotineiro tenha colocado em choque frontal governo e Congresso. Refiro-me à invasão policial-militar do campus da Universidade de Brasília. Seja pelo escopo dos organismos repressivos envolvidos em sua preparação, seja por sua articulação com altos escalões do aparelho de Estado[54] seja, enfim, pelas repercussões que operação desse tipo previsivelmente teria nas áreas da imprensa e do Congresso, a invasão da UNB reunia as características de ação patrocinada pelos grupos que, no interior do governo, fundavam seu projeto sucessório na retomada da militarização.[55]

Todas as evidências disponíveis permitem traçar as origens da decisão ao Ministério da Justiça e ao Gabinete Militar da Presidência.[56] De resto, o caráter da iniciativa, que evidencia-

---

54 Segundo o depoimento do Coronel Raul Munhoz, chefe do Departamento de Polícia Federal (DPF), todos os organismos de segurança participaram da ação: Serviço Nacional de Informações, Conselho de Segurança Nacional, segunda seção do Estado-Maior das Forças Armadas e seções de informações de vários ministérios. Ver "Invasão leva outro coronel à CPI, *CM*, 13-9-68, p.3.

55 No dia seguinte, comentava Carlos Castello Branco: "É evidente que na operação estava prevista e incluída a violência não só contra estudantes como também contra parlamentares", *op. cit.*, p.449. "Tudo é premeditado para conduzir o país a um impasse definitivo", denunciou o senador governista Milton Campos. Ver "Repressão aumenta em Brasília e Costa ignora quem dá a ordem", *CM*, manchete de 31-8-68.

56 "Partiu do Ministro da Justiça, Prof. Gama e Silva, a ordem para a Polícia Federal invadir a Universidade de Brasília", anotava o cronista Castello Branco. Logo depois, falava das substituições na CPI que apurava o caso, "para resguardar pessoas do mais alto escalão do governo, como o Chefe do Gabinete Militar e o Ministro da Justiça". Ver *op. cit.*, p. 448 e 466. Por sua vez, ao denunciar que estava "em marcha acelerada a conspiração do grupo militar direitista", o *CM* citava entre os responsáveis pela ação o general Portella. Cf. o edito-

va a autonomização de setores do palácio, no contexto da luta pelo poder no seio das Forças Armadas, foi percebido de imediato pela imprensa.[57] O jornalista Fernando Pedreira escrevia à época que "o impulso para a ditadura" tinha como fonte a "mecânica interna do próprio regime", onde "há compartimentos diversos" que "vão executando cada um a sua própria política".[58] Neste ponto, o exame do processo de pressões em favor da retomada da militarização exige uma breve revisão do lugar e do papel que até aqui atribuí ao Gabinete Militar da Presidência. Como ocorrera na crise de abril-junho, foi desse núcleo duro do governo que partiram iniciativas capazes de criar "fatos políticos" face aos quais deviam se definir as outras forças militares. Assim, o exame dos processos que levaram ao quinto Ato Institucional pode bem iniciar-se com uma recapitulação do lugar e papel do Gabinete no governo Costa e Silva.

No início de 1968, era divulgado o decreto-lei 348, que transformava o GM em um "superministério", a acumular as funções da Secretaria do Conselho de Segurança Nacional. Agora, em plena ebulição de setembro de 1968, novo decreto aprovava o regulamento da Secretaria-Geral do CSN.[59] Tal importância institucional do Gabinete Militar da Presidência era sobredeterminada pela eficácia dos movimentos de seu chefe, o general Jayme Portella. As iniciativas oriundas dele passaram a

---

rial de 6-9-68: "Portella atribui a invasão ao comandante militar de Brasília", *op. cit.*, p.594-95.

57 Desde quinta-feira, a Nação passou a saber que o presidente da República não controla mais sua máquina repressiva", diria o *CM*, para concluir que o "assalto armado" à UNB "é aviso de putsch". "Advertência", 1-9-68, p.6.
58 *Brasil Política*, *op. cit.*, p. 140.
59 *Lex*, vol. XXXII, julho a setembro de 1968, p. 1161-68.

constituir um ponto de referência para as diversas forças militares e políticas. Diante desse histórico, não é de espantar que, a partir de fins de agosto de 1968, Portella e seus aliados tenham se consolidado como a principal usina de onde sairiam as pressões pró-retomada da "Revolução".

Essas características reapareceriam no ato seguinte da crise. Falo da rota de colisão que se abriu, a partir de meados de outubro, opondo governo militar e Congresso Nacional, naquele que ficaria conhecido como o "caso Moreira Alves". E possível defender que o Gabinete Militar e o Ministério da Justiça foram, mais uma vez, o motor das pressões em favor da nova etapa de militarização. De início, parece razoável supor que a elevação de um obscuro discurso parlamentar que pregava atos de boicote aos membros das Forças Armadas ao status de *casus belli* capaz de catalisar a crise política exigiu razoável esforço prévio de agitação nos quartéis.[60] Mas, em minha hipótese, o papel do ministro da Justiça e do Gabinete Militar tornar-se-ia efetivamente visível na definição da forma jurídica que tomaria o atendimento da reivindicação da tropa, da qual se fizera portador inicialmente o ministro Lyra Tavares, logo apoiado pelos

---

60 O discurso do parlamentar, de início de setembro, só ganharia destaque na imprensa quando veio à luz a representação do ministro Gama e Silva pedindo a licença para processá-lo. Cf. *CM*, 11-10-68 e a nota de Carlos Castello Branco de 10-10-68, *op. cit.*, p.491. Já para o general Jayme Portella, "o discurso daquele deputado havia sido publicado em toda a imprensa, servindo de manchetes, o que mais irritou as Forças Armadas", *op. cit.*, p. 586. Para a versão de Moreira Alves, *A grain of mustard seed -the awakening of the Brazilian Revolution*, Garden City: Doubleday Anchor Press, 1973, 188 p.

colegas das outras forças. Na representação do ministro, não se alude a qualquer via jurídica para reparar o "agravo".[61] No entanto, a opção pelo encaminhamento de um pedido de licença para processar o deputado forneceu não apenas uma via jurídica concreta como estabeleceu previsível rota de choque entre Forças Armadas e Congresso, ao colocar na alça da mira o instituto da inviolabilidade parlamentar. No contexto da época, o Parlamento dificilmente abdicaria voluntariamente dessa prerrogativa.[62] Mas a ação do núcleo duro do governo não se limitaria à construção da crise "Institucional". Nas semanas seguintes, ficaria claro que esses setores procuraram aniquilar qualquer alternativa que não apontasse para o choque frontal com a "classe política". Como evidências nesse sentido, registro aqui: as sucessivas intervenções do Gabinete militar e do Ministério da Justiça com o fim de neutralizar a ação da área "liberal" que propôs solução conciliatória, capaz de desagravar as Forças

61 O ofício do Ministro Lyra Tavares aceita que as ideias do deputado não exprimem "o pensamento da Câmara mais representativa do Povo Brasileiro" e garante que o Exército se aterá à disciplina e serenidade, dentro da obediência ao "poder Civil". Lamenta, porém, a pergunta feita da tribuna: "quando o Exército não será um valhacouto de torturadores?" e admite sua ressonância negativa na caserna. Para a íntegra, Daniel Krieger, *op. cit.*, p.328-329.

62 Assim, no próprio dia em que se divulgou a representação de Gama e Silva, o senador Krieger escreveu ao presidente para alertá-lo de que "a tradição, o espírito de classe e a natureza secreta do voto nos levam à convicção da negação da licença. Criada essa situação, dela decorreria uma crise institucional, pondo em antagonismo a Câmara e as Forças Armadas do País". *Desde as missões...*, *op. cit.*, p.331. Para a evolução do "caso Moreira Alves" no parlamento, Ana L. Brandão, *A resistência parlamentar, op. cit.*

Armadas e preservar[63] o Congresso; seu empenho em conseguir do presidente intromissão direta e inabilidosa na tramitação regular da matéria, com a substituição dos membros da Comissão de Constituição e Justiça";[64] e a insistência em manter a rota de colisão mesmo diante dos fortes indícios de que a licença seria negada pela Câmara.[65]

Mas a intervenção do núcleo duro do governo só ganha pleno sentido se a inserirmos no contexto sucessório. O que se definia aí era uma via que apostava não apenas na nova fase de militarização – vale dizer, no fechamento do Congresso e na abolição dos limites colocados ao regime pela Carta de 1967 – mas na consolidação de uma alternativa eleitoral "palaciana" com vistas à futura substituição de Costa e Silva. Diante dos obstáculos imediatos que exigiam solução político-militar – a rebeldia dos componentes do futuro colégio eleitoral, a persistência de institutos liberais e a cizânia na área militar – esses setores visariam acertar vários alvos com um só disparo. Por um lado, apostavam na união castrense por via da criação de um *casus belli* que fornecesse um polo de união externo para a oficialidade. Por outro, face às divisões na hierarquia quanto aos

---

63 Com o apoio de ministros do Supremo e de líderes arenistas, o senador Daniel Krieger passou a propor "a suspensão do deputado (...) por decisão *interna corporis*". Ver *op. cit.*, p.334.

64 "Para Krieger, "um erro palmar, só praticável por pessoas totalmente destituídas de sensibilidade. Os órgãos técnicos do Congresso sempre foram respeitados (...). A decisão política cabe ao plenário. Essa é a tradição do Congresso". *Idem, ibidem*, p.335.

65 "Os assessores parlamentares da Presidência da República e dos ministérios militares, bem assim, outros informantes (...), davam como certa a negação do pedido", diria depois o general Portella. Cf. *op. cit.*, p.633.

rumos imediatos do regime, utilizavam a rebeldia dos quartéis como argumento a favor da retomada da "Revolução". Enfim, ao eleger o Congresso e a Constituição de 1967 como inimigos imediatos, conseguiam afastar, de um só golpe, os percalços "civis" que potencialmente se colocavam ao processo sucessório e, ao mesmo tempo, os resquícios liberais que constituíam o derradeiro esteio das práticas da classe política.[66]

É em relação às alternativas colocadas pelo núcleo duro do governo que ganham significado as posições das outras correntes envolvidas na sucessão. Dentre elas, a mais visível foi a liderada pelo general Albuquerque Lima. Desprovido de lugar estrutural nas sedes de poder do governo militar, o então ministro do Interior procuraria consolidar-se como alternativa "da caserna" para a sucessão de 1970.[67] Sua tática foi a de lançar-se candidato à luz do sol, apresentando-se como porta-voz da oficialidade insatisfeita, ao mesmo tempo em que levantava a bandeira da "continuidade da Revolução". Em outros termos, o general alinhava-se ao núcleo duro do governo no que tange à opção sem hesitações pelo "golpe dentro do golpe". Ao contrá-

---

66 Alguns elementos da análise acima apareciam na avaliação dos próprios atores. Assim, segundo, Daniel Krieger, "o caso Márcio Moreira Alves foi o pretexto para a edição do Ato Institucional amplamente desejado pelo sistema que aguardava, apenas, a obtenção da unidade militar para suprimir o Estado de Direito". Por sua vez, o jornalista e deputado Hermano Alves, ele próprio um dos alvos da ofensiva do Gabinete Militar, defendia no *Correio* que o objetivo dos processos era dissolver o colégio eleitoral e recuperar a unidade perdida nas Forças Armadas. Cf. *Desde as missões...*, p.344 e "A ofensiva golpista" (28-11-68, p.6).

67 Para a atuação do general Albuquerque Lima nessa fase, ver Carlos Alberto Tenório, "Os dois candidatos", *CM*, 25-11-68, p.2; "O general da nova Revolução", *Veja*, 4-1268, p.18-21; Carlos Castello Branco, *op. cit.*, p.533-537.

rio, porém, da corrente palaciana, as sementes da candidatura Albuquerque Lima seriam lançadas no solo que se pretendia fértil dos quartéis.[68] Foi também em contraposição à política palaciana que se definiram as outras correntes militares. Só nesses termos ganha sentido a militância dos coronéis da linha dura – que assumiam agora a denominação de "Linha Democrática do Exército" – a favor da negativa do Congresso ao pedido de licença para processar o deputado Moreira Alves.[69] Naquela fase, os "duros" de 66 denunciaram o Gabinete Militar como matriz da militarização renovada em 68, pregaram eleições diretas em 70 e respeito à Constituição de 67.[70] Por fim, embora com menos visibilidade do que as correntes acima, a atuação dos generais castelistas e de setores da hierarquia do Exército – com o apoio dos expoentes do liberalismo civil – parece ter apontado, até a undécima

---

68 "Ele mobiliza, incita e excita os escalões menores da oficialidade acenando-lhes com a complementação de um surto revolucionário, que tem como ameaçado de frustração. Ele vai-se credenciando a uma chefia nada ortodoxa, que poderá tornar-se a qualquer momento chefia rebelde", dizia sobre o general, em fins de novembro, Carlos Castello Branco. Cf. *op. cit.*, p.537.

69 "Os entendimentos entre o Coronel Francisco Boaventura Cavalcanti e os deputados (...) intensificavam-se e eram acompanhados pelo SNI e órgãos de informações dos Ministérios Militares", diria o general Portella em suas memórias. Cf. *op. cit.*, p.625. Por sua vez, Márcio Moreira Alves atribui a seus "informantes militares" o alerta de que seria sequestrado por oficiais da Aeronáutica. Ver *op. cit.*, p. 18.

70 "Duros são contra o fechamento", *CM*, 23-10-68, onde se afirma que doze coronéis e majores da ex-linha dura se reuniam para se opor às pressões contra o Congresso. No mesmo sentido vão as notas de Castello Branco: "alvitra-se (...) a hipótese de que as teses da constituinte e da eleição direta estejam sendo defendidas pelos coronéis Boaventura, Hélio Lemos e seus companheiros". *Op. cit.*, p.535.

hora, para uma resistência ao caminho que, levando ao Ato, definiria novo quadro para a luta sucessória. O indício mais saliente dessa posição foram as notas do ministro do Exército, principalmente a de 5 de dezembro, em que se afirmava que as Forças Armadas não pressionariam o Parlamento e aceitariam a decisão soberana do Congresso.[71] A evolução da crise, no entanto, iria modificar tais orientações. Aqui, uma ressalva parece importante: no final deste capítulo, o exame sintético dos processos que cercaram a decretação do quinto Ato Institucional não é inocente. Seu propósito é mostrar que parecem atuar aí de forma condensada os elementos político-militares de crise do regime militar até agora examinados. Assim, no período de poucos dias, o espaço da crise restringe-se radicalmente ao campo militar. A tensão entre oficialidade e hierarquia assume o papel de motor central das decisões. Alcança-se novamente uma "unidade de crise" em torno da decretação do novo Ato Institucional. Por fim, aguça-se a autonomização de alguns centros de poder que passam a agir com crescente independência.

Consideremos, de início, a situação na oficialidade. Conhecida a derrota do governo na votação do plenário da Câmara dos Deputados, as pressões da caserna se voltaram para o palácio. Para melhor entender este ponto, proponho um pa-

---

71 "Castelistas culpam o governo", *CM*, 23-10-68, onde se menciona como "contrários ao golpe" os generais Mamede, Malan, Orlando e Ernesto Geisel e o marechal Cordeiro de Faria. Quanto à atuação de Lyra Tavares, ver Carlos Castello Branco, *op. cit.*, p. 552 e segs.
Segundo a imprensa, a manifestação do ministro tinha como objetivo "desautorar certas personalidades do Gabinete Militar (...) que estão utilizando o nome das Forças Armadas para aterrorizar a Câmara". "Nota do Exército é gestão de Krieger", *CM*, 6-12-68, p.2.

ralelo com a crise de outubro de 1965. Ao contrário daquela fase, o ministério do Exército não se apresentava agora como porta-voz da rebeldia dos quartéis, ansiosos por reparar a "afronta dos políticos às Forças Armadas". Em 1968, o general que se empenhava em catalisar o mal-estar da oficialidade não tinha postos de comando e afirmava sua liderança no impreciso terreno da "chefia rebelde".[72] Na impossibilidade de se expressar através das sedes de poder do regime, o "estado de espírito" da oficialidade tornava-se um fator mais difuso e, por isso, mais ameaçador. Tal efeito foi sentido centralmente no Exército.[73]

Compreende-se, assim, a ansiedade dos generais que se dirigiram ao ministro do Exército para exigir a imediata retomada da "Revolução". Não por acaso, o general Lyra Tavares foi o único ministro a ser recebido pelo presidente Costa e Silva na tensa noite das pressões "revolucionárias".[74]

Em seguida, vale examinar o processo de decisões que levou ao quinto Ato Institucional. Após resistir às pressões pela decretação imediata das medidas pró-militarização, o presidente con-

---

72 Ver os esforços frustrados do general Albuquerque Lima para se apresentar como porta-voz informal dos quartéis na noite que antecedeu o Ato em Portella, *op. cit.*, p.644.

73 Segundo o relato de Portella: "O almirante Rademaker mandou informar ao presidente que na sua Força tudo corria bem, tendo ele recebido alguns almirantes com os quais conversara, tranquilizando-os. O mesmo informou o ministro da Aeronáutica, embora um ou outro oficial estivesse mais exaltado, mas que os estava contendo". Nesta última força, o polo da rebeldia foi o brigadeiro Burnier. Ver *op. cit.*, p.642-45.

74 "O General Lyra Tavares fez uma exposição da situação no Exército (...) mostrando que era de absoluto inconformismo, estando o seu gabinete repleto de generais que desejavam saber a atitude do governo (...) e que dos comandos de fora chegavam pedidos de ordens para o procedimento em face do ocorrido". *Idem, ibidem*, p.641.

vocou a cúpula do aparelho militar e os juristas palacianos para dar forma ao ato. Daí, o teor da decisão seguiu como "comunicação sigilosa" para aplacar, via comandos militares, a impaciência castrense. Enquanto isso, os ministros da área econômica eram chamados para saber da decisão. Só então, reuniu-se o Conselho de Segurança Nacional, órgão consultivo no ápice da crise, que sacramentou o Ato 5, com a única divergência do representante da "classe política", o vice-presidente Pedro Aleixo.[75]

Enfim, desfechado o "golpe dentro do golpe", chegaria ao paroxismo a autonomização dos centros de poder, processo já agudo no momento das pressões já referidas. Antes do ato, foi esse o quadro que possibilitaria ao chefe do Gabinete Militar assumir o comando das operações repressivas para só depois comunicá-las ao presidente, ao mesmo tempo em que assumia, dentro do palácio, o papel de guardião do isolamento de Costa e Silva.[76] Depois do Ato, que o mesmo general Portella ordenasse a prisão do ex-governador Lacerda e que o chefe do I Exército, general Syseno Sarmento mandasse prender o ex-presidente Juscelino, sem consulta ao Ministro do Exército ou ao presidente Costa e Silva.[77]

Foi, enfim, nesse contexto, que o chefe da Casa Militar impediu o ingresso dos próceres arenistas no Palácio das Laranjei-

---
75 Ver *idem, ibidem*, pp.650 e segs.
76 *Idem, ibidem* pp.640 e segs.
77 O próprio Portella reconhece que "havia recomendado aos seus assessores em Brasília que (...) fizessem uma caça aos deputados comunistas". Ironicamente, foram os generais Syseno Sarmento e Albuquerque Lima os primeiros a reclamar contra a prisão de Carlos Lacerda. Embora Portella dissesse a Lyra Tavares que a prisão "fora de ordem do Presidente", ele mesmo afirma que Costa e Silva "foi *cientificado* dessas prisões e as aprovou". *Idem, ibidem*, p.660.

ras. No dia anterior, vinte e um senadores da ARENA haviam assinado telegrama a Costa e Silva em protesto contra o Ato e em defesa do Estado de Direito e da Carta de 1967. Diziam ser portadores da "representação popular". O presidente respondeu que a ele cabia "antes de tudo (...) assegurar a permanência da Revolução".[78] De resto, no quinto Ato Institucional estava selada a sorte das sobrevivências liberais presentes na Constituição de 1967. Por sua vez, o Ato Complementar 38 decretava o recesso do Congresso Nacional. Daí em diante as tensões entre a caserna e o palácio se dariam sem a interferência, ainda que marginal, da "classe política".[78]

Quadro 2: Ações paramilitares da direita em 1968

Data	Tipo de ação	Local	Autoria
Abr.	Operação Para-Sar	RJ	Oficiais da Aeronáutica
220 20 Abr.	Bomba no Jornal *O Estado de S.Paulo*	SP	Desconhecida*
25 Jun.	Tentativa de retomar a Faculdade de Direito do Largo de São Francisco	SP	CCC
Jul.	Assalto ao teatro Galpão	SP	CCC
20 Agos	Bomba em estacionamento em frente ao DOPS	SP	Desconhecida**
3 Out.	Conflito com os estudantes da Faculdade de Filosofia da USP	SP	CCC, FAC, MAC

---

78 Para a íntegra dos telegramas, ver Daniel Krieger, *op. cit.*, p.342 e 343.

8 Out.	Ataque à Faculdade de Química	RJ	MAC, CCC, FUR
15 Out.	Invasão da Faculdade de Direito	RJ	MAC
Out.	Bomba na Livraria Civilização Brasileira	RJ	CCC
7 Dez.	Bomba contra o jornal *Correio da Manhã*	RJ	
Dez.	Bomba contra a Faculdade de Ciências Médicas da UEG	RJ	
Dez.	Bomba no Teatro Opinião		CCC

* Citando o jornal *O Repórter*, Jacob Gorender afirma que tal ação pertenceu ao Estado-Maior do II Exército. Cf., *op. cit.*, p. 150.

** Segundo Gorender, o responsável por esse atentado, Aladino Felix, "denunciou à Justiça Criminal que agiu por orientação do general Jayme Portella". Cf., *op. cit.*, p. 151

Fontes: Jacob Gorender, *Combate nas trevas- A esquerda brasileira: das ilusões perdidas à luta armada*. São Paulo, Ática, 1987, p.150-151; *Correio da Manhã* (21-4-68, p.16; 26-6-68, p.5; 20-7-68, p.6; 4-10-68, p.6; 9-10-68, p.14; 16-10-68, p. 12; 8-12-68, p.1); *Veja*, (23-10-68, p.15-19).

VI
Pela força das armas

Chegamos assim à fase que vai do quinto Ato Institucional à resolução da crise sucessória, estendendo-se de dezembro de 1968 a outubro de 1969. Em relação à quadra anterior, a atuação dos fatores permanentes de crise do regime dá-se agora numa arena política restrita ao aparelho militar, o que confere novo significado à desunião hierárquica e à cizânia na oficialidade. Entretanto, a operação desses processos é marcada em toda essa conjuntura pela permanência de uma incógnita crucial que só se resolveria com a eleição do general Médici. Trata-se da presença virtual de duas alternativas de consolidação do regime militar brasileiro – a via dos quartéis ou do "partido militar" e a via do sistema ou hierárquica.

Por fim, o capítulo irá examinar um outro fator cuja plena vigência só ocorreria além dos limites temporais deste trabalho. Refiro-me às repercussões da eclosão da "guerra revolucionária" tanto na dinâmica política como nas estruturas de poder do regime. Para os fins desta análise interessa apontar as potencialidades de unificação militar diante do surgimento efetivo da guerrilha urbana, numa espécie de "unidade de crise" que marcaria o período de governo do general Médici. Além disso, trata-se de enfrentar no nascedouro o tema da construção de um aparelho de informações e tortura relativamente autônomo, passível de conferir à inquietação da oficialidade características novas na etapa posterior da ditadura.

Tanto a incógnita da via de consolidação do regime, quanto a presença incipiente dos efeitos da guerrilha na unidade militar e na estrutura de poder, parecem apontar para um traço comum: o período entre o Ato cinco e a posse de Médici configura uma fase de transição até aqui pouco entendida em sua especificidade.

Militarização e transição

Nos primeiros meses após o AI-5, o governo buscou ao mesmo tempo aniquilar qualquer espaço legal de exercício da oposição civil e colocar sob seu estrito controle os setores estatais onde persistiam potenciais focos de resistência. O novo avanço da militarização configurou-se em dois processos correlatos: por um lado, a onda de punições que atingiu todo o espectro oposicionista; por outro, a consolidação de certas sedes de poder e a operação de uma verdadeira usina de leis "revolucionárias" destinadas a apertar o controle sobre qualquer atividade política. Quanto ao primeiro aspecto, não cabe aqui descrever o conjunto das medidas repressivas no imediato pós-AI 5. Basta dizer que a vaga de punições ditatoriais ultrapassou as fronteiras até então respeitadas pelos próprios governantes. Na área do Legislativo, o Senado Federal foi atingido por cassações de mandatos.

No Judiciário, os atos governamentais amparados no AI-5 alcançaram de forma inédita as cortes superiores, com a aposentadoria compulsória de membros do Supremo Tribunal Federal e do Superior Tribunal Militar.[1] Setores até então ilesos da oposição liberal foram também golpeados: caíram punições sobre renomados juristas, proprietários e diretores de grandes jornais, catedráticos universitários.[2] Colocada sob censura militar nos primeiros dias, a imprensa passou a conviver com censores nas redações. Ao fim, a nova "operação varredura" não deixou intocada nenhuma fonte de oposição ao regime.[3]

No aspecto das alterações no aparelho de Estado, no imediato pós-AI 5, é preciso inicialmente distinguir duas ordens de fatores. De um lado, o período que se estende até o afastamento do marechal Costa e Silva marcou-se pela consolidação do Conselho de Segurança Nacional como sede das decisões fundamentais do regime, agora sem as limitações da Constituição

---

1 Três ministros do STF foram afastados. Em protesto, o seu presidente pediu aposentadoria. Osvaldo Trigueiro do Vale, *O Supremo Tribunal Federal e a instabilidade político institucional*, Rio de Janeiro: Civilização Brasileira, 1976, 207 p., p. 94 e segs.e apêndices; também F.A de Miranda Rosa, *Justiça e Autoritarismo*, Rio de Janeiro, Jorge Zahar Editor, 1985.79 p.. Segundo Ronald Schneider, os únicos casos de afastamentos no STF remontavam a 1863 e 1931. Ver *op. cit.*, p.275.

2 O relato do advogado Sobral Pinto sobre sua prisão é ilustrativo do clima pós-AI 5: "quatro homens de compleição gigantesca, lançaram-se sobre num, como vespas sobre carniça, imobilizando-me os braços e apertando-me o ventre, pelas costas. Em seguida, empurraram-me, como um autômato (...) e conduziram-me a um batalhão que fica nos arredores de Goiânia". Ver carta de 21-12-68 ao Marechal Costa e Silva, em *Lições de liberdade: os direitos do homem no Brasil*, Belo Horizonte: Editora Comunicação, 1977. 2a ed. revista e ampliada, 273 p., p. 130-135.

3 Com a imprensa brasileira sob censura, os correspondentes estrangeiros no país passaram a ser uma fonte inestimável. Ver *The New York Times*: "Arrests by Brazil in political crisis put in hundreds" (16-12-68) *The Christian Science Monitor*: "Militarism deepens in Brazil" (19-2-69).

de 1967. Por sua própria composição, esse órgão se constituía, na prática, numa sede de decisões militares com cobertura formal dos ministros civis.[4] Nos momentos de crise militar aguda, o CSN era ultrapassado pelo sistema formal ou informal de consulta aos altos comandos, com destaque para o Alto Comando das Forças Armadas e o Alto Comando do Exército. Este aspecto será examinado mais adiante.

De outro lado, o governo militar aprimorou seus instrumentos de controle e repressão, com a decretação de uma série de dispositivos legais cujo alvo era a oposição civil, legal ou clandestina. Já no dia seguinte ao Ato 5, e com base nele, foi criada a Comissão Geral de Investigações que, sob o pretexto de "apurar enriquecimentos ilícitos e promover os atos para confiscos de bens", deixava suspensa uma espada de Dâmocles sobre a classe política. Chefiada pelo Ministro da Justiça, a CGI tinha como vice-presidente o subchefe do Estado Maior das Forças Armadas.[5] No início de janeiro, decreto-lei regulou as expulsões de estrangeiros com base "em Investigações sumárias nos casos de crime contra a Segurança Nacional, a ordem política e social e a economia popular".[6] Um mês depois, o decreto-lei 477 definiu "infrações disciplinares praticadas por professores, alunos, funcionários ou empregados de estabelecimentos de

---

4   O AI-5 ditava que o Presidente da República deveria ouvir o CSN nos processos de cassação de mandatos eletivos e suspensão de direitos políticos. Para a importância das reuniões do CSN no período em questão, ver Carlos Castello Branco, *Os militares no poder- o baile das solteironas* (vol. III), Rio de Janeiro: Nova Fronteira, 1979, 757 p., p. 8, 152 e 231 e Jayme Portella de Mello, *op. cit.*, cap. 22

5   Jayme Portella de Mello, *op. cit.*, p.673 e Irene Maria Magalhães, *op. cit.*, p. 171

6   *Idem, ibidem*, p. 171.

ensino público ou particulares" extinguindo, na prática, os espaços que restavam para a atividade política nas escolas.[7] Paralelamente, outras medidas do governo militar visavam as atividades da esquerda armada. É o caso da Comissão Geral de Inquérito Policial Militar, presidida por um general-de divisão, e constituída por um capitão-de-mar-e-guerra, um coronel do Exército e um coronel-aviador.[8] Em seguida, o presidente alterou a Lei de Segurança Nacional: os assaltos a bancos passaram a ser enquadrados entre os "crimes contra a segurança", foram ampliadas as penas e alterados os processos de julgamento. Revisões no mesmo sentido foram propostas no Código Penal Militar e no Código de Processo Penal Militar. Decreto presidencial consolidou a reorganização das polícias militares estaduais, "que ficaram sob a coordenação e maior controle do Ministério do Exército".[9] Enfim, vários decretos estabeleceram aumento de efetivos da força terrestre, tanto oficiais como praças.[10]

Mas o tema do refinamento do aparelho jurídico-repressivo requer análise mais atenta. Meu argumento aqui é que precisamos distingui-lo de um outro processo que no futuro estaria destinado a desempenhar relevante papel tanto na dinâmica como na configuração estrutural do regime: a construção do aparelho de informações, repressão e tortura. Em minha hipótese, este só se consolidaria no período posterior ao que estudamos.

Com o AI-5, reforçaram-se os setores do Estado empenhados em apressar a criação de um "aparelho de informações" de

---
7   *Lex*, ano XXXIII, jan.-mar., 1969, p.218.
8   Decreto-lei 459, in *Lex*, ano XXXIII, jan.-mar. 1969, p. 128.
9   Jayme Portella de Mello, *op. cit.*, p.781.
10 Cf. Irene Maria Magalhães, *op. cit.*, pp. 171-183. Ver também "Brazil tightening her security laws", editorial de 25-3-69 do *The New York Times*.

novo tipo. Já no final de 1968, há evidências de que o Gabinete Militar, o SNI, a Inspetoria Geral das Polícias Militares e o Ministério da Justiça atuavam nesse sentido.[11] Em fevereiro de 1969, o secretário-geral do CSN apresentou novo relatório sobre as atividades da guerrilha urbana, cujo resultado imediato foi a criação da comissão militar mencionada acima.[12]

Tudo isso só ganha pleno sentido no quadro da discussão sobre o grau e a forma que deveria ter o envolvimento das Forças Armadas na luta contra a guerrilha. Desde pelo menos julho de 1968, o tema vinha sendo debatido em certas áreas do aparelho militar. Nesse contexto, assumia importância crucial definir o estágio efetivo em que se encontrava a "guerra revolucionária". No imediato pós AI-5, o Gabinete Militar e seus aliados procuraram ressaltar a intensificação dos atos armados. Contudo, até a decretação do Ato 5, a criação de uma estrutura policial-militar paralela comandada pelas Forças Armadas parecia encontrar resistência de setores da hierarquia militar, entre os quais o comando do

---

11 Para o ex-secretário de Segurança Pública de São Paulo, Hely Lopes Meirelles, a criação de órgãos que aglutinassem as três forças armadas, a polícia estadual e a polícia federal na repressão política foi tema de reunião de secretários de segurança em Brasília, em fins de 1968. Aí, o ministro Gama e Silva e o general Meira Mattos "afirmaram que a ordem tinha origem em uma decisão tomada no próprio Palácio do Planalto". Antônio Carlos Fon, A *história da repressão política no Brasil*, São Paulo, Global, 1979. 4ª ed. 79 p., p.18.

12 O documento expunha a tese de que, no Brasil, o "movimento comunista internacional" já se caracterizava "como um inimigo interno que ultrapassou a fase de planejamento e já se lançou para a conquista do poder". Segundo ele, "a falta de coordenação e de uma ação maciça de repressão à onda de violência parece constituir o principal fator de êxito do plano subversivo". "Mais eficiência na luta contra o terror", *Veja*, 19-2-69, p. 16.

II Exército, cujo chefe, como já vimos, era o general Carvalho Lisboa.[13] Não por acaso, o relatório assinado pelo general Jayme Portella em fevereiro de 1969 empenhava-se em defender que «a persistir a atual situação, é de prever-se: a eclosão de guerrilhas urbanas e rurais; a atuação mais violenta em atos de terrorismo; a criação de "bases" e "zonas liberadas" (...); a concretização de ataques de surpresa e golpes de mão em organizações militares e pontos críticos.[14] De um modo ou de outro, a resistência do comando paulista seria removida em abril de 1969, quando o presidente Costa e Silva substituiu o general Carvalho Lisboa pelo general Canavarro Pereira.[15]

Só então foram dados os primeiros passos para a construção da estrutura paralela que o "núcleo duro" do governo reivindicava desde 1968. Falo da criação, em 2 de julho de 1969, da chamada "Operação Bandeirantes", com o objetivo de "coordenar as ações civis com as militares em São Paulo, cidade con-

---

13 Para Antônio Carlos Fon, "a opinião dominante no estado-maior do II Exército naquele período era a de que esta intervenção só deveria ocorrer quando houvesse a necessidade de massa e potência de fogo para enfrentar uma insurreição aberta, incapaz de ser controlada pelas polícias civil e militar". Na expressão de um oficial: "Nós nos opúnhamos à participação do Exército em operações policiais, da forma como era pretendida - embora não nós negássemos a combater o comunismo - por uma questão de doutrina e por saber a que extremos um envolvimento desse tipo nos levaria". Antônio Carlos Fon, *op. cit.*, p. 17-18.

14 *Veja*, 19-2-69, p.16.

15 Carvalho Lisboa, mais conhecido pelo desafio à guerrilha urbana, que provocou o atentado contra o QG do II Exército em junho de 1968, era visto pela oposição liberal como representante dos "legalistas" nas Forças Armadas. Ver "Atitude liberal de militares exaltada por líderes na Câmara", *CM*, 23-4-68, p. 1. Para a visão do general Canavarro Pereira sobre os modos de enfrentamento da luta armada ver "Bombs and welfare", *Latin America*, Aug. 15, 1969.

siderada o centro irradiador dos movimentos de esquerda da época".[16] O ponto relevante é que a plena incorporação desse organismo ao comando das Forças Armadas, depois de provada sua eficácia, deu-se em janeiro de 1970, com o surgimento do "Destacamento de Operações de Informações – Centro de Operações de Defesa Interna", o DOI-CODI. Ao contrário da OBAN, este significou a "formalização, no Exército, de um comando que englobava as outras duas Armas": "dotados de existência legal, comandados por um oficial do Exército, providos com dotações orçamentárias regulares" esses organismos passaram a chefiar a repressão política nos estados.[17]

A precisão nos dados e nas datas não deve ser tomada como preciosismo. Ela se prende à necessidade de qualificar certas teses que, ao pretenderem caracterizar a ruptura provocada pelo AI-5, acabam por perder a especificidade da conjuntura em questão. Assim, ao enfocar o tema da crescente autonomia dos "organismos de segurança", Lúcia Klein afirma que o Ato 5, ao mesmo tempo em que "contribui para fortalecer a autonomia" desses aparelhos, permite que "esses órgãos elaborem suas próprias regras", o que amplia ainda mais tal autonomia.[18] Por sua

---

16 Antônio Carlos Fon, *op. cit.*, p. 19.

17 "A OBAN não era formalmente vinculada ao II Exército" e foi composta .com efetivos do Exército, Marinha, Aeronáutica, Polícia Política Estadual, Departamento de Polícia Federal, Polícia Civil, Força Pública e Guarda Civil". *Brasil Nunca Mais*, Petrópolis, Vozes, 1985, 4ª. edição, 312 P., pp.74 e segs. Novas informações sobre o aparelho repressivo apareceram recentemente em Maria Celina D´Araujo *et alii*, *Os anos de chumbo: a memória militar sobrea repressão*, Rio de Janeiro: Relume Dumará, 1994, 326 p.

18 Lúcia Klein, "Brasil pós-1964: a nova ordem legal e a redefinição das bases de legitimidade", in *Legitimidade e coação no Brasil pós-1964*, *op. cit.*, p.46.

vez, alguns autores defendem a ideia de que a conjuntura pós-AI 5 "seria presidida pela luta armada".[19] A meu ver, se considerarmos os onze meses entre o AI-5 e a sucessão de Costa e Silva, essas teses padecem de excessiva generalidade e imprecisão. Duas ordens de fatores fundamentam a minha crítica. De início, é possível defender, com base nas próprias evidências acima levantadas, que os efeitos da luta armada sobre o aparelho de Estado ainda são incipientes. Mas o argumento central desta parte do trabalho é que, no período que se abre em dezembro de 1968, o "efeito de guerra revolucionária", que a partir da sucessão de Costa e Silva iria contribuir para uma excepcional e temporária suspensão dos elementos permanentes de crise política do regime, ainda se revelava incapaz de anular tanto a cizânia no seio da oficialidade como a desunião no plano da hierarquia. Assim, é ao enfoque desses dois processos que nos conduz o raciocínio desta parte do trabalho.

A unidade

> Os matizes que possa oferecer a situação militar não afetam a realidade básica da união das Forças Armadas na linha dos objetivos revolucionários. Os militares estão unidos para levar avante a Revolução. (Carlos Castello Branco, crônica de 12-1-69)

Comecemos pelos fatores de unidade militar. Também neste ponto, o estudo do processo político do imediato pós AI-5 revelaria um elemento de permanência. Refiro-me à antiga cisão entre militares e classe política e ao repúdio unitário

---

[19] Sebastião Velasco e Cruz & Carlos E. Martins, *op. cit.*, p.34.

das Forças Armadas face à qualquer possibilidade de "volta ao passado". Sob todos os ângulos, a crise de dezembro de 1968 parece ter agravado a fissura entre os dois campos. Na visão militar, o comportamento dos políticos durante o caso Moreira Alves apenas confirmava a superioridade moral das Forças Armadas, cujas qualidades essenciais de "desprendimento" e "patriotismo" ressaltavam face ao "egoísmo" dos políticos. A recusa do Congresso em aprovar a licença de Márcio Moreira Alves, a dissidência no próprio partido governista, o telegrama que os vinte e um senadores da ARENA mandaram a Costa e Silva, defendendo a "representação popular" e a "prevalência dos valores jurídicos e sociais do Estado de Direito"[20] e enfim, o posicionamento do vice-presidente Pedro Aleixo na reunião de aprovação do Ato Institucional serviriam para consolidar, no campo castrense, o retrato do "político" como um inconfidente em potencial, sempre disposto a "desafiar a Revolução". Tal quadro se refletiria nas declarações do ministro Lyra Tavares externando o apoio de sua força ao AI-5, bem como no documento "O Exército e o AI-5", que teria circulação restrita nos quartéis no início de 1969.[21]

A unidade militar em torno da necessidade de defender a "Revolução" dos ataques da classe política seria visível durante todo o período em questão. Basta lembrar o empenho da hierarquia das Forças Armadas em convencer o presidente Costa e Silva de que um recuo nas restrições impostas ao Congresso Nacional encontraria fortes resistências nos quartéis. Mesmo com a bancada do único partido de oposição legal reduzida de

---

20 Daniel Krieger, *Op. cit.* p.34243.
21 Irene Maria Magalhães, *op. cit.*, p. 171 e "Militarism deepens in Brazil", *CSM*, 19-2-69.

130 para 69 deputados, e de 18 para 14 senadores, a subterrânea tensão em torno desse tópico veio à tona com o debate sobre uma incerta "volta à normalidade" patrocinada pelo próprio presidente Costa e Silva.[22] Vale dizer, com a iniciativa presidencial de inaugurar, em maio de 1969, estudos para uma reforma da Carta de 1967, que deveriam culminar com a suspensão do recesso do Parlamento para a "aprovação" do projeto.[23] Os movimentos do presidente não tardaram a despertar inquietações na hierarquia militar. Ainda em maio, o ministro da Aeronáutica, Márcio de Souza e Melo, falando na Escola Naval, atacava o conceito de separação de poderes, ao negar que o Parlamento detivesse o privilégio exclusivo de legislar.[24] No mês de julho, o chefe do SNI, general Emílio Médici, procuraria dissuadir Costa e Silva "de levantar logo o recesso do Congresso (...), pois não iria repercutir bem na área militar". Logo depois, os ministros militares levaram ao marechal Costa e Silva sua avaliação de que "ainda era cedo para levantar o recesso do Congresso, pois que havia muitas áreas de suas forças que ainda se sentiam desalentadas com os setores políticos".[25]

---

22 Para a situação do MDB em cada estado, após as cassações, ver *Os militares no poder*, vol. 111, p.207-208.
23 "Os sinais da primavera", *Veja*, 21-5-69, p. 15-17. Em minha hipótese, tais propostas refletiam tanto a preocupação do regime com a imagem externa negativa do avanço do militarismo no Brasil, como o antigo tema da "institucionalização", presente no pós-AI 5, na necessidade de legitimar a sucessão militar através do artifício das eleições indiretas e do Colégio Eleitoral.
24 "Return of the politicians", *LA*, 30-5-69.
25 Aludindo a uma reunião realizada em fins de julho de 1969, diria depois o general Portella: "os ministros disseram-lhe que (...) dentro do quadro que sentiam em suas forças, ele bem poderia esperar mais um

Mas as resistências militares não se limitariam à suspensão do recesso do Parlamento. As primeiras notícias sobre o teor das sugestões para a reforma constitucional que o vice-presidente Pedro Aleixo amealhava para encaminhar ao presidente também semearam inquietação na hierarquia militar. Aqui, o ponto que melhor expressa a unidade castrense parece ser o repúdio à extinção do Ato cinco e da legislação "revolucionária" que se seguiu.[26] De tal modo, mesmo o pertinaz realismo político de Aleixo, disposto a reconhecer na Constituição as "exigências contemporâneas de fortalecimento do Executivo", ao mesmo tempo em que procurava manter o capítulo sobre os direitos individuas, iria se deparar com a união militar em torno das preocupações com a segurança nacional.[27] Assim, na última reunião que o presidente realizou com os ministros militares antes de seu afastamento, "os três fizeram chegar a ele apreensões recolhidas em seus setores de ação. Era evidente que a maioria das chefias militares não recebia com agrado a perspectiva da reabertura do Congresso, a hipótese da suspensão dos atos institucionais".[28] Ao fim, os últimos paladinos do liberalismo logo seriam forçados a aceitar, pela força das armas,

---

pouco, para quando o ambiente militar se apresentasse mais compreensivo". Cf. *op. cit.*, p. 782, 786 e 801.

26 Ver *113 dias de angústia...*, *op. cit.*, p. 257 e Carlos Castello Branco, *Os militares no poder*, vol. III, p. 181, 197, 223.

27 *Veja* 9-7-69, pp. 16 e segs.; José Carlos Brandi Aleixo & Carlos Chagas, *Pedro Aleixo: testemunhos e lições*, Brasília: Centro Gráfico do Senado Federal, 1976, 356 p., p. 287 e segs. e Carlos Castello Branco, *Os militares no poder*, vol. III, p. 224 e segs.

28 Carlos Chagas, *op. cit.*, p. 29.

que o regime brasileiro do pós-1964 não podia ser definido pelo simples desequilíbrio entre os "poderes".[29] Contudo, a análise dos fatores de unidade no campo militar não se esgota com a oposição entre militares e "classe política". No primeiro semestre de 1969, daria sinais de vida o processo que denominamos acima de "guerra revolucionária". Para os setores então seduzidos pelo foquismo guevarista essa fase marcou a efetiva "imersão geral na luta armada". "Ao iniciar-se o ano de 1969, a ALN e a Vanguarda Popular Revolucionária (VPR) concluíram que o comprometimento prático com a luta armada se confirmou acertado diante do fechamento completo da ditadura militar. O capítulo da luta de massas estava encerrado".[30]

Não se pretende aqui fazer um relato minucioso da ascensão das ações guerrilheiras.[31] Em vez disso, interessa inicialmente enfocar o impacto que teriam sobre as Forças Armadas as sucessivas revelações dos organismos de segurança quanto ao caráter e o alcance da "subversão".[32] Refiro-me às informações

---

29 Para uma crítica das perspectivas liberais que, no final do regime militar, procuravam igualar a ditadura militar aos regimes de presidencialismo forte, ver Décio Saes, "A camuflagem do poder", *Movimento*, edição especial "O Estado militar", n.301, 6/12 abril 1981, p.8. Cf. também a entrevista de Mem de Sá a *Veja*, (8-10-69, pp.3-6): "O velho liberal está morto, não existe mais".

30 Jacob Gorender, *op. cit.*, p. 153. Para uma análise do debate no seio da esquerda armada no período, João Quartim, *Dictatorship and armed struggle in Brazil*, New York, Monthly Review Press, 1971, 250p.

31 Segundo Gorender, até julho de 1969, houve 31 assaltos a bancos. *Op. cit.* p. 99. Cf. também *LA*: "Subversion all around"(6-6-69); "The terrorists strike" (25-7-69); "Doubt and subversion"(8-8-69) e "Bombs and welfare" (15-8-69).

32 Data daí o recurso empregado pela imprensa de mencionar as ações de guerrilha urbana como atos terroristas. No dia 6 de janeiro, o *Jor-*

que então vieram à luz, seja sobre a presença de antigos dirigentes do PCB na chefia das organizações guerrilheiras – sobretudo Carlos Marighella –, seja sobre os objetivos e estrutura de alguns dos principais grupos da esquerda armada.[33]

No entanto, o acontecimento específico que deveria produzir maiores inquietações na hierarquia militar teve caráter não apenas bélico, mas castrense. Ainda em janeiro de 1969, a fuga de um grupo de militares do quartel de Quitaúna, sob a chefia do capitão Carlos Lamarca, carregando caixas de armas e munição, provocou visível indignação na hierarquia e na oficialidade das Forças Armadas[34] A evasão – da qual participaram um soldado, um cabo e um sargento – revelava a existência de uma "célula subversiva" dentro do próprio Exército, que "já vinha fornecendo à VPR armas leves e granadas desviadas do depósito do quartel".[35] Não por acaso, poucos dias depois era divulgado o relatório do Gabinete Militar da presidência sobre a "nova etapa" da "guerra revolucionária". Em seguida, uma série de declarações militares evidenciaria a preocupação com

---

nal da Tarde foi apreendido nas bancas por empregar o termo "guerrilha". "Brazil assailed for press curbs", NYT, 2-2-69.

33 A vida clandestina de Marighella, até então conhecida por documentos e declarações no exterior, veio à luz em meados de novembro de 1968. "A caçada", Veja, 20-11-68, Jacob Gorender, op. cit., p. 135. Em agosto de 1969, citando fontes militares, o NYT mencionava 200 prisões e a descoberta de dez grupos de guerrilha urbana. "Rebels in Brazil shifting attacks to cities, denounce Costa e Silva on seized radio" (16-8-69).

34 Veja: "As armas do terrorismo brasileiro" (5-3-69, p. 15) e "Ele assalta em nome do terror" (21-5-69, p. 18-21).

35 Jacob Gorender, op. cit., p. 133 e segs.

o tema.[36] Tal estado de ânimo completa o contexto de unidade no qual proponho analisar os fatores permanentes de crise política do regime.

A desunião

> Não publicar notícias ou comentários que possam provocar no seio das Forças Armadas ou entre estas e o poder público ou a opinião pública ("Recomendações" da Censura à imprensa, julho-1969)

A unidade militar face às aspirações da classe política e à ameaça da "guerra revolucionária" não seria suficiente para sufocar tanto as discordâncias na hierarquia como a efervescência nos quartéis. Na conjuntura em questão, ambos esses elementos de crise passam a se concentrar com crescente intensidade em torno de um só processo: a sucessão presidencial. Nesse sentido, mesmo a rígida censura à imprensa logo se mostraria impotente para abafar o rumor das tensões internas que persistiam no interior do aparelho militar. O estudo dessas tensões exige que enfrentemos novamente a análise dualista das cisões nas Forças Armadas. Na conjuntura de 1969, tal viés se expressaria na tentativa de caracterizar as divisões militares a partir de um suposto conflito entre "nacionalistas" e "internacionalistas" na luta pela sucessão. O primeiro desses campos seria identificado com a área

---

36 Na Escola Naval, o ministro da Aeronáutica referiu-se ao "vírus da guerra revolucionária". Na ESG, o coronel Vieira Duque diria a um grupo de militares franceses que "vivemos em permanente perigo, ameaçados pela guerra revolucionária". O próprio ministro do Exército empenhou-se em ressaltar que tal processo "estava em rápido desenvolvimento". "Return of the politicians?", *LA*, 30-5-69.

de liderança do general Albuquerque Lima e os contornos do segundo seriam suficientemente imprecisos para englobar todas as outras correntes militares, inclusive o núcleo duro do governo Costa e Silva o qual, convém lembrar, já fora caracterizado por esses mesmos autores como o próprio campo "nacionalista".

De início, vale examinar o desempenho do aspirante mais sonoro ao posto presidencial nessa fase, o general Albuquerque Lima. No pós-AI 5, em sucessivos pronunciamentos, ele se apressou a defender que a abolição das restrições "legais" ao exercício do poder militar abria caminho para uma mudança de rumos na política de desenvolvimento do regime. De tal modo, no final de 1968, os albuquerquistas lançaram-se como porta-vozes de uma imprecisa plataforma reformista, que visaria sanar as desigualdades sociais, defender a autonomia nacional e superar os desequilíbrios regionais.[37] A exata compreensão do papel dos albuquerquistas e da reação militar que levantaram recoloca, a meu ver, a ideia da pluralidade de correntes militares presentes no cenário do governo Costa e Silva. Antes de tudo, interessa destacar que o "reformismo" daquele general só ganha pleno sentido no contexto de sua estratégia de chegar ao topo do governo militar pela via da "candidatura dos quartéis" e do recurso à oficialidade como fonte do poder "revolucionário".

A unificação temporária da hierarquia militar em torno do combate à sua candidatura não expressaria necessariamente uma suposta adesão ao "internacionalismo" na política econômica. Em vez disso, ela parece refletir a concordância bastante ampla no seio da hierarquia quanto à necessidade de barrar uma candidatura alicerçada na participação ativa da oficialidade. Em outras palavras, era agora a resistência ao "partido

---

37 "Social Reform" e "The mask of unity cracks", LA, 3-1-69 e 31-1-69.

militar" o que parecia unir os oficiais-generais. Foi esse, a meu ver, o eixo provisório a possibilitar o apoio nas Forças Armadas às ações do governo no sentido de anular a influência de Albuquerque Lima.[38] Nas promoções de março de 1969, ultrapassaram o candidato e ganharam as quatro estrelas os generais Canavarro Pereira, Emílio Médici e Moniz de Aragão.[39] Mas os episódios seguintes no âmbito da alta oficialidade se encarregariam de mostrar que o anti-albuquerquismo não esgotava os elementos de desunião na hierarquia. Novas tensões seriam despertadas pela crescente atividade dos aspirantes palacianos à sucessão de Costa e Silva. Agora, o alvo das inquietações da hierarquia pareciam ser os ministros-coronéis Andreazza, Costa Cavalcanti e Jarbas Passarinho. Também nesse caso, a hierarquia militar cuidou de fazer chegar ao Palácio que os oficiais-generais não aceitariam a pretensão de alguns coronéis à chefia do regime militar.[40] Há indícios, por outro lado, de que a hierarquia acompanhava com atenção os movimentos do chefe da Casa Militar, general Jayme Portella, que acirrou suspeitas já antigas, não apenas com sua promoção a general-de-divisão,

---

38 Basicamente, a manutenção da exigência regulamentar de que o general voltasse à ativa, a aceitação de sua renúncia, a posterior transferência para um posto burocrático e a preterição de suas aspirações a uma estratégica promoção ao generalato pleno. Ver "More cleaning", *LA*, 7-2-69; "Brazil power scale tips slowly back", *NYT*, 28-1-69. Peter Flynn, *op. cit.* p. 427 e segs.
39 Ver Ronald Schneider, *op. cit.*, p.282-83.
40 Segundo o general Portella, o próprio presidente disse ao ministro Andreazza que "os generais (...) não queriam ver, no governo do país, um coronel". Ele também afirma ter sido procurado alternadamente pelos generais Antônio Muricy e João Bina Machado, ambos preocupados em fazer chegar ao presidente o veto dos generais às pretensões dos coronéis. Cf. *op. cit.*, p.794-95.

em fins de julho de 1969, mas em virtude das homenagens que lhe prestou na ocasião o presidente Costa e Silva.[41] Por fim, todo esse conjunto de contradições e tensões no campo da luta sucessória viria à luz de forma concentrada num único episódio, o da polêmica que se travou, em junho de 1969, entre o general Augusto Moniz de Aragão, chefe do Departamento de Provisão Geral do Exército, e o ministro daquela força, general Lyra Tavares.[42] Recém-promovido ao generalato pleno, o chefe do DPG suscitaria com suas cartas ao ministro visíveis preocupações do Gabinete Militar e do próprio presidente Costa e Silva. O caso Moniz de Aragão parece confirmar a hipótese de que a desunião na hierarquia e a discórdia nos quartéis convergem de forma particular, na conjuntura de 1969, para o tema da sucessão presidencial.

O centro da polêmica desdobrou-se em dois temas fundamentais.[43] No primeiro, o general Aragão atacou frontalmente

---

41 Para Carlos Chagas, então secretário de Imprensa da Presidência, "algo já não funcionava bem no Palácio do Planalto. Portella, cada vez mais, parecia o subcomandante do país". *A guerra das estrelas*, cit., p. 150. No mesmo sentido ia a crônica de 6-8-69 de Carlos Castello Branco, que registrava o papel de Portella na coordenação das emendas à Carta apresentadas pelos membros do CSN. Cf. *Os militares no poder*, vol. III, p. 279.

42 Os dados disponíveis não permitem situar o general Aragão em nenhuma das quatro correntes militares definidas anteriormente. Ver as obras citadas de Alfred Stepan (p. 207); Peter Flynn (p.299); John Foster Dulles (p.42); Luís Viana Filho (p.48) e Carlos Lacerda (pp.292-93).

43 Tais pontos apareceram, de início, na reunião que o general Aragão realizou com seus oficiais-generais (17-6-69); em seguida, na defesa que o ministro Lyra Tavares fez do governo Costa e Silva, ao visitar o Departamento de Provisão Geral uma semana depois e, finalmente, nas cartas que Aragão trocou com Lyra Tavares. Cf. a íntegra dos documentos, em Carlos Chagas, *113 dias...*, p. 199-211.

os movimentos do grupo palaciano, lançando uma série de acusações de personalismo e corrupção no seio do governo Costa e Silva. Para comprová-las, listou exemplos de medidas governamentais que beneficiavam a família do presidente e o círculo palaciano e denunciou que verbas concedidas ao Ministério dos Transportes visavam fortalecer a candidatura palaciana do coronel Andreazza à sucessão de Costa e Silva. No segundo tema, o general Aragão acenou com a ameaça do "conflito latente" entre oficialidade e hierarquia e alertou para a "hipótese – possível e provável – (...) de que um ou mais chefes militares (...) procurem colocar-se na 'crista da onda' provocando a fratura da unanimidade militar". Em outras palavras, lançou mão da cizânia militar como reforço de seus argumentos.[44]

A cizânia

> Camaradas! Quem vos fala é vosso Chefe Supremo. De direito e de fato. E que não abrirá mão dessa honrosa prerrogativa. É o soldado falando para soldados. (Costa e Silva, na cerimônia de diplomação dos oficiais da ECEME, 16-12-68)

Não por acaso. Nos meses que separam a decretação do AI-5 da crise sucessória de setembro de 1969, a permanência da discórdia nos quartéis saltava aos olhos.[45] As evidências mais

---

44 Para a carta a Lyra Tavares (17-6-69), *Idem, ibidem*, pp.200-202.

45 Basta citar os sucessivos pronunciamentos militares sobre a "harmonia" e "coesão" no seio das Forças Armadas, a nítida preocupação da censura com notícias que alimentassem cisões na caserna e a própria reunião que o Alto Comando do Exército realizou em fins de julho de 69, para examinar as ameaças à "disciplina" e à "coesão" naquela

consistentes nesse sentido viriam à tona na citada polêmica entre os generais Moniz de Aragão e Lyra Tavares. Desde sua primeira epístola ao ministro (22-5-69), com o propósito explícito de protestar contra a publicidade dada à punição do coronel Boaventura Cavalcanti, o general Aragão procurou centrar seus argumentos na potencial rebeldia da oficialidade. Para ele, o arrazoado que precedia a reforma compulsória do ex-coronel da "linha dura" continha "apreciações, conceitos desprimorosos e hostis", os quais "se feriram a honra daquele oficial, também respingaram o brio da classe, a emocionando e revoltando". Com a medida, sugeria o general, o governo afrontou o conjunto da oficialidade: "O ânimo do Exército excitou-se soprado de generoso repúdio à publicidade que acompanhou a sanção imposta ao Cel. Boaventura".[46]

O silêncio de Lyra Tavares levou Aragão a retomar o ataque. Convocou seus oficiais-generais para uma reunião em que discutiu a série de denúncias acima mencionadas. Elas constavam de carta já redigida mas só entregue ao ministro uma semana depois, em seguida à visita deste ao departamento chefiado por Aragão. Desta vez, o general deixava mais claro seu propósito de acenar com a rebelião dos quartéis face ao desmando dos chefes do regime. Para ele, a distorção do conceito de comando e de chefia nos governos militares do pós-1964, bem como o efeito ideológico da intervenção militar de abril de 1964, na área da caserna, se juntavam para convencer

---

força. "O ato explicado", *Veja*, 25-12-68, pp. 14-15; "Brazil's military regime tightens press muzzle", *CSM*, 11-7-69 e "Brazilian Army debates its governmental role", *NYT*, 26-7-69.
46 Carlos Chagas, *113 dias...*, *op. cit.*, p. 199 e "Brazilian president ousts colonel as foe of regime", *NYT*, 21-5-69.

a oficialidade da legitimidade de derrubar governos corruptos. Os oficiais "particularmente os mais jovens" encontrar-se-iam em "conflito latente com seus chefes, por eles inculpados de abulia, tolerância ou cumplicidade diante dos supostos ou reais equívocos governamentais". O mais arguto sociólogo talvez não conseguisse sintetizar com tal felicidade aquilo que vimos definindo aqui como a cizânia castrense: "Os oficiais das Forças Armadas, porque se julgam responsáveis pelo regime revolucionário, entendem que têm o direito e o dever não só de fiscalizar os atos do Governo, que imaginam sua criatura, como até de afastá-lo se dele discordarem".

Entretanto, nos argumentos seguintes, o general deixava claro que não pretendia chefiar a rebeldia da caserna e sim fortalecer-se como eventual fiador de uma solução. De tal modo, o chefe do DPG dizia: "O pior, no entanto, é a hipótese – possível e provável – de um ou mais chefes militares, percebendo a contingência de serem ultrapassados pelos subordinados, que não souberam orientar ou conter, procurem colocar-se 'na crista da onda' provocando, com isso, a fratura da unidade militar e assim favorecendo o desencadeamento de uma tempestade que nos arrastará, a todos, para o caos do imprevisível". Desnecessário dizer que a meteorologia política do general previa o risco de ascensão do partido militar e de seu chefe rebelde, Albuquerque Lima. Ganha pleno sentido, nesse contexto, sua proposta de solucionar a crise "através de ação planejada e voluntariosa, universal e intensa, permanente e indormida, visando à retomada das rédeas de comando e liderança que os chefes militares deixaram que se lhes escapasse entre os dedos, sem a preocupação ulterior de reavê-las".

Tão direta lembrança do estado de ânimo dos quartéis teria previsível impacto na hierarquia. Em sua réplica à carta do general Moniz de Aragão, o ministro do Exército cuidou de justificar a punição de Cavalcanti, destacando que esta fora motivada pelo comportamento do coronel no caso Márcio Moreira Alves e por sua defesa de um governo chefiado por Carlos Lacerda para suceder Costa e Silva. Apontaria, porém, como "indisfarçavelmente muito mais grave", nos argumentos do general Aragão, a afirmativa de que caberia aos oficiais fiscalizar os atos do governo, "o que importa em submeter o Chefe da Nação ao controle militar". Segundo o ministro, o general rebelado usara "termos e conceitos absolutamente inaceitáveis atingindo nas suas críticas a atuação de todos os chefes dos vários escalões do Exército, por lhe parecer que eles não têm capacidade de liderança e orientação dos subordinados, criando, também, uma distinção entre oficiais antigos e oficiais Jovens, como se a hierarquia militar, una e indivisível, o comportasse ou admitisse". Finalizando, o ministro do Exército alertava que sem coesão, disciplina e hierarquia seria impossível vencer a "guerra revolucionária".[47] O apelo de Moniz de Aragão à discórdia castrense, como forma de fortalecer sua própria posição no campo sucessório, seria também o ponto central da indignação tanto do presidente como de seu chefe de gabinete, o general Jayme Portella.[48]

Assim, no final de agosto de 1968, antes da doença que afastou o presidente Costa e Silva do poder, parecia se firmar no seio do aparelho castrense uma nítida tensão entre duas vias possíveis de sucessão militar, *que resultariam em variantes diver-*

---

47 *113 dias de angústia...*, op. cit., p. 203-205.

48 "O Presidente não se prestaria ao papel de ser tutelado pelos companheiros de Revolução" e "não cabia aos companheiros da Revolução a fiscalização dos atos do Governo", op. cit., p.776.

sas de regime militar. Consolidado o veto da hierarquia ao surgimento de uma candidatura de oficiais do Exército pela via palaciana, ficou cada vez mais evidente a visão dos oficiais-generais de que a sucessão era um *affair* da cúpula militar e restava ao partido militar a via da chefia rebelde do general Albuquerque Lima. Nesse ponto, creio ser possível passar ao exame da derradeira crise militar a exigir a atenção deste trabalho.

Pela força das armas

> A sã política é filha da moral e da razão. Ordem e progresso. O problema sucessório é o bem da pátria. (Título do manifesto do almirante Melo Batista, 1-10-69)

As poucas semanas entre o súbito afastamento do presidente Costa e Silva e a resolução da crise sucessória constituem, talvez, o período mais rico e complexo para a observação da dinâmica militar das crises políticas da ditadura. Não apenas aparecem aí, com rara nitidez, os elementos permanentes de crise do regime pós-1964, como se desvendam as estruturas de poder e os sistemas de tomada de decisão do período militar no Brasil. Enfim, foi no bojo dessa fase da crise política que se deu a consolidação da variante hierárquica de regime militar que caracterizou a partir daí o caso brasileiro. Dada a riqueza de elementos presentes nessa fase crítica, o curto espaço de tempo em que se desenrolou exige uma periodização que dê conta da dinâmica fina dos processos de crise política castrenses.

Proponho analisar essa conjuntura em três momentos: o primeiro compreenderia os dias inaugurais do afastamento de Costa e Silva antes da posse da Junta Militar, quando preponderou a unidade militar face à necessidade de afastar os civis da presidência; o segundo, marcado por intensas manifestações de cizânia e desunião, iria da posse da junta até as reuniões que o Alto Comando do Exército realizou em meados de setembro, delineando alguns parâmetros para o encaminhamento do problema sucessório, depois ratificados pelos altos-comandos das outras forças; por fim, temos o período de disputa eleitoral propriamente dita, até a sagração do general Emílio Médici pelo Alto Comando das Forças Armadas, já em outubro.

O rearranjo do poder: a unidade efêmera (27 a 31 de agosto)

Os cinco dias iniciais de afastamento do presidente Costa e Silva foram testemunhas de processos cruciais de rearranjo do poder militar. Na miríade de acontecimentos que se seguiu à enfermidade do presidente, ressalta a dinâmica restrita e excludente da tomada de decisões militares que conduziu à solução da junta castrense como meio de substituir o marechal incapacitado. Como veremos, as decisões da cúpula contaram com amplo apoio militar no que se refere ao afastamento da sucessão constitucional e civil. Precocemente, porém, a fórmula da junta militar foi vista com desconfiança por setores da hierarquia. Finalmente, no seio dessa dinâmica restrita dos primeiros momentos críticos, já se pode notar um nítido deslocamento das sedes de poder do regime militar, processo que já ocorrera, embora de forma incipiente, em outras fases críticas das crises políticas do regime.

Nesse quadro, o exame da dinâmica emergencial e de cúpula das primeiras decisões tomadas após a doença do presidente lança luz sobre importantes traços estruturais do poder no Brasil do pós-1964. Com base nos relatos disponíveis sobre os acontecimentos dos dias finais de agosto de 1969[49] é possível ver nos processos que se sucederam ao súbito afastamento do chefe do governo uma trajetória das decisões que desvenda a centralidade de certas sedes de poder da ditadura militar brasileira. Nesse sentido, vale examinar, ainda que brevemente, a sequência dos acontecimentos na fase "secreta" da crise de agosto-setembro.

Uma primeira constatação aparece quando nos debruçamos sobre os momentos que se seguiram ao agravamento do estado de saúde do marechal Costa e Silva. Foi efêmera e em parte ilusória a capacidade do Gabinete Militar em recorrer ao controle dos segredos palacianos como principal recurso de poder. Logo em seguida à decisão de transferir o presidente enfermo de Brasília para o Palácio das Laranjeiras, no Rio de Janeiro, o vazio institucional obrigaria o general Portella a avisar os ministros militares da gravidade do estado de saúde do presidente.[50] Nessa primeira reunião, acertou-se que tal continuidade implicava no veto à substituição do presidente militar pelo vice-presidente civil e foi cogitada a fórmula da junta mi-

---

49 Para o estudo da conjuntura de fins de agosto a outubro de 1969 recorri aos minuciosos relatos de Jayme Portella de Mello (*op. cit.*, p.803-935) e Carlos Chagas (*113 dias de angústia...*, *op. cit.*). Além desses, cito a versão do general Antônio Carlos Murici, na forma como apareceu em *O Globo* de 22 a 29 de abril de 1970 (Cf. Carlos Chagas, *op. cit.*, p. 263-289). Os dois generais empenharam-se em refutar o relato do jornalista. Outras fontes aparecerão nas notas seguintes.

50 A noção de segredo era relativa, frequentemente mera ilusão dos protagonistas. Referindo-se ao suposto sigilo da informação que o general Portella passava aos ministros militares, Carlos Chagas diria "àquela altura (eles) já estavam a par da gravidade da situação. Seus representantes junto ao Gabinete Militar, os ostensivos e os secretos, já teriam transmitido a informação". Cf., *op. cit.*, p.56.

litar. Numa segunda reunião, consolidou-se a via do governo provisório composto pelos três ministros castrenses.

Mais importante, porém, do ponto de vista deste trabalho, foi a decisão de que, a partir daí, o canal natural para as decisões seria o Alto Comando das Forças Armadas, "o mais alto órgão militar do país", e não o Conselho de Segurança Nacional, de composição híbrida, onde tinham assento civis e militares. No mesmo dia, reuniu-se o Alto Comando, que ratificou o esquema de rearranjo institucional formulado de início pelos chefes das três forças, decidindo implantá-lo através de um ato Institucional.[51] No dia seguinte, o vice-presidente Pedro Aleixo foi trazido de Brasília e avisado pelos ministros militares de que não tomaria posse.[52] Horas depois, convocou-se o ministério para tomar conhecimento da saída encontrada, na presença dos chefes dos estados-maiores das três forças. Só então foi divulgada nota oficial dando conta à Nação do afastamento do presidente e de sua temporária substituição.[53]

Assim, nos primeiros dias da crise, consolidava-se um crucial rearranjo do poder castrense. No que tange à função executiva, tal processo se configurou na substituição do presidente pela jun-

---

51 O general Orlando Geisel, chefe do EMFA, discordou da fórmula recorrendo à experiência histórica para defender que essa solução conduzia inevitavelmente a conflitos entre os membros do governo (v. Portella de Mello, *op. cit.*, p. 824).

52 Caso se recusasse a comparecer, "seria custodiado, até que as coisas se normalizassem". Portella de Mello, p.832; Carlos Chagas, p.73 e segs.

53 O boato faria a ponte entre o silêncio oficial e a percepção de algo anormal no palácio. O rumor mais insistente dizia que o presidente estava morto: "A declaração dos ministros militares (...) encontrou o país inundado por boatos" (*Veja*, 3-9-69, "Os últimos dias de agosto", Carlos Chagas, *op. cit.*, p.59).

ta militar. No que diz respeito às instituições do poder militar, na marginalização do Conselho de Segurança Nacional, com a transferência das decisões-chave para o Alto Comando das Forças Armadas.[54] Paralelamente a tais processos e, em parte, por causa deles, ocorria também um esvaziamento do Gabinete Militar da Presidência e da influência de seu chefe, o general Portella. A chefia da Casa Militar, posição "siamesa" e palaciana, fundamentalmente vinculada à confiança que o presidente militar depositava em seu titular, não poderia deixar de refletir a súbita afonia e hemiplegia do marechal Costa e Silva. Por outro lado, com a marginalização do CSN o general Portella deixava de contar com a secretaria daquele órgão como recurso de poder. Como vimos, no Alto Comando das Forças Armadas, o chefe do Gabinete Militar tinha direito a voz mas não a voto. Por fim, a doença do presidente também atingia, em seu conjunto, as posições de todos os aspirantes palacianos à sucessão militar.

O último processo a registrar na fase "secreta" do afastamento do presidente diz respeito às repercussões dessas medidas nos setores da hierarquia que não participaram de sua elaboração. Aí, foi amplo o apoio ao abandono da via sucessória constitucional. Para o conjunto dos comandos militares, parecia valer a avaliação de Carlos Chagas sobre o ânimo dos membros do Alto

---

54 O deslocamento geográfico desses encontros parece denotar algo mais que as meras preocupações com o sigilo. As reuniões de Portella com os ministros militares ocorreram no Palácio das Laranjeiras. A do Alto Comando, no Palacete Laguna, residência oficial do ministro do Exército. No ministério da Marinha, os ministros receberam Pedro Aleixo. A reunião com o gabinete para comunicar as decisões militares teve lugar no Ministério do Exército. Só então o general Portella voltou ao Laranjeiras, talvez o último elo arquitetônico entre o Brasil do pré e do pós 1964, para ler à Nação o AI-12. (Cf. Portela de Mello, *op. cit.*, p. 814-34).

Comando das Forças Armadas – "as reações foram unânimes e imediatas: a Revolução e a segurança nacional deveriam estar acima das instituições".[55] Esse quadro permitiu o isolamento das tímidas tentativas de rearticulação civil em agosto de 1969. Logo, porém, a unidade viria juntar-se à desunião. Precocemente, influentes generais sediados no Rio de Janeiro levantariam dúvidas sobre o método decisório e as fórmulas de governo arquitetados pela cúpula castrense: para eles, o Alto Comando apresentara às Forças Armadas um "fato consumado".[56] Foi nesse clima que o ministro do Exército convocou os generais sediados no Rio de Janeiro para dar conhecimento das decisões do Alto Comando, antes que a fórmula da junta fosse levada ao ministério - e depois de saber que estes já haviam se reunido na sala do comandante do I Exército.[57] O encontro do ministro com os generais serviu apenas para adiar as manifestações de aguda desunião provocada pela posse de um governo militar "excepcional" em pleno correr da guerra sucessória.[58]

55 Op. cit., p. 65. Também é de Chagas a lembrança de uma frase ouvida no Gabinete Militar: "O partido está unido", p.73.

56 Assim, Syseno Sarmento diria, no ministério do Exército, a Albuquerque Lima: "Correm rumores de que, na reunião de ontem à noite, os três ministros militares decidiram assumir o poder. (...) Querem apresentar o fato consumado. Mas eu lhe digo que não fui consultado e que, até o momento, ninguém me disse nada". Para Moniz de Aragão, a junta militar pretenderia "dar um golpe sem o conhecimento do Exército". Carlos Chagas, op. cit., p.74-75.

57 Portella de Mello, op. cit., p. 834 e segs. A versão de Carlos Chagas sobre essa reunião é ligeiramente diferente. Ver p. 82.

58 Todas as evidências disponíveis contrariam, assim, a ideia de harmonia militar presente em relatos como o do então comandante do I Exército, Antonio Carlos Murici: "A cúpula militar procurou certificar-se da

A Junta no poder: cizânia e desunião
(1 a 17 de setembro de 1969)

> O ambiente dentro do Exército era irrespirável.
> (Gal. Jayme Portella)

Os acontecimentos seguintes iriam mostrar que, no contexto da intensa militarização do poder no pós-AI 5, a posse de um governo militar transitório aguçara de forma particular os elementos permanentes de crise política do regime. No período inicial de governo da junta militar, surgiram focos de discórdia que assumiram traços de rebelião. Ao mesmo tempo, a desunião provocada na hierarquia pela luta sucessória se expressaria agora numa aguda pulverização das posições e em visível autonomização dos aparelhos militares que passaram a defender um ou outro dos generais envolvidos na disputa. Para agravar a situação, a discórdia e a desunião da primeira metade de setembro de 1969 deram-se nos limites de uma situação particularmente fluida, onde as incógnitas colocadas pela doença do marechal Costa e Silva afetaram profundamente a possibilidade de cálculo tático e consolidação de alianças no campo militar.

Esse o contexto em que irrompeu a crise militar desencadeada pelo sequestro do embaixador norte-americano. Diante das exigências dos grupos revolucionários que promoveram a ação, a Junta Militar e a cúpula castrense logo entenderam que os imperativos da dependência externa brasileira não permitiam outra

---

existência de plena coesão em torno dos rumos adotados. Essa certeza foi conseguida na crise de agosto". Carlos Chagas, *op. cit.*, p.271.

saída que não fosse o resgaste com vida.[59] Dessa feita, a solução político-militar tinha que prestar reverência à lógica imperialista.[60] Conhecidas as condições impostas pela guerrilha, o governo tomaria as providências para reunir os presos e divulgar o manifesto da esquerda armada. A flexibilidade governamental acenderia as brasas mal-adormecidas da discórdia. A Vila Militar parece ter sido a principal testemunha da impermeabilidade de amplos setores da oficialidade às "razões de Estado" da Junta Militar: lá, a decisão do governo foi tomada como "rendição". Raras vezes foi tão visível o ultraje dos militares diante de sua impotência em participar diretamente das decisões do governo militar.[61]

No final do inverno de 1969, a cizânia não se manifestou apenas através de panfletos e manifestos: tal como os guerrilheiros, os oficiais procuraram passar à ação direta. Em termos efetivos, tais ações resultariam em relativa publicidade externa

---

59 O sequestro ocorreu no quarto dia de poder da junta. O manifesto da ALN e do Movimento Revolucionário 8 de Outubro (MR-8) exigia a libertação de quinze presos políticos e a ampla divulgação do documento. "Se a resposta for negativa – dizia o texto – o embaixador será executado". Antônio Caso, *A esquerda armada no Brasil*, p. 201-204. O *NYT* publicou o panfleto na íntegra, 6-9-69.

60 Os ministros militares e o chefe do SNI, general Carlos Alberto Fontoura, fizeram as primeiras avaliações em conjunto com os ministros da Justiça, Gama e Silva e das Relações Exteriores, Magalhães Pinto. A sede da reunião foi o Itamarati. Ver Jayme Portella de Mello, *op. cit.*, pp.843 e segs. Já no dia seguinte ao sequestro, o Departamento de Estado anunciava que o governo brasileiro garantiria a vida do embaixador. *NYT*: "Gunmen kidnap US. envoy to Brazil" e "Brazil gives pledge" (5-9-69).

61 Assim, mesmo as medidas repressivas "duras" que a Junta divulgou em seguida foram insuficientes para aplacar a ira nos quartéis. O AI 13 criava o banimento e o AI 14 possibilitava a pena de morte. *Lex*, XXXIII, julho a outubro de 1969, p.1259 e 1274.

da discórdia castrense e na aguda consciência da gravidade da situação na caserna, por parte da hierarquia.[62] Poderiam virtualmente ter alterado a linha de ação da Junta Militar no caso Elbrick, provocado situação de levantamento geral, pelo menos na Vila Militar, ou resultado em conflitos intramilitares armados.[63] De um modo ou de outro, a extinção da crise de setembro de 1969 não constituiria um processo tranquilo. Na expressão do mais notório dos oficiais rebelados, "não foi fácil conter a indignação (dos) comandados e de numerosos oficiais amigos de outras unidades, (nos) últimos dias de Comando, especialmente daqueles que, por terem participado das ações de 6 de setembro, acabavam de cumprir mandato de prisão".[64]

---

62 Refiro-me à operação da noite de 6 de setembro, quando "vinte oficiais com alguns sargentos e praças da Brigada Aerotransportada "tomaram a Rádio Nacional e divulgaram manifesto atacando a Junta Militar e a recusa do comandante do Primeiro Grupo de Artilharia Aeroterrestre em desfilar com sua tropa no dia 7 de setembro. V. *113 dias de angústia*, p. 111 e "Ordem do dia", p.239-245.

63 Cf. os episódios do dia 6 e da madrugada do dia 7 de setembro: a tentativa de oficiais paraquedistas de impedir o embarque dos presos; a recusa do comandante Grael a desfilar no dia 7 de Setembro e a quase adesão de oficiais da Vila Militar e ECEME; a prontidão no Laranjeiras, quando todos os oficiais receberam metralhadoras. Portella de Mello, p.847. "Ordem do dia..." em Carlos Chagas, p.242; *Idem*, p. 111-114. Relatório diplomático citado pelo NYT dizia que um grupo de coronéis propusera enforcar os quinze presos em praça pública se o diplomata não fosse libertado, "Brazil decrees death penalty for subversion and terrorism" (10-9-69).

64 Cf. a ordem do dia citada. Carlos Chagas, *op. cit.*, p.242. Logo depois Grael foi preso e destituído de seu comando e transferido para o Pará, com a obrigação de "trânsito a partir do próprio dia de passagem do comando". Trinta oficiais que participaram das operações "Galeão" e "Rádio Nacional" foram presos.

Mesmo depois da posse de Médici, como lembra o oficial que recebeu a tarefa de substituir o comandante Grael na chefia dos paraquedistas, "havia certa preocupação do Exército com a situação disciplinar daquela unidade".[65]

Desunião sem unidade?

> O Alto Comando do Exército reuniu-se (...) Todos, com a mais absoluta união de vistas, examinaram os problemas da atual conjuntura. (Nota Oficial, 17-90)

Findo o sequestro, à discórdia nos quartéis se associaria a desunião no plano da hierarquia. Contudo, na conjuntura de setembro, a "unidade na desunião" iria assumir características específicas. Vários fatores contribuíram para isso. De início, a particular instabilidade político-militar criada, primeiro, pela "excepcionalidade" e, em seguida, pelo rápido desprestígio da Junta castrense, iria conferir um clima de urgência e incerteza à questão sucessória. Nesse contexto, ocorreria não apenas uma acentuada pulverização das posições na hierarquia, como a autonomização das principais sedes do poder militar. Tais processos parecem ter colaborado para a presença nessa fase dos traços de "diluição" das posições e de "fluidez" dos parâmetros de ação logo percebidos por alguns analistas.[66]

De um modo ou de outro, parece evidente a impossibilidade de compreender a luta sucessória dessa conjuntura no quadro das correntes militares que se haviam configurado no início do

---

65 Hugo Abreu, *O outro lado do poder, op. cit.*, p. 19.
66 Ver Carlos Chagas, p. 105-108.

período Costa e Silva. Vale dizer, em setembro de 1969, não somente a análise dicotômica do campo militar é insuficiente; a própria noção de correntes castrenses orgânicas perde sentido, submersa na multiplicação de candidaturas.[67] Essa pulverização das posições na hierarquia iria se associar ao fenômeno da autonomização das principais sedes militares para gerar uma situação em que as candidaturas se dividiriam em dois campos. De um lado, as que dispunham de apoio de um dos múltiplos "comitês eleitorais" em que se transformaram certos aparelhos militares. De outro, aquelas que passaram a fundamentar seu cálculo tático na necessidade de compensar a ausência de tal amparo.

Das três forças, seria o Exército o palco privilegiado tanto da pulverização das posições como da autonomização dos aparelhos. E aí, portanto, que proponho centrar a análise. Podemos começar pelos "candidatos de aparelhos". Um primeiro fator crucial parece ter sido a recusa do ministro do Exército, general Lyra Tavares, a se apresentar como postulante à sucessão. No clima instável que marcou essa conjuntura, a ausência desse potencial elemento unificador iria fazer com que tudo se passasse como se cada sede militar produzisse um general-candidato, independente, inclusive, do incentivo dos indicados.[68] Subi-

---

67 Daí a afirmação de um protagonista de que naqueles dias "cada um pensava em si" ou a análise de outro segundo a qual "não existiam grupos estanques e perfeitamente delimitados, mas tendências ao redor de fórmulas". Portella de Mello, *op. cit.*, p.869; Carlos Chagas, *op. cit.*, p. 105.

68 O I Exército tornou-se o comitê do general Syseno Sarmento; o Estado-Maior das Forças Armadas, do general Orlando Geisel; o Estado-Maior do Exército, do general Antonio Carlos Murici; o SNI e o Exército, do general Médici; o II Exército, do general Canavarro Pereira. Portella de Mello, p.850-61; Carlos Chagas, 130-132; "Discute-se a sucessão", *Veja*, 17-9-69, p. 18-21 e Irene Maria Magalhães et alii, p. 192. No primeiro semestre daquele ano, Orlando Geisel

tamente, o Alto Comando do Exército pareceu transformar-se num concílio de potenciais candidatos à sucessão.

A característica comum aos nomes citados era o privilégio que lhes conferia sua posição na estrutura militar, justamente o que faltava às outras virtuais candidaturas. Fora do Alto Comando, cumpre considerar a situação do decano dos aspirantes à presidência. Privado do generalato pleno, carente de comando, notório por sua oposição a Costa e Silva, restaria ao general Albuquerque Lima, na primeira fase da crise, compensar suas debilidades com a tentativa de se apresentar como opção para um "amplo" leque de forças.[69]

Por fim, a fluidez da situação político-militar parece ter sido a causa imediata da convocação do Alto Comando do Exército, na reunião em que se esboçou a tendência de se definir no mais breve prazo uma solução dentro dos canais hierárquicos, concedida ao Exército a iniciativa de propor os candidatos e a palavra final ao Alto Comando das Forças Armadas.[70] A fórmula

---

se filiara à ARENA, com mais 57 oficiais do EMFA. Carlos Castello Branco, *Os militares no poder*, vol. III, p. 186, 238 e 264.

69 Assim, como lembram alguns protagonistas, em torno de seu nome se aglutinaram "vários generais, muitos coronéis e centenas de oficiais inferiores" e "a sua propaganda estendeu-se à Marinha, à Aeronáutica e ao meio civil". Cf. Carlos Chagas, p.103 e Jayme Portella de Mello, p.855. Os dois autores afirmam que o general chegou mesmo a "nomear" um ministério. Cf. também "Possible candidate in Brazil assures Businessmen", *NYT*, 18-9-69.

70 Ver Carlos Chagas, p. 135-36. Os temas que estavam abertos na primeira reunião revelam o grau de incerteza das articulações sucessórias nessa altura: qual seria a duração do mandato do sucessor de Costa e Silva?; um novo presidente ou um vice militar para completar o mandato?; quanto tempo se devia aguardar para definir o quadro de saúde do presidente afastado?; qual a exata graduação hierárquica desejável?;

definitiva foi adiada, porém, para uma próxima reunião, onde se discutiria o relatório a ser elaborado por uma comissão de três generais.[71] Daí surgiria a saída que apontava para a reconstituição da ordem castrense e a definição não apenas de uma via sucessória como de uma variante do regime militar fundadas ambas no princípio da hierarquia. A sistemática vitoriosa, depois aprovada nas reuniões do Conselho do Almirantado e do Alto Comando da Aeronáutica, estabelecia uma consulta prévia a todos os oficiais-generais das três forças, que deveriam indicar, cada um, três nomes. Os altos-comandos se reuniam para, a partir daí, escolher os vencedores. O fórum para a escolha e homologação do "candidato" seria o Alto Comando conjunto. Ao Congresso Nacional, que se reuniria depois de um novo ciclo de cassações, caberia legitimar a indicação castrense. Superavam-se, assim, a maioria das incógnitas até então presentes no contencioso sucessório. A solução hierárquica deixava, no entanto, espaço para dúvidas que gerariam tensões no processo subsequente.[72]

---

qual o método da eleição e da homologação do candidato eleito? Ver a versão de Antonio Carlos Murici em *Idem, ibidem*, p. 263-289.

71 Trata-se da "Comissão dos 3 M" (Médici, Murici e Mamede). "Foram escolhidos para traçar um roteiro das 'soluções' para a crise apenas porque, cada qual em seu setor, infundia confiança à massa castrense, eriçada e quase rebelada, predicado que já faltava por inteiro à Junta Militar ... ". Carlos Chagas, *op. cit.*, p.296.

72 Ver Carlos Chagas, p. 137. Previamente, decidiu-se que seria dada urgência à declaração de vacância do cargo de presidente. Quanto à duração do mandato, acordou-se que presidente e vice iniciariam novo período de governo. Os generais decidiram também revisar a Constituição e convocar o Congresso "para apreciação e eleição" do nome sagrado pelo Alto Comando (Carlos Chagas, p. 139 e, para a versão atribuída ao general Murici, p.277-78).

Rumo à variante hierárquica
(18 de setembro a 6 de outubro)

> Ao que assistimos, sim, foi o belo espetáculo de uma análise fria e objetiva dos fatos nacionais, e das vantagens e inconvenientes das soluções sugeridas, o desejo de acertar, para que o nosso Brasil pudesse retomar seu caminho nas melhores condições. (Gal. Murici, discurso na despedida do ministro Lyra Tavares, referindo-se à crise de setembro)

A fórmula encontrada pela cúpula das três forças para o encaminhamento da questão sucessória colocaria em novos termos a situação. Com efeito, a definição de uma sistemática para a "eleição" castrense fundada nos canais hierárquicos – e sua aceitação pelos candidatos – iria alterar a pulverização e a autonomização, presentes na fase anterior. O novo contexto seria marcado por uma nítida polarização de alternativas que dividiu o campo castrense em torno de duas vias fundamentais para a solução da questão sucessória, com implicações cruciais na variante de regime militar que se consolidaria com o novo governo. Agora, o divisor das águas castrenses seria o general Albuquerque Lima. Cedo, sua candidatura procurou se apresentar como canal para a expressão tanto das cisões verticais nas Forças Armadas, como das tensões horizontas entre as três forças. Em oposição à alternativa Albuquerque Lima iria se constituir uma frente defensora do princípio da hierarquia como fundamento para a solução da crise sucessória, bem como da variante de regime militar que almejavam. O nome do general Emílio Médici apareceria como o polo de aglutinação dos partidários dessa via.

A alta cúpula das Forças Armadas seria o agente fundamental no esforço para impedir a vitória da candidatura rebelde. Assim, empenhou-se em controlar o processo de escolha, o que significou restringir o colégio eleitoral na base e impor o princípio de hierarquia no topo. Não por acaso, as iniciativas da alta hierarquia nesses dois níveis seriam foco das mais agudas tensões no processo de escolha do futuro presidente militar pelas Forças Armadas. Refiro-me, por um lado, ao empenho do Alto Comando do Exército em controlar na base as "eleições", impedindo que as "prévias" – isto é, a etapa do processo de escolha em que os oficiais-generais indicariam, cada um, três nomes para a sucessão – fossem o resultado de uma consulta ao conjunto da oficialidade. A eficácia dessa iniciativa se expressaria na vitória do general Emílio Médici em dez das onze "grandes seções eleitorais" em que o ministro do Exército dividiu aquela força (Ver quadro 3). Por outro, à posição adotada pelos altos-comandos da Marinha e da Aeronáutica de vetar, na cúpula, a vitória alcançada por Albuquerque Lima nas consultas realizadas naquelas forças.[73]

Assim a hierarquia impediu que vencesse a cizânia. Tal processo, porém, não se completou sem dificuldades. (Ver Quadro 4) No Exército, a desunião concentrou-se no confronto entre, por um lado, os generais Syseno Sarmento e Albuquerque Lima e o grupo palaciano,[74] enquanto a discórdia fermentou no seio das guarnições onde era mais nítido o apoio ao general Albu-

---

73 Na Marinha, 69 almirantes: Albuquerque Lima teve 37 votos; Augusto Rademaker, 14; Orlando Geisel, 12 e Antonio Carlos Murici, 6. Os resultados da Aeronáutica, onde votaram 61 brigadeiros, são mais imprecisos: três nomes teriam conseguido lá "certa igualdade de votos". Emílio Médici, Orlando Geisel e Albuquerque Lima. V. Carlos Chagas, p. 148 e "A revolução dentro da revolução", *Veja*, 24-90, p. 16-17.

74 O pomo da discórdia foi a decisão sobre o afastamento definitivo de Costa e Silva. Ver Portella de Mello, *op. cit.*, 881 e segs.; "A Revolução não está órfã", entrevista de Andreazza a *Veja*, 24-9-69, p. 3-6.

querque Lima.[75] Na Marinha e na Aeronáutica, a desunião expressou-se no interior dos próprios altos-comandos.[76] No entanto, conhecidos os resultados da consulta nas três forças, ficaria evidente a impotência dos derrotados em resistir à vitória da alternativa patrocinada pelo Alto Comando conjunto. Na alta cúpula da Marinha, a razão final foi a força das armas.[77] A partir daí, a escolha de Médici pelos chefes militares, o anúncio oficial da candidatura e a sua eleição pelo Congresso são processos que não parecem exigir mais atenção desta análise. A palavra do Alto Comando das Forças Armadas, na reunião de 6 de outubro de 1969, encerra a fase histórica que precedeu a implantação da variante hierárquica do regime militar no Brasil do pós-1964.

---

75 Carlos Chagas, p. 150.
76 Ver Jayme Portella de Mello, *op. cit.*, p.878-79.
77 Cf. Carlos Chagas, p.159-160. O resultado da consulta naquela força: "vitória esmagadora" para o general Albuquerque Lima. Segundo o relato de um protagonista, o ministro exortou, sem sucesso, os almirantes, no sentido de que a Marinha deveria unir-se em torno de um só nome. "Nesse instante, o Almirante Heitor Lopes, Comandante do Corpo de Fuzileiros Navais (...) pediu a palavra dizendo que o seu voto e o do Almirante Dantas Torres valiam mais que os da maioria dos Almirantes, porquanto tinha atrás 15.000 fuzileiros navais e o seu companheiro tinha a Esquadra com ele, e que ambos apoiavam o Almirante Rademaker". Jayme Portella de Mello, p.903.

Quadro 3: Resultado da consulta eleitoral no Exército

Orgão	Generais	Lista tríplice
I Exército	16	Médici, A.Lima, Syseno
II Exército	11	Médici, O.Geisel, Syseno
III Exército	12	Médici, A.Lima, Murici
IV Exército	7	Médici, A.Lima, R. Otávio
Dep.Prov.Gerais	14	Médici, O.Geisel, A.Lima
Dep.Geral Pessoal	5	E.Geisel, O.Geisel, Murici
Dep.Prod. Obras	10	Médici, O.Geisel, Murici
Estado-Maior EX.	7	Médici, O.Geisel, Murici
ESG	10	Médici, O.Geisel, A.Lima
EMFA	4	Médici, O.Geisel, Murici
Gabinete Minist.	8	Médici, O.Geisel, Murici

Fonte: Carlos Chagas, *113 dias de angústia...*, op. cit., p. 149.

Quadro 4: A "Guerra de palavras" em 1969

Documento	Tema	Data
Carta do Gal. Moniz de Aragão ao Min. Do Exército, Lyra Tavares	Protesta contra a forma de punição do Cel. Francisco Boaventura Cavalcanti	22-2-69
Idem	Denuncia favorecimentos e corrupção no governo	17-6-69
Resposta de Lyra Tavares ao Gal. Aragão	Nega que caberia à oficialidade do Exército fiscalizar o governo	30-6-69
Tréplica de Moniz de Aragão a Lyra Tavares	Nega que tenha incentivado rebeldia dos quartéis	1-7-69
"Boletim n.53 do DPG-Ex.", assinado pelo general Moniz de Aragão	Dá sua versão dos fatos que levaram a sua exoneração do DPG	9-7-69
Entrevista do ministro Andreazza à imprensa	Denuncia precipitação na sucessão de Costa e Silva	17-9-69
Nota do general Jordão Ramos	Refuta acusações de Andreazza	22-9-69
Entrevista e Andreazza a Veja	Defende que substituição de Costa e Silva deve aguardar certeza de sua incapacitação	24-9-69
Entrevista de Albuquerque Lima a Veja	Sintetiza seu programa de candidato	1-10-69-
Carta de Albuquerque Lima a Lyra Tavares	Denuncia irregularidades no processo sucessório	2-10-69
Manifesto do Almirante Melo Batista	Protesta contra os resultados da eleição nas Forças Armadas	2-10-69

Réplica de Lyra Tavares a Albuquerque Lima	Defende as decisões da alta cúpula militar	3-10-69
Carta de Albuquerque Lima a Lyra Tavares	Nega ter questionado a hierarquia militar	3-10-69
Ordem do dia do Ten. Cel. Dickson Grael	Historia a insatisfação na caserna em setembro; nega ter incentivado rebeldia	7-11-69

Fontes: Carlos Chagas, 113 *dias de angústia*, p. 197-304; *Veja*, 24-9-69 e 1-10-69.

Epílogo

Crise política e ditadura militar. Presentes do início ao final deste trabalho, estes dois termos definiram, num caminho de duas vias, o quadro geral de minhas preocupações. A compreensão de certas características estruturais da forma ditatorial-militar lançou luz sobre aspectos centrais de sua dinâmica política. A partir da visão das ditaduras castrenses como regimes críticos, não apenas porque originários de crises mas também devido à sua típica instabilidade, o texto propôs-se a examinar a dinâmica política do regime pós-1964, com ênfase nos processos militares. Por sua vez, o estudo da dinâmica política da ditadura pós-1964 iluminou a trajetória de construção de uma variante específica de regime militar no Brasil.

Nesse quadro, desde o início, dois aspectos revelaram-se dignos de atenção. Por um lado, o constante e contínuo avanço da militarização do regime; por outro, as sucessivas crises político-militares. Tais processos foram estudados dentro do quadro mais amplo que denominei "unidade na desunião", cujo entendimento exigiu explicitar um traço particular da relação entre Forças Armadas e representantes políticos em sociedades como a brasileira, em determinadas fases de seu processo histórico. Diante da experiência populista, a ideologia militar hegemônica foi capaz de igualar participação e ameaça à ordem, política e populismo. Após a tomada do poder e o expurgo das correntes nacional-populares das Forças Armadas, tais traços se expressaram na aguda desconfiança frente aos aliados civis do golpe de 64, na tenaz resistência face a qualquer tentativa de retorno ao renegado pré-64. Todas as forças militares uniram-se em torno dessas disposições.

A partir daí, no entanto, a dinâmica das crises do regime cedo traria à luz aguda desunião intramilitar, que a análise se propôs a captar na distinção entre desunião hierárquica (em torno da luta sucessória) e cizânia militar (expectativas da caserna quanto à participar nos rumos do regime). Tais processos de heterogeneidade castrense foram ignorados pela vertente elitista burocrática de análise dos regimes militares, que concentrou seu foco na elite paradigmática supostamente portadora de um projeto racional, racionalizante e racionalizador. Isso dispensou esses estudiosos de considerar com a devida atenção as concretas tensões no palácio e na caserna.

Por fim, a peculiar unificação militar diante do "mundo corrupto" da política torna inútil procurar expressões lineares das cisões intraburguesas nos partidos militares. Ao contrário, os primeiros capítulos mostraram como características centrais do pós-1964 brasileiro a docilidade civil e a dependência do mundo político diante de correntes militares infensas ao canto da sereia da oposição extramilitar. Foi esse o quadro mais amplo da crítica que movi ao modelo dualista de análise do panorama militar do pós-1964, estreitamente ligado ao paradigma elitista burocrático, com sua valorização dos projetos, discurso e ideologia da corrente esguiana.

Do ponto de vista político, a hipótese dualista constitui--se numa pertinaz defesa e recuperação do caráter "legalista" ou "liberal" do castelismo, construída, a meu ver, a partir de meados dos anos 70, quando se apresenta a possibilidade de uma saída da ditadura através do apoio ao projeto de "abertura" de Ernesto Geisel e Golbery do Couto e Silva. Como se viu, a suposta corrente "liberal" das Forças Armadas não apenas apresentava um passado de intervencionismo antidemocrático, como se caracterizou, depois do golpe, por um componente "duro" e pragmático, que não a afastou dos demais grupos militares, cada vez que o mundo castrense se defrontava com a "ameaça" civil. Mas ainda que se considerassem liberais os castelistas, os processos estudados evidenciaram que a complexidade do panorama militar daqueles anos não permitiria a análise da dinâmica castrense em termos duais.

Ganham sentido, nesse quadro, não apenas o papel de Castelo no aprofundamento da militarização, em fins de 1966 e no início de 67, mas também a retomada das pulsões militaristas no governo Costa e Silva, apesar das divergências que opunham pelo menos quatro diferentes grupos militares na luta sucessória. A análise da conjuntura de 1968 parece confirmar essas teses: a ameaça civil reforçou a unidade militar; o novo avanço da militarização encontrou respaldo em todas as vertentes do mundo castrense. Por fim, afastados os civis da vida política, o período pós AI-5 revelou o choque entre duas perspectivas militares em torno da sucessão. Nesse sentido, no clima de ascensão da guerrilha urbana e de aguda discórdia militar, a derrota da alternativa Albuquerque Lima consolidou a variante hierárquica ou de "sistema" no pós-1964 brasileiro.

Provisoriamente, o palácio submete a caserna. O epílogo da fase de consolidação do regime castrense brasileiro seria a ante-sala de uma fase de crítica unidade militar no período Médici. Subterrâneas e potentes, porém, a desunião e a cizânia, enquanto fatores de instabilidade do regime militar, reapareceriam à tona com força a partir do governo Geisel. Talvez a presente pesquisa facilite a compreensão desses outros processos. No momento, porém, eles escapam ao seu alcance.

Bibliografia

ABREU, Hugo. *O outro lado do poder*. Rio de Janeiro: Nova Fronteira, 1979. 2a. ed. 208 p. (Coleção "Brasil Século 20").

ALEIXO, José Carlos Brandi & Carlos Chagas. *Pedro Aleixo: testemunhos e lições*. Brasília: Centro Gráfico do Senado Federal, 1976. 356 p.

ALTHUSSER, Louis. "Contradição e sobredeterminação", in *A favor de Marx*, Rio de Janeiro: Paz e Terra, 1979. 2a ed. 220 p., p.75-113.

ANDERSON, Perry. "As antinomias de Antonio Gramsci", *Crítica Marxista*, 1:7-74, 1986.

ANDRADE, Auro de Moura. *Um congresso contra o arbítrio*. Rio de Janeiro: Nova Fronteira, 1985, 389 p.

ANDRADE, Jefferson de. *Um jornal assassinado - a última batalha do Correio da Manhã*, Rio de Janeiro: José Olympio Editora, 1991, 375 p.

ANTUNES, Ricardo. *A rebeldia do trabalho*. Campinas/São Paulo, Unicamp-Ensaio, 1988, 219 p.

ARINOS DE MELLO FRANCO, Afonso. *Planalto (memórias)*. Rio de Janeiro: Livraria José Olympio Editora, 1968, 294 p.

ARQUIDIOCESE DE SÃO PAULO. *Brasil nunca mais*. Petrópolis: Vozes, 1985, 4a ed., 312 p.

BACCHUS, Wilfred. "Development under Military Rule: Factionalism in Brazil". *Armed Forces and Society*, 12(3):401-418, 1986.

BACCHUS, Wilfred. "Long-Term Military Rulership in Brazil: Ideologic Consensus and Dissensus". *Journal of Political and Military Sociology*, 13(1): 99-123, 1985.

BACCHUS, Wilfred. *Mission in Mufti: Brazil's Military Regimes, 1964-1985*. New York: Greenwood Press, 1990.

BELOCH, Israel Beloch & Alzira Alves de Abreu. *Dicionário Histórico-Biográfico Brasileiro, 1930-1983*. Rio de Janeiro, Forense/Finep/Cpdoc, 1984.

BENEVIDES, Maria V. de M. *A UDN e o udenismo: ambigüidades do liberalismo brasileiro* (1945-1965). Rio de Janeiro: Paz e Terra, 1981, 297 p. (Coleção Estudos Brasileiros, 51).

BORGES, Mauro. *O golpe em Goiás (História de uma grande traição)*. Rio de Janeiro: Civilização Brasileira, 1965, 321 p.

BORON, Atilio. "El fascismo como categoria histórica: en torno al problema de las dictaduras en América Latina", *Revista Mexicana de Sociologia*, XXXIX(2): 421-528, abril-junio de 1977.

BRANDÃO, Ana L. *A resistência Parlamentar após 1964*. Brasília: Comitê de Imprensa do Senado Federal, 1984.

CAMARGO, Aspásia et alii. *As artes da política - diálogo com Amaral Peixoto*. Rio de Janeiro: Nova Fronteira, 1986. 2a ed. 588 p. (Coleção "Brasil Século 20").

CAMPOS, Milton. *Testemunhos e ensinamentos*. Rio de Janeiro: Livraria José Olympio Editora, 1972. (Coleção "Documentos Brasileiros", 154).

CAMPOS COELHO, Edmundo. *Em busca da identidade: O Exército e a política na sociedade brasileira*. Rio de Janeiro: Forense-Universitária, 1976, 207 p.

CARDOSO, Fernando H. *Autoritarismo e democratização*. Rio de Janeiro: Paz e Terra, 1975, 240 p.

CARDOSO, Fernando H. "Da caracterização dos regimes autoritários na América Latina", in David Collier (org.), *O novo autoritarismo na América Latina*, Rio de Janeiro, Paz e Terra, 1982, 407 p., p.41-63.

CARDOSO, Fernando H. "A democracia na América Latina", *Novos Estudos*, 10:45-56, outubro de 1984.

CARDOSO, Fernando H. "Estado e sociedade no Brasil", in *Autoritarismo e democratização*. Rio de Janeiro: Paz e Terra, 1975, 240 p., p. 165-186.

CARDOSO, Fernando H. *O modelo político brasileiro*. São Paulo: Difel, 1979. 4ª ed. 211 p. (Coleção "Corpo e Alma do Brasil", XXV).

CARDOSO, Fernando H. "A questão do Estado no Brasil", in *Autoritarismo e democratização*. Rio de Janeiro: Paz e Terra, 1975, 240 p.

CARVALHO, José M. de. "Forças Armadas e política, 19301945", in *A revolução de 30 - seminário internacional*. Brasília, Editora da UNB, 1983, 792 p., pp. 107-187.

CARVALHO, José M. de. "As Forças Armadas na Primeira República: o poder desestabilizador", in Bóris Fausto (org.), *História Geral da Civilização Brasileira*, III (2), 3a ed. 1985, 431 p,. pp. 183-234.

CASO, Antonio. *A esquerda armada no Brasil, 1967-1971*. Lisboa, Moraes Editores, 1976. 326 p.

CASTELLO BRANCO, Carlos. *Introdução à Revolução de 1964*, tomo II, Rio de Janeiro, Artenova, 1975. 274 p.

CASTELLO BRANCO, Carlos. *Os militares no poder.* Rio de Janeiro: Nova Fronteira, 1976, 680 p.

CASTELLO BRANCO, Carlos. *Os militares no poder,* vol. II. o Ato 5. Rio de Janeiro: Nova Fronteira, 1978, 563 p.

CASTELLO BRANCO, Carlos. *Os militares no poder,* vol. III, O baile das solteironas. Rio de Janeiro: Nova Fronteira, 1979, 757 p.

CASTELLO BRANCO, Humberto de A. *Discursos-1965.* Brasília: Secretaria de Imprensa, s/d., 330 p.

CASTELLO BRANCO, Humberto de A. *Discursos-1966.* Brasília: Secretaria de Imprensa, s/d.

CHAGAS, Carlos. *113 dias de angístia - impedimento e morte de um presidente.* Porto Alegre: L&PM, 1979., 2ª ed., 303 p.

CHAGAS, Carlos. *A guerra das estrelas (1964/1984) - os bastidores das sucessões presidenciais.* 3a ed. Porto Alegre: L&PM Editores, 1985, 325 p.

CHILCOTE, Ronald. *Theories of Comparative Politics - the Search for a Paradigm.* Boulder: Westview, 1981, 480 p.

COLLIER, David (org.). *O novo autoritarismo na América Latina.* Rio de Janeiro: Paz e Terra, 1982, 407 p.

COLLIER, David. "Resumo do modelo autoritário democrático", in David Collier (org.). *O novo autoritarismo na América Latina.* Rio de Janeiro: Paz e Terra, 1982.

COMBLIN, Joseph. *A ideologia da segurança nacional - o poder militar na América Latina.* Rio de Janeiro: Civilização Brasileira, 2ª. ed., 1978, 251 p.

D'AGUIAR, Hernani. *A Revolução por dentro.* Rio de Janeiro: Artenova, 1976, 342 p.

D'ARAÚJO, Maria Celina et alii. *Os anos de chumbo - a memória militar sobre a repressão.* Rio de Janeiro: Relume Dumará, 1994, 326 p.

DINES, Alberto et alii. Os idos de março e a queda de abril. Rio de Janeiro: José Alvaro, 1964.

DORIA, Seixas. Eu, réu sem crime, Rio de Janeiro: Editora Equador, s/d., 99 p.

DOBRY, Michel. Sociologia de las crisis políticas. Madrid: Centro de Investigaciones Sociologicas/Siglo Veintiuno Editores, 1988, 299 p.

DREIFUSS, René. 1964 - A conquista do Estado. Petrópolis: Vozes, 1981, 3ª ed., 814 p.

DRUCKMAN, Daniel e Elaine Vaurio, "Regimes and Selection of Political and Military Leaders: Brazilian Cabinet Ministers and Generals", Journal of Political and Military Sociology, 11:301-324, Fall 1983.

FARIAS, Oswaldo Cordeiro de. Meio século de combate: diálogo com Cordeiro de Farias. Rio de Janeiro: Nova Fronteira, 1981, 588 p.

FEIT, Edward, "Pen, Sword and People - Military Regimes in the Formation of Political Institutions", World Politics, 251-73, January 1973.

FERNANDES, Florestan. A revolução burguesa no Brasil. Rio de Janeiro: Zahar, 1976, 2ª ed., 413 p.

FIECHTER, Georges-André. Brazil Since 1964: Modernization Under a Military Regime. New York/Toronto: John Wiley & sons, 1975, 310 p.

FIECHTER, Georges-André. O regime modernizador do Brasil. Rio de Janeiro: Editora da Fundação Getúlio Vargas, 1974, 355 p.

FIORI, José Luís. "A análise política do tempo conjuntural", Dados, 34(3): 379-414, 1991.

FLYNN, Peter. Brazil: a Political Analysis. London/Boulder: Ernest Benn/Westview Press, 1978, 564 p.

FON, Antonio Carlos. A história da repressão política no Brasil. São Paulo: Global, 1979, 4ª ed., 79 p.

FOSTER DULLES, John. President Castello Branco - Brazilian Reformer. College Station: Texas A&M University Press, 1980. 557 p.

FREDERICO, Celso. A esquerda e o movimento operário, 1964 1984, vol I. São Paulo: Novos Rumos, 1987, 348 p.

FURTADO, Celso et alii. Brasil Hoy. México: Siglo Veintiuno, 1968, 215 p.

GARRETÓN, Manuel Antônio. "Proyecto, trayectoria y fracasso en las dictaduras del Cono Sur, un balance", in Isidoro Cheresky e Jacques Chonchol (comps.), Crisis y transformación de los regímenes autoritarios. Buenos Aires: Eudeba, 1985, 205 p., p. 189-204.

GOMES, Lucia M.G. "Cronologia do primeiro ano do governo Costa e Silva". Dados, Rio de Janeiro, 4:199-220, 1968.

GORENDER, JACOB. Combate nas trevas - A esquerda brasileira: das ilusões perdidas à luta armada. São Paulo: Ática, 1987, 255 p.

GUIMARÃES, César. "Domínio burguês incompleto: a teoria do autoritarismo em Marx", in Nancy V. de Carvalho (org.), Trilogia do Terror. São Paulo: Vértice, 1988, 213 p., p.35-94.

HIPPOLITO, Lucia. PSD, de raposas e reformistas. Rio de Janeiro: Paz e Terra, 1985, 328 p. (Coleção "Estudos Brasileiros", 85).

HUNTINGTON, Samuel. Political Order in Changing Societies. New York/London: Yale University Press, 1968, 488 p.

JAGUARIBE, Hélio. "Brasil: estabilidad social por el colonial fascismo?", in Celso Furtado et alii, Brasil Hoy, México: Siglo Veintiuno, 1968, 215 p., p.28-53.

JOHNSON, John. The Military and Society in Latin America. Stanford: Stanford University Press, 1964, 308 p.

JUREMA, Abelardo. *Sexta-feira, 13*. Rio de Janeiro: Edições O Cruzeiro, 1964, 2ª. ed., 241p.

KINZO, Maria D'Alva G. *Oposição e autoritarismo - gênese e trajetória do MDB*. São Paulo: Idesp/Vértice, 1988, 269 p.

KLEIN, Lúcia & FIGUEIREDO, Marcus. *Legitimidade e coação no Brasil pós-1964*. Rio de Janeiro: Forense Universitária, 1978, 202 p. (Coleção "Brasil - análise e crítica").

KRIEGER, Daniel. *Desde as missões... -saudades, lutas, lembranças*. Rio de Janeiro: Livraria José Olympio Editora, 1977. 2ª ed., 398 p. (Coleção "Documentos Brasileiros", 175).

LACERDA, Carlos. *Depoimento*. Rio de Janeiro: Nova Fronteira, 1978, 469 p. (Coleção "Brasil Século 20").

LAFER, Celso. *O sistema político brasileiro: estrutura e processo*. São Paulo: Perspectiva, 1978, 2a ed., 134 p.

LINZ, Juan. "An Authoritarian Regime: Spain", in E.Allardt e S.Rokkan (eds.), *Mass Politics*. New York: Free Press, 1970, p.251-83.

LINZ, Juan. *Crisis, Breakdown and Reequilibration*, Baltimore/London: Johns Hopkins University Press, 1978.

LINZ, Juan. "The Future of an Authoritarian Situation or the Institutionalization of an Authoritarian Regime: the Case of Brazil", in Alfred Stepan, *Authoritarian Brazil*, New Haven: Yale University Press, 1973, 265 p., p.233-54.

LOWENTHAL, A. & S. Fitch (eds.) *Armies and Politics in Latin America*, New York: Holmes & Meies, 1986, revised edition, 489 p, p.96-133.

MAGALHÃES, Irene M. *et alii*. "Segundo e terceiro anos do governo Costa e Silva". *Dados*, Rio de Janeiro, 8:152-233, 1971.

MAGALHÃES, Juraci. *Minhas memórias provisórias*. Rio de Janeiro: Civilização Brasileira, 1982 (Coleção "Retratos do Brasil", 157).

MANWARING, Max. "Career Patterns and Attitudes of Political-
-Military Elites in Brazil, 1964-1975", *International Journal of
Comparative Sociology*, XIX(3-4):235-250, 1978.

MARKOFF, John & BARETTA, Silvio R. "Professional ideology
and military activism in Brazil - critique of a thesis of Alfred
Stepan". *Comparative Politics*, 17(2): 175-191, 1985.

MARIGHELLA, Carlos. *A crise brasileira*, São Paulo: Livramento,
1979, p.55.

MARTINS, Carlos Estevam. *Capitalismo de Estado e modelo político no Brasil*. Rio de Janeiro: Graal, 1977, 428 p.

MARTINS FILHO, João R. *Movimento estudantil e ditadura militar, 1964-1968*. Campinas: Papirus, 1987, 215 p.

MARTINS FILHO, João R. "Visões da crise: a esquerda brasileira
e a crise do final dos 60". in Vários Autores, *Ciências Sociais
Hoje - 1990*. São Paulo: Vértice, 1990, p. 98-116.

MENDES, Cândido. "O governo Castelo Branco: paradigma e
prognose", *Dados*, 1(2/3):63-111, 1967.

MENDES, Cândido. "Sistemas políticos e modelos de poder no
Brasil", *Dados*, 1(1): 7-41, 1966.

MOREIRA ALVES, Maria H. *Estado e oposição no Brasil, 1964-
1984*. Petrópolis: Vozes, 1984, 337 p.

MOREIRA ALVES, Márcio. *A grain of mustard seed - the awakening of the Brazilian Revolution*. Garden City: Doubleday
Anchor Press, 1973, 188 p.

MOURÃO FILHO, Olympio. *Memórias: a verdade de um revolucionário*. Porto Alegre: L&PM, 1978.

NASSER, David. *A revolução que se perdeu a si mesma*. Rio de
Janeiro: Edições O Cruzeiro, 1965, 424 p., p. 407 e segs.

O'DONNELL, Guillermo. *Bureaucratic-Authoritarianism Argentina, 1966-73 in Comparative Perspective*. Berkeley/Los Angeles: University of California Press, 1988, 338 p.

O'DONNELL, Guillermo. *Contrapontos: autoritarismo e democratização.* São Paulo: Vértice, 1986, 156 p.

O'DONNELL, Guillermo. "Corporatism and the Question of the State", in James Malloy, *Authoritarianism and Corporatism in Latin America.* Pittsburgh: University of Pittsburgh Press, 1977, 549 p.

O'DONNELL, Guillermo. "Desenvolvimento político ou mudança política?", in Paulo Sérgio Pinheiro (org.) *O Estado autoritário e movimentos populares.* Rio de Janeiro: Paz e Terra, 1980, 373 p.

O'DONNELL, Guillermo. *Modernization and Bureaucratic Authoritarianism - Studies in SouthAmerican Politics.* Berkeley: Institute of International Studies - University of California, 1973, 219 p.

O'DONNELL, Guillermo. "Modernization and Military Coups: Theory, Comparisons and the Argentine Case", in A.Lowenthal e S.Fitch (eds.), *Armies and Politics in Latin America.* New York: Holmes & Meies, 1986, revised edition, 489 p

O'DONNELL, Guillermo. *Sobre os estados burocráticos autoritários.* Rio de Janeiro: Vértice, 1987, 75 p.

O'DONNELL, Guillermo. "Reply to Remmer and Merkx", *Latin American Research Review*, XVII(2): 41-50,1982.

O'DONNELL, Guillermo. "Tensões no estado burocrático-autoritário e a questão da democracia", in *Contrapontos: autoritarismo e democratização.* São Paulo: Vértice, 1986, 156 p., p. 15-43.

OLIVEIRA, Eliezer Rizzo de. "Conflitos militares e decisões políticas sob a presidência do general Geisel (1974-1979)", in ROUQUIÉ, Alain (org.), *Os partidos militares no Brasil.* Rio de Janeiro: Record, 1991, 155 p., p. 114-153.

OLIVEIRA, Eliezer Rizzo de. *As Forças Armadas: política e ideologia no Brasil (1964-69).* Petrópolis: Vozes, 1978. 2ª. ed., 133 p.

PEDREIRA, Fernando. *Brasil política*. São Paulo: Difel, 1975, 292 p. (Coleção "Corpo e Alma do Brasil", XLIII).

PEIXOTO, Antônio C. "O Clube Militar e os confrontos no seio das Forças Armadas (1945-1964)", in Alain Rouquié (org.) *Os partidos militares no Brasil*, Rio de Janeiro: Record, 1991, 155 p., p. 71-113.

PEIXOTO, Antonio C. "Exército e política no Brasil - uma crítica dos modelos de interpretação", in ROUQUIÉ, Alain (org.), *Os partidos militares no Brasil*. Rio de Janeiro: Record, 1992

PEREIRA, Osny Duarte. *A Constituição do Brasil - 1967*. Rio de Janeiro: Civilização Brasileira, 1967, 597 p. 2 vol.

PERLMUTTER, Amos. "The Praetorian State and the Praetorian Army", *Comparative Politics*, 1(3):382-404, April 1969.

PERRONE, Fernando. *'68 Praga, São Paulo, Paris - relato de guerras*. São Paulo, Busca Vida, 1988, 158 p.

PINHEIRO, Paulo Sérgio (org.) *O Estado autoritário e movimentos populares*. Rio de Janeiro: Paz e Terra, 1980, 373 p.

PORTELLA DE MELLO, Jayme. *A Revolução e o governo Costa e Silva*. Rio de Janeiro: Guavira, 1979, 1032 p.

POULANTZAS, Nicos. *A crise das ditaduras: Espanha, Portugal, Grécia*. Rio de Janeiro: Paz e Terra, 1978, 2ª ed., 103 p.

POULANTZAS, Nicos. *Fascismo e ditadura*. São Paulo: Martins Fontes, 1978, 285 p.

POULANTZAS, Nicos. *Poder político e classes sociais*. São Paulo: Martins Fontes, 1977, 354 p.

POULANTZAS, Nicos. e Ralph Miliband. "O problema do Estado burguês", in Robin Blackburn (org.). *Ideologia na Ciência Social*. Rio de Janeiro: Paz e Terra, 1982, 349p., p.219-241.

QUARTIM, João. *Dictatorship and Armed Struggle in Brazil*. New York: Monthly Review Press, 1971, 250 p.

QUARTIM, João. "La nature de classe de l'Etat brésilien", *Les Temps Modernes*, 304 e 305: 651-675 e 853-878, nov-dec. 1971.

QUARTIM DE MORAES, João. "Alfred stepan e o mito do poder moderador". *Filosofia Política*, Porto Alegre, 2:163-199, 1985.

QUARTIM DE MORAES, João. "A mobilização democrática e o desencadeamento da luta armada no Brasil em 1968: notas historiográficas e observações críticas". *Tempo Social*, Revista de Sociologia da USP, São Paulo, 1 (2):135-158, segundo semestre de 1989.

REIS FILHO, Daniel A. *Imagens da revolução (documentos políticos das organizações de esquerda dos anos 1961-1971)*. Rio de Janeiro: Marco Zero, 1985, 368 p.

REIS FILHO, Daniel A. & MORAES, Pedro. *68, a paixão de uma utopia*. Rio de Janeiro: Espaço e Tempo, 1988, 220 p.

REIS FILHO, Daniel A. *A revolução faltou ao encontro - os comunistas no Brasil*. São Paulo: Brasiliense, 1989, 200 p.

REMMER, Karen e Gilbert Merkx. "BureaucraticAuthoritarianism Revisited", XVII(2): 3-40, 1982.

ROSA, F.A de Miranda. *Justiça e autoritarismo*. Rio de Janeiro: Jorge Zahar Editor, 1985, 79 p.

ROETT, Riordan. "Un ejercito pretoriano en política: el cambio del rol de los militares brasileños", *Revista Paraguaya de Sociologia*, 26(26):79-119, enero-abril 1973.

ROWE, James. "The 'Revolution' and the 'System': Notes on Brazilian Politics", *American Universities Field Staff*, East Coast South America Series, XII (3,4,5), May-Aug. 1966.

ROUQUIÉ, Alain. *O Estado militar na América Latina*, São Paulo: Alfa-Ômega, 1984, 476p.

ROUQUIÉ, Alain. "Os processos políticos nos partidos militares do Brasil", in Alain Rouquié (org.). *Os partidos militares no Brasil*. Rio de Janeiro: Record, 1992.

ROUQUIÉ, Alain. *Os partidos militares no Brasil*. Rio de Janeiro: Record, 1991, 155 p., p.9-26.

ROUQUIÉ, Alain. *Pouvoir militaire et société politique en République Argentine*, Paris: Fondation Nationale des Sciences Politiques, 1978, 735 p.

SÁ, Mem de. *Tempo de lembrar - Memórias*. Rio de Janeiro: Livraria José Olympio Editora, 1981, 332 p.

SAES, Décio. *O civilismo das camadas médias urbanas na Primeira República brasileira (1889-1930)*. Campinas: Cadernos do IFCH-Unicamp, 1973, 127 p.

SAES, Décio. *Classe média e sistema político no Brasil*. São Paulo: T.A.Queiroz, 1985, 235p.

SAES, Décio." O conceito de Estado burguês: direito, burocratismo e representação popular", *Cadernos IFCH-Unicamp*, 1, dezembro 1982, 35 p.

SAES, Décio. *Democracia*. São Paulo: Ática, 1987, 93 p.

SANDERS, Thomas. "Institutionalizing Brazil's Conservative Revolution", Washington, *American Universities Field Staff Reports*, East Coast South America Series, vol. XIV (5), December 1970, 17 p.

SARASATE, Paulo. *A Constituição do Brasil ao alcance de todos*. 2a. ed. Rio de Janeiro, Livraria Freitas Bastos, 1967. 583 p.

SCHMITTER, Phillipe. "The Portugalization of Brazil?", in Alfred Stepan. *Authoritarian Brazil*, New Haven: Yale University Press, 1973, 275 p., p. 179-232.

SCHMITTER, Phillipe. "Still the Century of Corporatism?", *The Review of Politics*, 36(1):85-131, January 1974.

SCHNEIDER, Ronald. *The political system of Brazil: emergence of a "modernizing" authoritarian regime, 1964-1970*. New York/ London: Columbia University Press, 1971, 431 p.

SERRA, José. "As desventuras do economicismo: três teses equivocadas sobre a conexão entre o autoritarismo e desenvolvimento", in David Collier (org.). *O novo autoritarismo na América Latina*. Rio de Janeiro: Paz e Terra, 1982, 407 p., p. 101-153.

SKIDMORE, Thomas. *Brasil: de Castelo a Tancredo*. 3ª. ed. Rio de Janeiro: Paz e Terra, 1988, 608 p.

SILVA, Hélio. *A vez e a voz dos vencidos - militares x militares*. Petrópolis: Vozes,1988, 367p.

.SOARES, Gláucio A. D. "The Rise of the Brazilian Military Regime", *Studies in Comparative International Development*, XXI(2): 34-62, Summer 1986.

SOBRAL PINTO, Heitor. *Lições de liberdade - os direitos do homem no Brasil*. Belo Horizonte: Editora Comunicação/ Universidade Católica de Minas Gerais, 1977. 2ª. ed. revista e aumentada, 273 p.

SORJ, Bernardo & Maria H.T. de Almeida, *Sociedade e política no Brasil pós-1964*, São Paulo: Brasiliense, 1984, 261 p.

STEPAN, Alfred. *Authoritarian Brazil*. New Haven: Yale University Press, 1973, 275 p.

STEPAN, Alfred. *The military in politics – changing pattems in Brazil*. Princeton: Princeton University Press, 1974, 313 p.

STEPAN, Alfred. "The New Professionalism of Internal Warfare and Military Role Expansion", in *Authoritarian Brazil - Origins, Policies and Future*, p.47-65.

THERBORN, Goran. *Como domina la clase dominante?*. Madrid: Siglo XXI, 1979, 360p.

VALE, Osvaldo Trigueiro do. *O Supremo Tribunal Federal e a instabilidade político-institucional*. Rio de Janeiro: Civilização Brasileira, 1976, 207 p.

VARAS, Augusto. "Fuerzas Armadas y gobierno militar: corporativizacón y politizaclón castrense" in *Revista Mexicana de Sociología*, XLIV (2):397-411, abril-junio 1982.

VELASCO E CRUZ, Sebastião. "1968 - movimento estudantil e crise na política brasileira". *Primeira Versão*, Campinas: IFCH-Unicamp, 32, 1991, 31 p.

VELASCO E CRUZ, Sebastião & MARTINS Carlos E. "De Castelo a Figueiredo: uma incursão na pré-história da abertura", in SORJ, B. & ALMEIDA, M.H.T.de. *Sociedade e política no Brasil pós-1964*; São Paulo: Brasiliense, 1984, 261 p., p. 13-61.

VELASCO E CRUZ, Sebastião. "Interesses de classe e organização estatal - o caso do Consplan". in *Dados*, Rio de Janeiro: 18:101-12, 1978.

VENTURA, Zuenir. *1968 - o ano que não terminou*. Rio de Janeiro: Nova Fronteira, 1988, 314p.

VIANA FILHO, Luís. *O governo Castelo Branco*. Rio de Janeiro: Livraria José Olympio Editora, 1975, 572 p., 2 vols. (Coleção "General Benício", 125-126).

WAMBERTO, José. Castello Branco, *Revolução e democracia*. Rio de Janeiro, 1970, 157 p.

WEFFORT, Francisco. *Participação e conflito industrial, Contagem e Osasco, 1968*. São Paulo: Cebrap, 1972. 93 p.

WERNECK SODRÉ, Nelson. *A história militar do Brasil*, Rio de Janeiro: Civilização Brasileira, 3ª ed., 1979, 439 p.

ZIRKER, Daniel. "Civilianization and authoritarian nationalism in Brazil: ideological opposition within a military dictatorship". *Journal of Political and Military Sociology*, 14:263-274, Fall 1986.

Alameda nas redes sociais:

Site: www.alamedaeditorial.com.br
Facebook.com/alamedaeditorial/
Twitter.com/editoraalameda
Instagram.com/editora_alameda/

Esta obra foi impressa em São Paulo na primavera de 2019. No texto foi utilizada a fonte Electra LH em corpo 10,5 e entrelinha de 15 pontos.